成吉思汗蒙古帝国的后人

孛儿只斤·苏和
孛儿只斤·苏日娜 著

内蒙古人民出版社

图书在版编目(CIP)数据

成吉思汗蒙古帝国的后人/孛尔只斤·苏和,孛尔只斤·苏日娜编著. 一呼和浩特:内蒙古人民出版社,2009.4

ISBN 978－7－204－09857－6

Ⅰ. ①成… Ⅱ. ①孛…②孛… Ⅲ. ①蒙古一民族历史一中国 Ⅳ. K281.2

中国版本图书馆 CIP 数据核字(2009)第 038005 号

成吉思汗蒙古帝国的后人

作　　者	孛儿只斤·苏和　孛儿只斤·苏日娜
责任编辑	陈　平
封面设计	徐敬东
出版发行	内蒙古人民出版社
地　　址	呼和浩特市新城区新华大街祥泰大厦
印　　刷	内蒙古爱信达教育印务有限责任公司
开　　本	720×1000　1/16
印　　张	20
字　　数	300 千
版　　次	2009 年 8 月第 1 版
印　　次	2013 年 7 月第四次印刷
书　　号	ISBN 978－7－204－09857－6/Z·523
定　　价	39.00 元

目 录

赵如意　摄

目　录

赵如意　摄

目 录

目　录

赵如意　摄

概　述

800年前，蒙古圣主、一代天骄成吉思汗统一蒙古高原、大漠南北，随后组织多次远征，其铁骑无往而不胜，先后有40多个国家、700多个民族归附于他。其疆域东起太平洋，西到地中海之滨，与西欧为邻，北及北冰洋，南临印度洋，建立了人类历史上领土面积空

成吉思汗(1162—1227)

前的蒙古大帝国。几乎整个亚洲和欧洲的大部分都成了帝国的领地，其版图之大可谓前无古人，后无来者。当时的帝国版图面积约3000多万平方公里。成吉思汗的蒙古帝国把远东、南亚、中亚、西亚、欧洲的各种文明都统一在一个王朝政权的统治之下，这在人类历史上是空前绝后的。当今世界几乎所有领域：国家版图、政治体系、哲学、科技、战争、商业、文化都或多或少地受到了成吉思汗和蒙古帝国的影响。因此，历史学家把成吉思汗以“世界征服者”、“史无前例的成功者”、“千年风云第一人”的称号载入史册。

成吉思汗在《大札撒》里讲：“让道路永远畅通无阻，让天空永远湛蓝，让水源永远清澈……让长生天之下的一切生物各享其安……”成吉思汗以其在“长生天”之下实现“大一统”的动机，第一次大规模地缩小了地球的距离。

今天，当世界各国的学者从不同的角度重新审视这个蒙古帝国的奇迹，探求成吉思汗这位蒙古英雄留给人类的遗产。从全球一体化的方向着眼，成吉思汗打通了东西方经济文化交流之路，改变了世界历史发展的方

成吉思汗青铜像

蒙古大帝国版图

向，拉开了人类全球化的序幕。一些西方学者称“能够同成吉思汗相提并论的英雄豪杰，世界上从来没有过，成吉思汗是全人类的帝王”。蒙古帝国的征服战争影响也极其深远，时至今日，蒙古帝国的后续国家、成吉思汗的子孙广布于亚洲和欧洲及世界各地，形成欧亚大陆许多主要国家和民族的重要因素。

由于成吉思汗蒙古大军13世纪的远征，一部分蒙古人陆续离开了亚洲的腹地蒙古高原，来到了中亚、西亚和欧洲大陆。蒙古人和成吉思汗的子孙在近800年的时间里叱咤风云，除在中原建立大元王朝（也称大汗帝国，1271—1368年），奠定现代中国多民族国家版图之外，还曾建立金帐汗国（1242年建立，统治俄罗斯各公国长达240年，后又分裂成诸多汗国）、伊儿汗国（也称伊利汗国，1264—1388年统辖波斯地区）、察合台汗国（1225—1321年统治河中地区）和窝阔台汗国（1225年建，居今新疆西部地区，后并入察合台汗国），以及帖木儿帝国（1501年被昔班帝国取代，统治中亚地区100余年）、昔班帝国（13世纪中叶由昔班所建立的蓝帐汗国经过数年演变之后，在乌兹别

蒙古人与异域人的交往

蒙古贵族和他的臣民盛宴场面

克称汗后最终成为今乌兹别克斯坦共和国）及蒙兀儿帝国（也称“蒙兀儿斯坦”，存在于15—16世纪，大致辖天山以西包括巴尔喀什湖及其以东以南地区），还包括与明朝始终对峙的北元蒙古诸部，包括漠南蒙古诸部、漠北喀尔喀部、漠西卫拉特部（也称瓦剌、厄鲁特、卡尔梅克等）及18世纪中叶被清朝军队征服的准噶尔汗国等等。更不可思议的是，帖木儿后裔巴布尔1526年又建立了莫卧儿（莫卧儿为突厥语“蒙古”谐音之译）帝国，长期统治印度，直到1858年才告结束。由于诸多蒙古政权和汗国的建立，蒙古人及其后裔成了这些汗国和领地上的主人。他们在这些土地上劳作耕耘，创造了这一时期的人类文明。

成吉思汗的蒙古帝国政权把蒙古人像种子一样撒向了欧亚大陆，孕育出了当今世界蒙古民族及其后裔。由于蒙古统治者的主导作用，他们的部落融合了当地民族、部落文化，由于互相的影响，逐渐演变成了新的民族和国家，这一现象在文化和民族学领域中称为涵化现象。确切地说就是两个或两个以上不同文化的民族体系间发生持续接触，导致一方或双方原有文化模式被对方的文化所影响而发生变化的现象，称为民族涵化现象。通过涵化现象，产生了新的文化和民族。本书把这种蒙古人与其他部落和民族融合产生的民族称为蒙古涵化民族。蒙古涵化民族在几个世纪以来在欧亚大陆人类活动的舞台上扮演了突出的角色，给世界历史增添了光辉的篇章。在这些由蒙古涵化民族组成的国家里，人们把蒙古人和成吉思汗尊为祖先，这些民族的统治阶层和贵族大多是成吉思汗和蒙古人的后裔。

在大蒙古帝国时期各民族文化的交流场面

由于上述原因，在世界各地（主要是欧亚大陆）都散居着蒙古涵化民族。他们的地理分布情况如下：俄罗斯联邦境内属于蒙古涵化民族的有鞑靼人、卡尔梅克人、阿尔泰人、图瓦人、布里亚特人；在西亚的阿富汗及印度次大陆，有哈扎拉人；在中亚的乌兹别克斯坦和哈

世界蒙古涵化民族分布图

萨克斯坦有乌兹别克人和哈萨克人（这两个国家最初是由成吉思汗的长子术赤的后裔建立起来的，他们的族人就成为了这两个民族的主体）；蒙古国的喀尔喀蒙古人及蒙古族其他分支部落；在中国境内的蒙古族主要分布在内蒙古，其次分布在新疆、青海、甘肃、黑龙江、吉林、辽宁、河北、河南、北京等省区，在川滇黔三省还有部分南方蒙古族。除上述蒙古族和蒙古涵化民族的集中居住地外，在全世界各个国家都不同程度地散居着他们的移民。

从成吉思汗蒙古帝国的世系延续角度来研究，成吉思汗的四个儿子中，长子术赤（金帐汗国）、次子察合台（察合台汗国）、三子窝阔台（窝阔台汗国）的后裔基本留在了中亚、西亚和欧洲，四子托雷的一个儿子旭烈兀（伊儿汗国）的后裔也留在了中亚和西亚，只有托雷的另一个儿子忽必

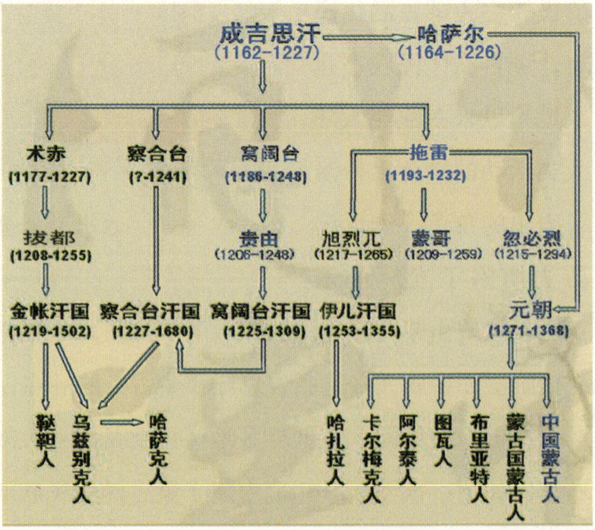

成吉思汗后人世系表

术赤（1177—1227）
成吉思汗长子 思沁画

察合台（？—1241）
成吉思汗次子 思沁画

窝阔台（1186—1248）
成吉思汗三子 思沁画

拖雷（1193—1232）
成吉思汗四子 思沁画

烈（元朝）及成吉思汗之弟哈萨尔的后裔留在了中国和蒙古国故地。蒙古帝国称帝的顺序是太祖皇帝成吉思汗（1206—1227年在位）、太宗皇帝窝阔台（1229—1241年在位）、定宗皇帝贵由（1246—1248年在位）、宪宗皇帝蒙哥（1251—1259年在位）、世祖皇帝忽必烈（1260—1294年在位），后来在元朝和北元又陆续有15位皇帝登位。他们的后人演变形成了现在的卡尔梅克人、阿尔泰人、图瓦人、布里亚特人、蒙古国的蒙古人和中国的蒙古人。成吉思汗长子术赤和他的金帐汗国后裔演变形成了鞑靼人，乌兹别克人和哈萨克人。窝阔台汗国后来并入了察合台汗国，他们有很多后裔又融

入了乌兹别克人和哈萨克人中。哈扎拉人是成吉思汗四子拖雷和他的孙子旭烈兀的后裔。

在当今世界，仍然保持“蒙古”族称的蒙古人还不到1000万人，有着长达800年辉煌历史的蒙古人的繁衍怎么这么缓慢呢？这始终是一个谜一样的问题。除了战争、天灾人祸之外，很重要的原因是蒙古人作为统治者和战胜者，他们都融合在蒙古涵化民族中了。在世界历史的这个大舞台上，蒙古人及其圣主成吉思汗造就了诸多蒙古涵化民族和国家，使当今世界光彩夺目。

1206年成吉思汗称汗，1218年就开始了著名的西征

从蒙古族和蒙古涵化民族在世界各国的人口数量来看：中国，蒙古族人口约550万；蒙古国，蒙古人总数约265万；俄罗斯联邦，鞑靼人约600万、布里亚特人约45万、图瓦人约25万、卡尔梅克人约20万、阿尔泰人约7万；阿富汗及西亚和印度次大陆的哈扎拉人约200万；在中亚（乌兹别克族和哈萨克族在中亚各国家都有散居），乌兹别克族约 1600万、哈萨克族约1400万。在全世界，蒙古族和蒙古涵化民族总人数近5000万。

根据英国牛津大学著名遗传科学家赛克斯所创立的“牛津祖先”公司通过多年分子生物学和人类“DNA”项目研究和调查，得到的数据是，在世界上具有成吉思汗家族遗传基因的人数约有1600万，他们分布在欧亚大陆的各主要国家，而有蒙古人遗传基因的人数就更多了。其中有据可查的，在欧洲和中亚、西亚的王室中就混有蒙古人的血统，这首举俄国沙皇王室。还有许多当代名人都具有蒙古人血统。另有数百万蒙古人在历史上融入其他民族中去了，成为这些民族的一员。

从蒙古人离开亚洲蒙古高原大漠腹地的历史时间来看：在12、13世纪成吉思汗统一蒙古

波斯人绘制的蒙古大汗

各部时，布里亚特人、图瓦人、阿尔泰人等各部落就被统一，并构成了蒙古人的组成部分，他们多少世纪以来基本生活在现在的土地上；在13世纪，成吉思汗率领蒙古大军西征，留在阿富汗的蒙古人后裔就演变成了今天的哈扎拉人；成吉思汗之孙、术赤之子拔都发动的蒙古大军西征，征服了东欧和中欧的广大地区，拔都建立起金帐汗国，他们的后裔就演变成了今天的鞑靼人；在14世纪，成吉思汗之孙忽必烈南征统一中国时，留在四川、云南的蒙古人就演变成今天的南方蒙古人；15世纪成吉思汗的长子术赤的后裔昔班尼（乌兹别克汗）建立乌兹别克汗国，他的部众就称为乌兹别克人；乌兹别克帝国内另两个术赤后裔克烈汗和贾尼别克汗带着一部分百姓投奔察合台汗，这些人被称作哈

萨克人，这是近现代哈萨克人的起始；17世纪生活在中国新疆的土尔扈特蒙古人来到了东欧伏尔加河下游驻牧，他们就形成了今天的卡尔梅克人。

从人种和种族人类学特征来看蒙古涵化民族，鞑靼人离开亚洲蒙古高原的时间最早，距离蒙古腹地达万里之遥，来到白种人的故乡欧洲，经过长达800年的蒙古人与其他民族的混血。从种族学特征来看，鞑靼人兼具白种人与黄种人的人类学特征，大部分人更接近白种人，不少人的眼睛是蓝色、灰色、绿色和黄色的，皮肤偏白，只是脸型特征还保留有某些黄种人的特点；乌兹别克人的白种人血统成分比鞑靼人要少，但也兼具白种人与黄种人的人类学特征；哈扎拉人、哈萨克人以黄种人的人类学特征为主，但也有白种人血统成分；布里亚特人、图瓦人、阿尔泰人、卡尔梅克人以及中国、蒙古国的蒙古族都具备典型的黄种人的人类学特征。

从宗教信仰来看：早期的蒙古族和蒙古涵化民族自古以来就信仰原始宗教萨满教。萨满教在东北亚许多地方，特别是蒙古高原一带流行。通古斯人称他们的巫师为萨

哈扎拉人

鞑靼人

乌兹别克人

哈萨克人

卡尔梅克人

阿尔泰人

图瓦人

布里亚特人

喀尔喀蒙古人

中国蒙古人

满，故名为萨满教。萨满教没有经典，只有巫师念的符咒，巫师被认为是人类与天神之间的桥梁，只有通过他们，才能求得天神和大自然的恩惠，达到去病消灾、益寿延年的目的。这样，留在东北亚的蒙古人、布里亚特人、图瓦人、阿尔泰人都不同程度地保留着萨满教的信仰习惯。蒙古大帝国从一开始就遇到了多种宗教和教派的问题，为了加强对新占领地区的统

蒙古族和蒙古涵化民族自古以来就信仰原始宗教萨满教

藏传佛教是多数蒙古涵化民族主要信仰的宗教

治，成吉思汗和其他蒙古大汗对各种宗教都采取了比较宽容的政策。后来到忽必烈汗时期，在元朝国师八思巴喇嘛的倡导下，藏传佛教成为元朝的主要宗教。16世纪阿拉坦汗在蒙古地区大力崇尚藏传佛教。18世纪，清政府在其境内的蒙古民众中大力推行藏传佛教，在蒙古地区到处兴建庙宇，蒙古人的子弟大量出家当了喇嘛。由于以上原因，藏传佛教是多数蒙古涵化民族主要信仰的宗教。蒙古人、布里亚特人、卡尔梅克人、图瓦人、阿尔泰人，直到现代都在虔诚地信仰藏传佛教。当年成吉思汗西征所到之处，地处

察合台汗国、伊儿汗国、金帐汗国最终都皈依了伊斯兰教

部分鞑靼人转信了东正教

中亚、西亚的大部分民族都是伊斯兰教信徒，由于蒙古人对宗教采取了开放灵活和宽容的政策，得到了伊斯兰教宗教界的支持，为了加强对该地区的统治，当时的察合台汗国、伊儿汗国、金帐汗国最终都皈依了伊斯兰教。因此，哈扎拉人、鞑靼人、乌兹别克人、哈萨克人都是伊斯兰教信徒。由于受到俄罗斯东正教的影响，部分鞑靼人转信了东正教，这部分人现在叫做楚瓦什人，居住在俄罗斯楚瓦什共和国。

从语言学上来看，蒙古涵化民族现在使用的语言主要属阿尔泰语系。只有哈扎拉人使用印欧语系伊朗语族东部语支塔吉克语组。哈扎拉人直到16世纪初还在使用蒙古语，后来才淡忘。现在他们通用塔吉克语，但他们所讲的塔吉克语里仍夹杂着不少蒙古语和突厥语词汇，与纯正的塔吉克语相比存有区别，这和哈扎拉人世代与塔吉克人杂居是有关系的。除哈扎拉人以外，其他使用阿尔泰语系的蒙古族和蒙古涵化民族又分别属于2个语族，即阿尔泰语系突厥语族和阿尔泰语系蒙古语族。使用阿尔泰语系突厥语族的民族又分成5个语组，鞑靼人使用的是阿尔泰语系突厥语族鞑靼语组。图瓦人的语言属阿尔泰语系突厥语族东匈语支回纥—乌古斯语组。阿尔泰人使用突厥语系维吾尔语组。乌兹别克人使用阿尔泰语系突厥语族西匈语支乌兹别克语组。哈萨克人使用阿尔泰语系突厥语族西匈语支克普恰克语组。由于这些人与蒙古人的渊源关系，他们在山水地名和畜牧业术语方面还保留着蒙古语特点。一些著名的语言学家经过多年的研究得出结论，蒙古语与突厥语共同的词汇约占20%～30%。属于阿尔泰语系蒙古语族的

蒙古人西征后文化形成了突厥化和伊斯兰化

有蒙古人、布里亚特人、卡尔梅克人，他们虽然彼此分离了最长有380年的时间，但他们的语言和文字是相通的。在中国，达斡尔族、土族、保安族、东乡族、部分裕固族也属于阿尔泰语系蒙古语族。

在文字的使用上，俄罗斯联邦、乌兹别克斯坦、哈萨克斯坦境内的诸蒙古涵化民族在20世纪30年代以前，鞑靼人、乌兹别克人、哈萨克人使用阿拉伯字母拼写本民族语言，布里亚特人、卡尔梅克人、图瓦人、阿尔泰人都使用传统的蒙古文字，在苏联政府的干预下，30年代后都改用斯拉夫字母拼写本民族语言。蒙古国当时也追随苏联，走了同样的路。20世纪90年代苏联解体，他们又

古察合台蒙古文、斯拉夫蒙古文、传统的蒙古文

陆续和部分地恢复原来使用的传统文字。在中国的蒙古人一直沿用传统的蒙古文字。阿富汗的哈扎拉人使用塔吉克文字。

从婚丧嫁娶和衣食住行等民俗及生活习惯上来看，散居在欧亚大陆的诸蒙古涵化民族有很多共同点，一定程度上保留着草原民族的特点，因为他们都源于草原游牧民族——蒙古人。从古代开始，畜牧业一直都是他们赖以生存的主

草原民族使用的日常生活用品

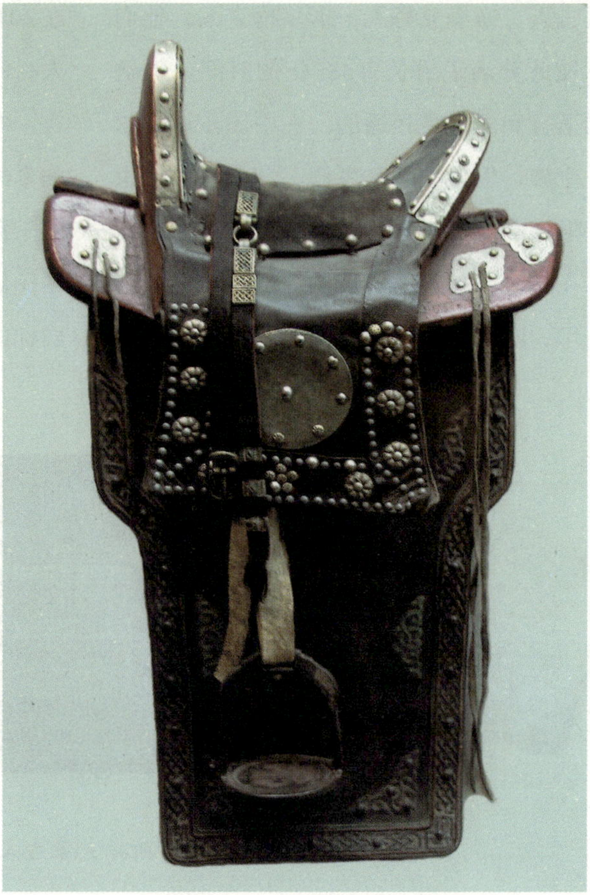

草原民族使用的马鞍

要生产手段。直到今天，畜牧业在蒙古人、布里亚特人、卡尔梅克人、图瓦人、阿尔泰人、哈萨克人中仍占有重要的经济地位，他们有的还继续被世人称为“马背民族”，保持了当年蒙古人慓悍的骑射武士的特点。鞑靼人、乌兹别克人、哈萨克人、哈扎拉人都是伊斯兰教徒，他们的生活习惯也都不同程度上伊斯兰化了，但仍然保留了部分蒙古人的遗风。另外，布里亚特人、卡尔梅克人、图瓦人、阿尔泰人、哈萨克人、喀尔喀蒙古人都有曾经生活在中国元朝、清朝的经历，因此他们与中国都有很多渊源关系。世界发展到今天，这些蒙古涵化民族能够跟上世界历史发展的潮流，走向了现代化，发展成为现代民族。

综上分析，蒙古涵化民族之间由于形成时间和居住空间的不同，产生了很多差异，但是有一点不可否认的事实就是他们都与蒙古人有着密切的历史渊源关系，都尊崇成吉思汗为他们的圣祖，是蒙古血统和历史长河把他们联系在一起了。在今天，我们认真研究蒙古人是怎样走出亚洲蒙古高原大漠腹地，来到了中亚、西亚和欧洲大陆，叱咤风云，创造辉煌的历史，形成了诸多蒙古涵化民族，对现在的人们正确了解历史，树立历史唯物主义世界观是很有必要的。我们不要忘记，蒙古人和成吉思汗在欧亚大陆留下了众多的子孙，这些人们同当地各民族一起开发和耕耘他们共同的土地，创造了辉煌的历史并拉开了人类全球化的篇章。

蒙古族和蒙古涵化民族都是成吉思汗蒙古帝国的后人，他们经历了800多年的复杂历史演变，世人对于这些民族的历史和现状了解得不一定很具体，本书谨对世界上这些蒙古族和蒙古涵化民族进行比较系统的介绍。书中内容包括他们的概况、现状、风俗习惯、历史渊源。在整理资料和写作过程中，笔者没有把本书写成严肃的学术性著作，为了提高本书的可读性，在参考大量的有关资料基础上，进行了适当的创作加工。

成吉思汗陵

一年一度的成吉思汗陵祭祀大典

世界蒙古涵化民族基本情况对照表

所属国家	民族名称	汗国形成时间	人数	人种肤色	宗教信仰	语言文字	传统经济	同中国的关系
俄罗斯联邦	鞑靼人	13世纪建立金帐汗国	600万	以白种为主、有少量黄种人特点	伊斯兰教、东正教	阿尔泰语系突厥语族	农业、工业	蒙古帝国时离开
	卡尔梅克人	17世纪建立土尔扈特汗国	20万	黄种人	藏传佛教	阿尔泰语系蒙古语族	牧业、农业、工业	元朝时属于中国
	阿尔泰人	17世纪建立准噶尔汗国	7万	黄种人	藏传佛教、萨满教	阿尔泰语系突厥语族	牧业、农业	元朝、清朝属于中国
	图瓦人	13世纪为蒙元帝国一部分	25万	黄种人	藏传佛教、萨满教	阿尔泰语系突厥语族	牧业、农业	元朝、清朝、民国属于中国
	布里亚特人	13世纪为蒙元帝国	45万	黄种人	藏传佛教、萨满教	阿尔泰语系蒙古语族	牧业、农业、工业	元朝、清朝属于中国
阿富汗	哈扎拉人	13世纪建立伊儿汗国	200万	以黄种为主，有少量白种人特点	伊斯兰教	印欧语系伊朗语族	牧业、农业	蒙古帝国时离开
乌兹别克斯坦	乌兹别克人	15世纪建立乌兹别克汗国	1600万	黄种和白种兼具	伊斯兰教	阿尔泰语系突厥语族	牧业、农业	蒙古帝国时离开
哈萨克斯坦	哈萨克人	15世纪建立哈萨克汗国	1400万	黄种人	伊斯兰教、萨满教	阿尔泰语系突厥语族	牧业、农业、工业	元朝、清朝属于中国
蒙古国	喀尔喀蒙古人	13世纪为蒙元帝国一部分	265万	黄种人	藏传佛教、萨满教	阿尔泰语系蒙古语族	牧业、农业、工业	元朝、清朝、民国属于中国
中国	中国蒙古人	13世纪为蒙元帝国一部分	550万	黄种人	藏传佛教	阿尔泰语系蒙古语族	牧业、农业、工业	一直生活在祖国
印度	莫卧儿人	16世纪建立莫卧儿王朝	不详	黄种和白种兼具	伊斯兰教、印度教	早期阿尔泰语系，后印欧语系	牧业、农业	蒙古帝国时离开

生活在阿富汗腹地的成吉思汗子孙——哈扎拉人

哈扎拉人的概况

今天的哈扎拉人（Hazara）主要居住在阿富汗的兴都库什山以南、巴米扬与赫拉特河谷之间的哈扎拉贾特山区一带。此外，在坎大哈、赫拉特、构格哈尔、巴达赫尚等省，也散居着一些哈扎拉人。据统计，阿富汗约有160多万哈扎拉人，占全国人口总量的8.6%，是国内第三大民族。在西亚和印度次大陆还有约40万哈扎拉人。许多哈扎拉族人也自称是“中国人”，称他们同样使用十二生肖。

哈扎拉少年

不少历史学家和学者经过考察认为：阿富汗的哈扎拉人是蒙古族的后裔，最早来自13世纪成吉思汗西征时的蒙古军队和伊儿汗国的蒙古移民。在帖木儿、莫卧儿帝国时期，又有一部分突厥化蒙古人加入进去。尽管他们现在已经不会讲蒙古语，也不使用蒙古族姓名，但他们最早的来源的确是蒙古人。根据欧洲旅行家报道，直到16世纪初，哈扎拉人还在使用蒙古语，后来才淡忘。现在他们通用塔吉克语。但他们所讲的塔吉克语里仍夹杂着不少蒙古语和突厥语词汇，与纯正塔吉克语相比存有区别。至今，他们还没有自己本民族的文字，使用的是塔吉克文字。

哈扎拉人母子

哈扎拉妇女

从生理特征上看，哈扎拉人属于蒙古人种，具有蒙古人的体质特征：他们是黄皮肤，头发直而硬，体毛和胡须少，鼻宽度中等，鼻梁较低，脸平扁，唇厚适中，眼睑多有内眦褶；头骨上表现的特征是鼻尖点指数中等，眼眶较高，面骨平扁，颧骨突出。虽然他们长期以来与当地民族通婚，但是这些身体特征仍然能表现出来，经过若干世纪的演化和同异族通婚混血，还没有完全消失。2003年根据英国牛津大学遗传科学家赛克斯通过人类染色体和“DNA”样本的调查，其中三分之一的哈扎拉人具有成吉思汗和蒙古人的遗传基因，因此完全体现了他们的蒙古族源。

目前，从哈扎拉人的生活习俗上，仍然可以窥见其蒙古族的遗风。首先，哈扎拉人居住的房舍与传统的蒙古包一样，还是圆形的。在服装上，男人上衣穿无领肥大衬衫，下衣穿灯笼裤，冬季外罩长袍，腰间束带，有的还要加上一件坎肩。在家时头戴绣花小帽，外出时

哈扎拉人居住的阿富汗巴米扬地区

山区里哈扎拉人的村落

奶茶器具

头缠深色或白色头巾。女人服装与男人的大同小异，基本一致，只是妇女不束腰带，只将头巾包在头上，面部裸露，这与教规的要求有所不同。哈扎拉人的穿着打扮已被中亚穆斯林同化，没有了蒙古服装的遗风。

其次，哈扎拉人的饮食以烤饼和奶制品为主食，这些与蒙古人的生活方式相同，并且，从奶制品的种类和制作方法上，也能看出与草原蒙古人的联系。哈扎拉人把奶煮沸、发酵、晒干制成奶酪，这与蒙古人制作奶豆腐的方法基本相同；用做奶酪剩下的乳浆，熬去水制成干酪，这与蒙古人制作奶渣的方法也相差无几。甚至用酸奶加水制成饮料，用酸奶打制黄油等也与草原蒙古人的制作方法接近，但他们在节庆日的羊肉抓饭则具有更多的中亚

风味。

哈扎拉人的婚姻多为一夫一妻制，只有少数富有者为一夫多妻。婚姻由父母包办，几乎没有自由恋爱。订婚这天，男女双方的父亲要举行一个换包仪式。男方家长事先要在亲家的包里放入一定数量的钱，换包以后，就按人头分糖，凡参加者都得到一份。哈扎拉人婚姻中很重视送彩礼。男女订婚以后，关于彩礼的数量还要协商几次。哈扎拉人当中盛行的是嫡堂婚和交表婚，如果男女双方是堂兄妹或表兄妹，彩礼可以少要些。举行婚礼这一天，先由一位富有的、儿女双全的妇女给新娘梳装打扮，然后，给新娘蒙上盖头，唱离别曲(边哭边唱)，一般只对母亲和姐妹唱。与此同时，伊斯兰教的毛拉、男性亲属和尊贵客人则聚集在一个大帐篷里，由毛拉诵经祈祷，祝贺新人。这一切做完以后，人们把新郎引到唱完离别曲的新娘跟前，新郎将新娘领出帐篷，帮助她骑上早已备好的马或骆驼。新娘家派一位年长女眷与新娘同乘一匹坐骑，一直陪送她到新郎家。如果新郎家与新娘同住一村，接亲的队伍则需绕村一周。婚礼期间，一般还要举行赛马、摔跤等娱乐活动，以示庆贺。

哈扎拉人的羊肉抓饭具有更多的中亚风味

哈扎拉人的奶制品几乎与蒙古人相同

哈扎拉人的现状

阿富汗是一个多民族的国家，以普什图人为主体民族，其他民族包括塔吉克人、哈扎拉人、乌兹别克人、俾路支人、土库曼人等。另外，部落在阿社会关系方面发挥着重要作用，它不仅存在于游牧社会中，而且存在于定居的农业社会中，在城市里也有影响。从宗教

哈扎拉人积极参与国家政治活动

上看，绝大多数阿富汗人为穆斯林，而穆斯林中多数为逊尼派，什叶派主要限于哈扎拉人，只有少数哈扎拉人是逊尼派，后者为蒙古人嫡系后裔，其社会矛盾比较大。因此，阿富汗多年存在着民族、部落和教派冲突。从当年苏联占领阿富汗至今，战火连绵，现在美国和北约集团的军队以反恐为名，占领着阿富汗，也没有平息多年的部族冲突和基地组织与塔利班组织的恐怖活动，阿富汗人民仍然生活在战火和恐怖动乱之中。

哈扎拉族所处的社会环境，更多的似乎是历史的积怨留下的遗迹。在其他阿富汗人的眼里，哈扎拉族人是成吉思汗的子孙。仇恨的种子就是“一代天骄”13世纪的西征，当成吉思汗扬鞭纵马在中亚、西亚的肥沃草地上时，他也因杀戮太多当地族人而一直被当地民众记恨在心，乃至一代一代归咎于他的后世子孙。于是，哈扎拉人的祖先对待其他民族的悲剧就在他们身上重演了。就在几年前的阿富汗内战时，就有数万甚至数十万哈扎拉人被杀害。

哈扎拉族已故政治领袖阿卜杜勒·阿里·马扎里提出，在阿富汗组成联邦制国家，以提高哈扎拉族的民族权利，实现民族平等、公平和和平。现在哈扎拉人正在为实现他的这一夙愿而不懈地斗争。

哈扎拉族在阿富汗还是一个比较大的民族，人口约有160万左右，另有约40万人住在伊朗和巴基斯坦及其他国家。在战乱频繁

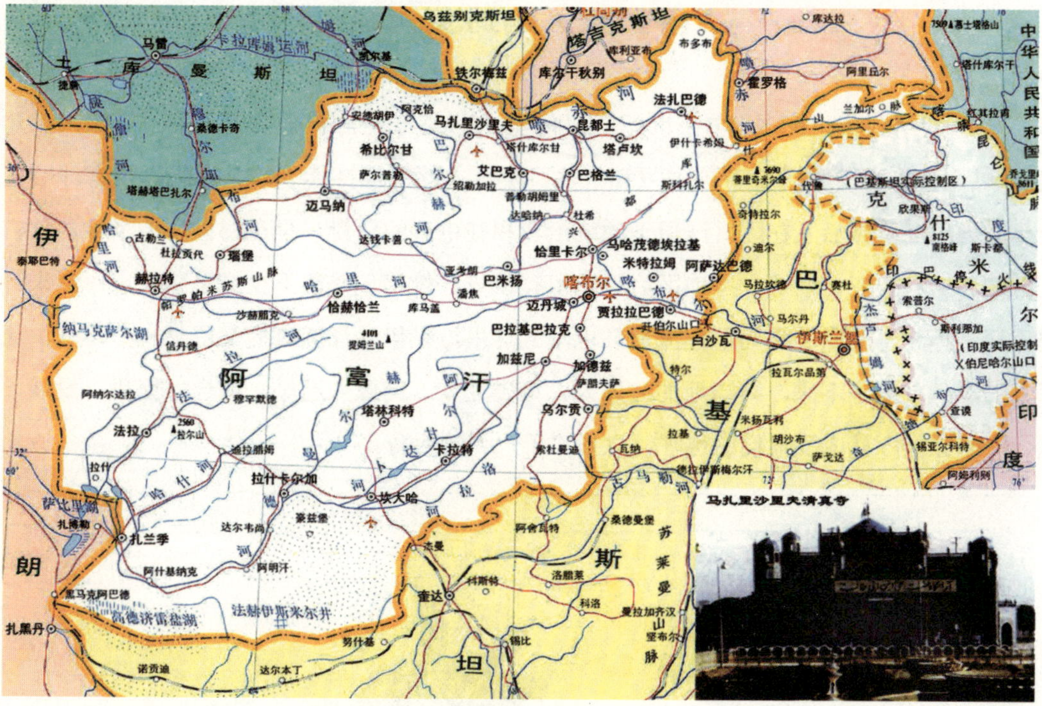

阿富汗地图

的阿富汗，要获得一个准确的统计数据确实是很困难的。在阿富汗的临时政府中，就有两名副主席是哈扎拉族出身。

成古思汗最“正宗”的子孙在阿富汗西部城市水赫拉特东南的一个山区里居住。那里的人直言不讳地说他们就是成吉思汗的后代，讲波斯语并夹杂有蒙古语，而且他们属于阿富汗穆斯林主流逊尼派。在19世纪末20世纪初时，他们约有800个家庭；20世纪90年代时约有1000—5000人。但那个地方是阿富汗最贫穷落后的地方，由于内战和干旱，许多村庄最后成片消亡，大量民众背井离乡，移民到其他地区。

着艳丽民族服装的哈扎拉儿童

哈扎拉人的历史渊源

从13世纪到18世纪长达6个世纪的时间里，阿富汗先后被成吉思汗蒙古帝国（伊儿汗国）、帖木儿帝国、莫卧儿帝国占领和统治，蒙古人的辉煌持续了数个世纪。阿富汗哈扎拉族是成吉思汗及其后人在阿富汗留下的统治者和驻屯兵的后裔。早在13世纪上半叶，蒙古军队占领波斯和中亚、西亚一些地区后，就留有镇守官统辖，并留下少量军队驻屯。后来，成吉思汗之孙蒙哥又以千户为单位派遣驻屯军到这里，在伊儿汗国时期又留下一些军队，这些军人的后代就留了下来，与当地的波斯人、塔吉克人、突厥人通婚，融合、繁衍、发展。于是，“哈扎拉”就成了他们的称呼，意指“千户”的后裔。

成吉思汗的蒙古骑兵威震天下

一、成吉思汗蒙古帝国军队进入阿富汗

1206年，全蒙古贵族推举42岁的铁木真为蒙古大汗，号成吉思汗（1206—1227年）。蒙古帝国从此建立。

铁木真出身于乞颜•孛儿只斤氏蒙古贵族世家。他在统一蒙古高原，建立蒙古帝国的过

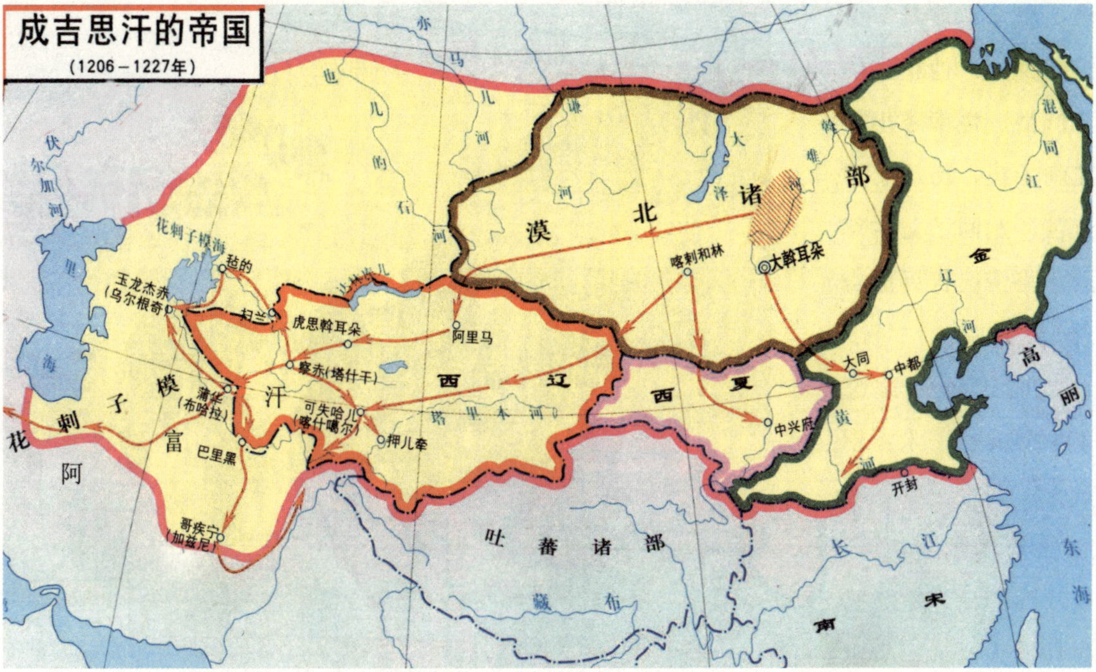

成吉思汗第一次西征形势图

程中，先后打败了篾儿乞、塔塔儿、克烈、乃蛮等强大的部落集团，统一了大漠南北，并收服和招降了林木中百姓以及畏兀儿等部族。接着蒙古大军开始西进。成吉思汗的蒙古骑兵威震天下，他的骑兵充分发挥了快速的闪击战作用，利用快速机动能力长驱直入，纵横驰骋，摧枯拉朽所向无敌。帝国的版图不断扩大。1218年，他的2万铁骑再度西征，剿灭了信奉基督教的原乃蛮部落王子屈出律，他的西辽领地随即被并入蒙古帝国。此时的蒙古帝国西部边境已经靠近统治阿富汗及中亚地区的花剌子模王国。

1219年，成吉思汗向花剌子模派去500匹骆驼组成的驼队，带着众多金、银、丝、毛等“高贵而精致的稀缺品”，其中包括一块骆驼脖颈大小的天然金块。随驼队的蒙古商人还给花剌子模国王沙赫穆罕默德带去了一封成吉思汗的信。信中说：“我统治着日初之国，你统治着日落之国。让我们之间缔结和平、亲善、友好的条约，让商人和驼队能自由往来，让贵重和普通的货物能从我的国家运到你的国家，也能从你的国家运到我的国家。”花剌子模的昏庸君主犯下了一个致命的错误。他为这些奇美绝伦而价值昂贵的货物所吸引，他贪得无厌，决定将他们据为己有。为防止走漏消息，他命令处死所有押送驼队的商人。但还是有一个人从屠刀下

逃了出来。这是一个护驼少年，他正在洗蒸汽浴，侥幸逃出了花剌子模，历尽千辛万苦，跑回了蒙古草原，将情况告诉成吉思汗。

成吉思汗震怒了，命其长子术赤率领大军西进。蒙古人的铁骑确实举世无敌，沙赫穆罕默德号称40万人的大军被迅速击溃，战争的主动权已完全被蒙古人取得。这位君主为他的贪婪付出了惨重的代价。战争的继续打破了他的幻想。随即，布哈拉、撒马尔罕这两个中亚重镇也落入蒙古人之手。战争中，蒙古人创建了炮兵和技术兵器部队，利用火炮和抛石器攻城，威震敌胆，所向披靡。他们首先使用了闪电战，靠马的机动性，“来如天坠，

成吉思汗向花剌子模派去经商的驼队
（“成吉思汗”电视剧剧照）

花剌子模国王命令处死所有押送驼队的商人
（《蒙古历史油画长卷》，王延青等创作）

去如电逝”，如飙风迅雷，迅速消灭了敢于抵抗之敌，蒙古人作战的凶悍令中亚人为之色变。

翌年，成吉思汗开始围攻花剌子模的首都乌尔根赤。这是一场惨烈的战斗，乌尔根赤全民皆兵，抗拒蒙古人长达六个月之久，结果换来的是更惨烈的报复，蒙古人攻入城内，俘虏了大量手工匠为蒙古大军服务。随后，成吉思汗又攻占了巴尔赫，这是一座有着悠久历史的

蒙古人的铁骑确实举世无敌

文明古城。

同一年，成吉思汗的四子拖雷也摧毁了谋尔夫城。谋尔夫曾安葬着另一个奥斯曼土耳其帝国的国君阿尔普•阿尔斯兰(1063—1072年)。在他短暂的统治期间，他曾从法提玛王朝手中取得了麦加和麦地那的所有权，他还曾于1071年以少胜多打败了拜占庭帝国的军队，俘虏了后者的皇帝狄根尼斯•罗曼努斯。蒙古人占领了这座城。阿富汗境内的另一个重镇内沙布尔也随即在蒙古将领势如破竹的攻打下陷落。在今天的巴米扬山谷，仍有当年攻城留下的废墟。在整整一个世纪里，巴米扬都处于荒废之中。

沙赫穆罕默德成了令人不齿的懦夫，随后逃亡。其子扎兰丁主张拼死抵抗，得到了惧怕蒙古人的其他阿富汗部族的支持。在加兹尼，他得到了喀布尔、古尔等许多城市首领的拥护。1221年，他成了拥有一支7万人大军的统帅。

这是一场斗智斗勇的较量。成吉思汗的

成吉思汗围攻花剌子模的首都乌尔根赤
(《蒙古历史油画长卷》，王延青等创作)

三万铁骑打散了扎兰丁步兵的右翼，但后者得到援军帮助后随即又重新集结起来，直至夜幕降临，战斗仍未分出胜负。谁都不敢大意。翌日凌晨，蒙古人使出计谋，在每匹空闲的战马上扎上一个皮制假人，使敌人误以为夜间援军已经到来。阿富汗人气馁了，一些人开始后退。仅扎兰丁表现非常英勇，他果断下令吹起总攻号角。蒙古人被击溃了，并遭受重大伤亡。阿富汗人赢得了胜利。但喜悦并没有持续多久。由于分配不均，各军阀武装随即分道扬镳，经过艰苦斗争而赢得的胜利化为乌有。蒙古军队加强攻势，加兹尼城迅速沦陷，成吉思汗在该城留下防卫军队后，随即跟踪追击，进入印度河流域。

成吉思汗的大军进入印度河流域

扎兰丁殊死奋战，在看到已无力回天

时，骑上一匹马，扔掉沉重的甲胄，纵马跳进离地数米深的印度河。然后，他以盾牌掩护后背，手执军旗，引导他勇敢的军马泅渡滚滚的印度河。

此时，一代天骄成吉思汗也不禁产生敬佩之情。他下令，禁止用箭射击这位英雄骑士，同时要求他的儿子，把扎兰丁当作一个英勇无畏的榜样，放他逃脱了。扎兰丁从蒙古人手中逃脱后，在印度住了一段时期，然后越过俾路支斯坦，到达克尔曼。蒙古人从北波斯退走后，他即从兄弟手中接过了今天位于伊拉克、伊朗和阿富汗部分地区的统治权。

公元1229年，他突然受到蒙古主力军队的袭击，虽然他再次逃脱，但蒙古人紧追不舍。1231年，扎兰丁在逃脱追击时，竟被一个库尔德强盗杀死了。英雄末路，出师未捷身先死，让后世之人无不叹息。

阿富汗的地方封建主没有积极组织抵抗蒙古军队，相反归顺了。蒙古人给这些人以封号，保留他们在当地的统治权。他们给地方统治者派去官吏，以监督其活动，征税和执行蒙古汗的命令。在13世纪中期，蒙古帝国下属几个汗国，亚洲西部与西南部的地区

成吉思汗之孙旭烈兀建立了伊儿汗国（《蒙古历史油画长卷》，王延青等创作）

为成吉思汗的孙子旭烈兀的伊儿汗国，其领土包括今日的阿富汗、伊朗、外高加索、伊拉克和小亚细亚东部等地。它比较固定的都城是大不里士。

哈扎拉人是原蒙古四大汗国中伊儿汗国蒙古人的后裔。伊儿汗国的统治者由三个分阶

层构成：蒙古军事游牧贵族，他们在政治中起一定作用，而且在人数上也占绝对优势；保留下来的地方贵族，其中包括军职人员；保留自己影响的上层穆斯林。蒙古游牧贵族又分为两种不同情况。一种是出身成吉思汗家族的蒙古王子、部落领袖和军事长官，他们拥有大片私有领地。一些有远见的蒙古贵族，极力同当地封建贵族联系，并采取恢复经济，兴修水利，发展农业、手工业和商业的政策。主要人物有乌格拉•蒙克，特别是合赞汗(1295—1304年)皈依伊斯兰教，使伊斯兰文化达到辉煌成就。他们还实行了迁徙突厥和蒙古人的政策。在13至14世纪初，这种迁徙政策对于居住在阿富汗中央地区的民族起源，起了一定的作用。居住在阿富汗包括喀布尔、赫拉特等地的哈扎拉人，就是起源于被迁移来的蒙古部落。

伊儿汗国（1264—1388年）

二、帖木儿帝国统治阿富汗

14世纪最后三十多年，阿富汗和其他许多地区受到另外一个征服者的统治，他就是信仰伊斯兰教的突厥化的蒙古征服者帖木儿(1336—1405年)。他出生在格什民族地区，位于

中亚撒马尔罕和兴都库什山之间绿洲河谷上，即今天的沙赫里萨布兹。他的家族并非蒙古皇亲宗室，而属于突厥化蒙古人巴尔拉斯部落，他的父亲就是该部落古康分支的酋长艾米尔塔拉海。14世纪60年代，他领导的以锡斯坦为中心的一个游牧部落联盟在河中地区建立了新的国家。此后他向伊朗、小亚细亚、外高加索、伏尔加河流域、西伯利亚，天山地区、花剌子模、阿富汗、北印度进行了多次远征。

帖木儿1405年2月暴卒于奇姆肯特城附近。他虽目不识丁，但

帖木儿(1336—1405年)

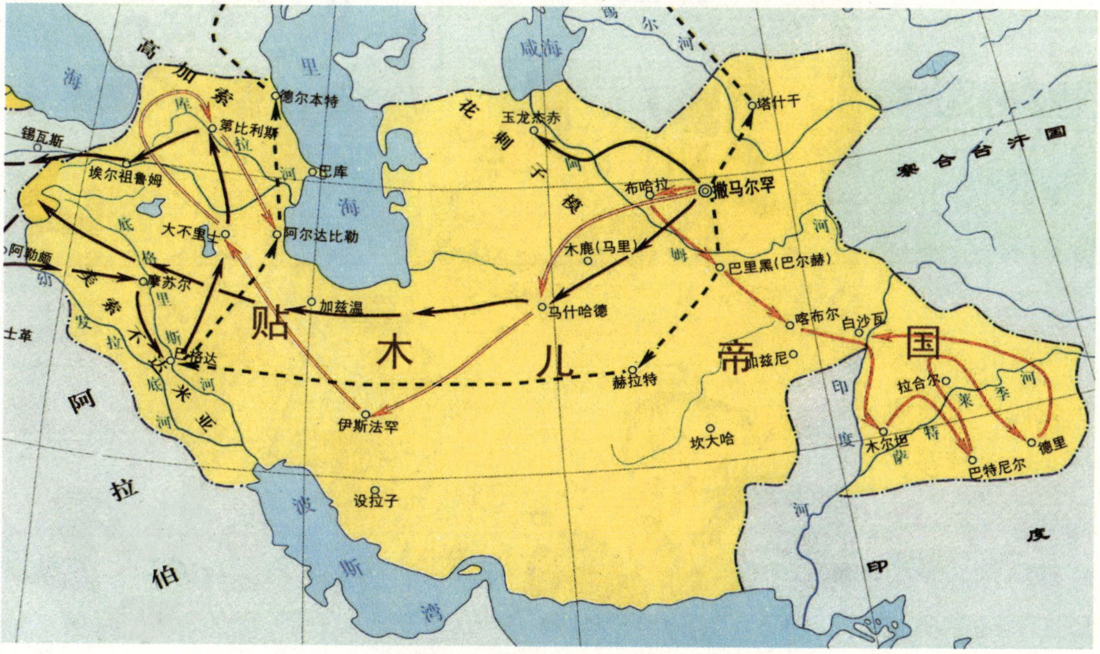

帖木儿帝国(1370—1405年)

能同第一流的伊斯兰教学者讨论历史、宗教教义和应用科学的许多问题，并嗜好下棋。他尤其擅长军事技术，而且非常老练地同远邦近邻谈判。他的陵墓是伊斯兰艺术珍品，于1941年开放，虽经500年漫长岁月而依然完整无损。

1370年，帖木儿攻占巴尔赫，标志着他侵入现在阿富汗地区的开始。1381年他占领了赫拉特城。库尔德王国同帖木儿建立友好关系之后不久，帖木儿便要求库尔德人臣服于他。遭到拒绝之后，他遂以兵戎相见，于1389年灭亡了库尔德王朝。在这个征伐过程中，曾经在布斯特、坎大哈和喀布尔等城市进行了大战。帖木儿军队所到之处即为帝国所有，军队未到之处，也被宣布为其属地。

1405年帖木儿死后，由他两个儿子米兰沙、沙哈鲁分享他的征服成果。米兰沙于1407年死亡。沙哈鲁占据了米兰沙的领地，并重新统一了帖木儿帝国。1409年，沙哈鲁以赫拉特为首都，将帝国的很多地区分封给帖木儿王朝的各个王子。他的儿子乌鲁格•别克(1409—1449年)被封爵。不久，他便成了这个以撒马尔罕为中心地区的独立统治者。另一个儿子卡伊德得到了加兹尼、坎大哈和喀布尔。

帖木儿帝国在经济发展的基础上，吸收不同民族的优秀文化成果，交融汇合，展现了具有突厥—蒙古特色的文化新貌。在沙哈鲁和兀鲁伯统治时期，采取提倡、保护和赞助学术文化的政策，东、西方的学者、诗

帖木儿帝国时代展现了具有突厥—蒙古特色的文化新貌

喀布尔的古城堡

人、工匠云集于撒马尔罕和赫拉特等城市，从事科学研究和著书立说，在文学、诗歌、绘画、建筑、史学、天文学、语言学等方面都有建树。在文学上，出现了著名的诗人哈菲兹、贾米、纳瓦伊等，他们的作品在伊斯兰文化史上占有重要地位，驰名世界。在绘画上，使波斯细密画达到高超的水平，形成了各具独特风格的赫拉特派和撒马尔罕派。

在建筑上，将波斯、阿拉伯同突厥建筑风格融为一体，呈现出突厥民族特色。所建造的加米

帖木儿时代具有伊斯兰风格的酒壶

清真寺、古尔•埃米尔陵墓及宫殿、宗教大学、天文台，巍峨壮美，装饰华丽，雕镂精湛，色调明快。在天文学上，兀鲁伯在撒马尔罕建造的天文台和编制的《兀鲁伯天文表》，是16世纪以前著名的天文台和精确度最高的天文表。

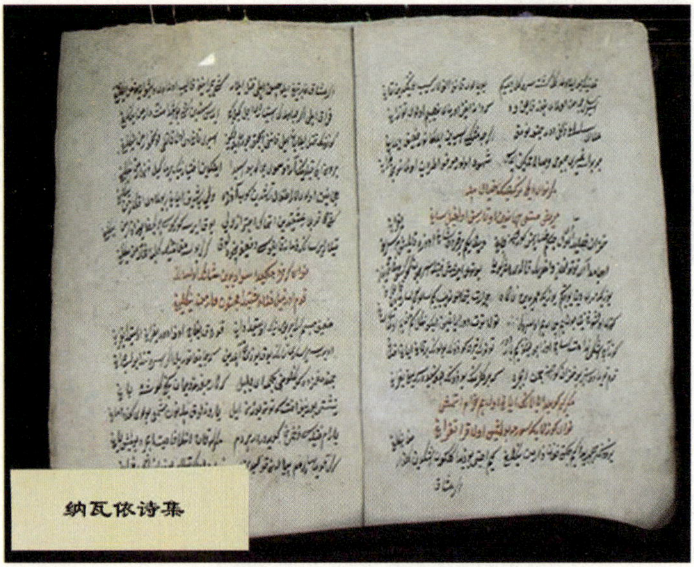

用察合台文书写的诗歌

在史学上，哈菲兹•拉卜鲁编定的《历史精华》记述了沙哈鲁与中国明王朝通使的详细经过。阿卜杜•拉扎克撰写的《沙哈鲁史》记述了帝国许多重大历史事件，具有重要的史料价值。在波斯语言文学的影响下，形成了“突厥文化”，使察合台语言（突厥蒙古人使用的语言）发展起来，并用突厥语创作诗歌和文学作品。帝国的大多数统治者喜爱文学艺术，苏丹沙哈鲁、兀鲁伯、拜哈拉均为著名的学者和科学家。他们被后世学者赞誉为“伊斯兰科学和艺术的伟大保护者”。

赫拉特的帖木儿王朝最后一位杰出国王是苏尔丹•侯赛因•贝卡拉。在他统治期间(1468—1506年)，巩固了赫拉特名城的中心地位。赫拉特在手工业、商业贸易、文化艺术方面成就显赫，成为最大的城市之一。赫拉特的宫廷中居住着许多著名诗人、学者，进行创作和研究工作。有的史学家把这种群星灿烂的历史场面视为帖木儿王朝的文艺复兴时期。赫拉特城的修建工作继续在加强。新的医院、澡堂、桥梁、宫殿纷纷落成。修缮和改建赫拉特大清真寺工程的规模和意义最大。该寺始建于古里王朝时期，修建之后，成为有影响的伊斯兰文化中心之一。赫拉特的帖木儿国家的农业也相当发达。开垦的可耕土地显著增多，坎儿井等水利灌溉系统纵横.帖木儿帝国为中亚的繁荣添上了光彩的一笔。有很多帖木儿的后裔、统治官僚阶层、驻屯兵融入了哈扎拉人的先辈中去，他们又为哈扎拉人增加了人丁。

帖木儿时期的清真寺

三、莫卧儿帝国时期的阿富汗

1525年，帖木儿帝国建立155年之后，中亚蒙古贵族帖木儿六世孙巴布尔，乘印度分裂、德里苏丹国日趋衰亡之际，南下攻入印度，几经征战，建立了亚洲史上著名的莫卧儿帝国。“莫卧儿”是波斯语“蒙古”的转音，莫卧儿帝国就是蒙古帝国，是帖木儿蒙古帝国的承袭，是突厥化的伊斯兰化蒙古人在南亚次大陆上新建的国家。莫卧儿帝国统治长达331年，到1857年莫卧儿王朝才被英国殖民者推翻。

莫卧儿帝国创始人巴布尔，1482年出生于中亚帖木儿帝国一个蒙古贵族家庭。巴布尔是世界上两个最著名的征服者的后代：他父亲是突厥化的乞颜•巴尔拉斯部蒙古人帖木儿的后代，母亲则是成吉思汗的嫡系后裔。

巴布尔起初是中亚一个小邦塔什干的统治者。他的父亲就是费尔干纳的帖木儿王乌马尔•沙黑（1469—1494年）。帖木儿帝国灭亡后，他的继承人巴布尔翻山越岭进入阿富汗，夺取喀布尔，在喀布尔建立了一个小王朝，7年以后，他从喀布尔出发，前往征服印度。于是，布哈拉、撒

巴布尔(1482—1530年)

马尔罕又转到号称蒙古“莫卧儿”人手中。1525年，巴布尔南下进攻印度，次年攻占德里，征服北印度大部分地区，建立莫卧儿帝国（1526—1857年）。巴布尔与祖上帖木儿一样，开始转战于整个中亚和印度次大陆，在很短的时间里，就占领了大半个中亚、西亚、南亚次大陆。

16—18世纪时期，阿富汗处于莫卧儿王朝和萨法维王朝的分别占领和争夺之中。莫卧儿帝国和萨法维王朝争夺最激烈的地区是坎大哈。萨法维王朝在阿富汗各地的军事首领尚

巴布尔时代的武士

巴布尔南下进攻印度并征服北印度大部分地区（1526—1858年）

未臣服。1528年，阿富汗军阀马茂德召集10万阿富汗联军于比哈尔，准备与巴布尔一争雌雄。在恒河与哥桥拉河交汇处，两军摆开战场。巴布尔亲自指挥蒙古人，在强大炮火掩护下强渡哥桥拉河，分兵夹击敌军。两军相遇勇者胜，阿富汗人全线崩溃，马茂德逃亡孟加拉。

莫卧儿帝国（1526—1858年）

巴布尔在一生的征战中，占领了东起哥桥拉河，西至阿姆河，南起瓜廖尔，北至喜马拉雅山脉的大片领土。他的一生异常艰辛，从童年时代就天天与天斗，与地斗，更要与人斗，斗了40年。他每天都在谋算着怎样进行有效的进攻、防御、转移和退却，一辈子苦苦地思索着征服他人保全自己。他利用自己过人的精力和绝顶的智慧奠定了一个庞大的帝国基业。经过100多年的发展，莫卧儿帝国成为当时世界上最富有的国家之一，巴布尔逝世后，遗体被运往喀布尔安葬。

在莫卧儿帝国统治330多年中历经了数代皇帝。从16世纪到17世纪末是它的极盛时期，版图最广时包括今天阿富汗的一部分、克什米尔、巴基斯坦和印度的大部分。

18世纪初，莫卧儿皇帝奥伦泽布去世时，莫卧儿已是一个四分五裂的帝国。当时，欧洲殖民者，特别是英国殖民者正加紧侵略中亚细亚、印度次大陆，莫卧儿帝国走向灭亡。

莫卧儿帝国强盛时期创立了中亚细亚、印度次大陆政治统一和社会经济文化发展的新时代，形成衔接中世纪与近代的“走廊”。莫卧儿帝国消亡后，英国又对该地区进行了90余年殖民统治，直至1947年。当莫

莫卧儿皇妃的陵墓——泰姬陵

卧儿人摆脱英国统治的时候，已变成印度、巴基斯坦、孟加拉、阿富汗、伊朗等诸国，早年从中亚迁来的伊斯兰化蒙古人早已与这些国家的各民族融为一体。唯独阿富汗的哈扎拉族保持了蒙古民族后裔的独特性，屹立于世界民族之林。

通过上述历史追溯，阿富汗经历了成吉思汗蒙古帝国、帖木儿帝国、莫卧儿帝国三个蒙古王朝的几百年的统治，他们在各自统治时期都维护了哈扎拉人的生存，并注入了蒙古血液，使哈扎拉族延续到今天。

阿富汗哈扎拉族已故领导人阿卜杜勒·阿里·马扎里纪念碑

流入欧罗巴海洋的蒙古洪流——鞑靼人

鞑靼人的概况

鞑靼人（Tartar），又译作“塔塔尔人”，是俄罗斯人口最多的少数民族之一。有人口5554601人(俄罗斯境内，2002年统计），主要分布在伏尔加河流域，鞑靼、巴什基尔两个共和国境内和彼尔姆、阿斯特拉罕、西伯利亚等地。在中亚国家土库曼斯坦、塔吉克斯坦、哈萨克斯坦、吉尔吉斯斯坦、乌兹别克斯坦，以及我国的新疆维吾尔自治区也有分布。

“鞑靼”一词源于7—9世纪时在贝加尔湖以南地区游牧的蒙古部落。在西方人眼里，

俄罗斯的鞑靼人

蒙古和鞑靼一样，游牧、善骑射，并且在蒙古西征军中，不仅有许多鞑靼士兵，而且鞑靼人多身居要职。所以，蒙古被认为“就是鞑靼”，“鞑靼”便成为蒙古的代称，中国明代把成吉思汗的后裔皆称鞑靼。这样，随着蒙古的强盛，鞑靼已不只是族称，而且是个政治名词，富有威慑力。欧洲人也把当年成吉思汗远征大军的蒙古人通称为鞑靼人。

鞑靼人是金帐汗国蒙古征服者的后裔

现代鞑靼人是在成吉思汗及其子孙西征后，所建立的金帐汗国蒙古征服者的后裔，混合了跟随蒙古人西征的其他种类的突厥人的血统，形成了今天的喀山鞑靼人、阿斯特拉罕鞑靼人、克里米亚鞑靼人、西伯利亚鞑靼人等分支。15世纪金帐汗国灭亡，在伏尔加河卡马河一带建立了喀山汗国。16世纪中期，被沙俄兼并。1920年建立自治共和国。

经过长达800年的蒙古人与其他民族的混血，从种族学特征来看，鞑靼人兼具白种人与黄种人的人类学特征，一般来说大部分人更接近白种人，不少人的眼睛是蓝色、灰色、绿色和黄色的，皮肤偏白，只是脸型特征还保留有某些黄种人的特点。当然，也有一些人的种族特征更类似于中亚人。可以推测，鞑靼人的民族形成经历了多元混血的过程。鞑靼人的种族属性已经是蒙古人种和欧罗巴人种的混合类型。其文化也是欧亚文明交汇的产物。语言属阿尔泰语系突厥语族。鞑靼语，分中部（鞑靼斯坦共和国大多数居民的用语）、西部（或称米沙尔语）和东部（西伯利亚

鞑靼人所建“喀山汗国”时期的宫殿

鞑靼人的用语）三大方言。1927年前使用阿拉伯字母拼写本民族语言，后一度改用拉丁字母，1939年又改用斯拉夫字母。现代鞑靼人绝大多数信奉伊斯兰教，属于逊尼派。也有少数改信东正教（称楚瓦什人，主要在俄联邦楚瓦什共和国境内），还有部分信原始的萨满教。十月革命前，在鞑靼人居住地区清真寺到处可见，在一些穆斯林家庭中也设有礼拜点，并出版了本民族文字的《古兰经》译本。

过去，鞑靼人主要从事农业，阿斯特拉罕鞑靼人则从事畜牧业和渔业，部分人从事制作靴子等皮革品、首饰以及纺织等手工业。乌拉尔地区鞑靼人的传统住宅是用圆木柱架成的木屋，墙上绘有各种色彩艳丽的壁画。阿斯特拉罕鞑靼人较多地保持着草原畜牧业的传统特点，夏季住帐篷。男女喜爱穿肥大的衬衫和灯笼裤，外罩无袖长袍。男子戴绣花小圆帽；妇女戴丝绒小帽和各色头巾，并喜欢佩戴金属胸饰。民间口头创作形式多样，长篇历史传说深受群众欢迎。建筑艺术和装潢艺术保持着许多民族特色。农业以生产谷物（小麦、燕麦）为主。

现代鞑靼人的清真寺

俄罗斯鞑靼斯坦共和国

鞑靼斯坦共和国是俄罗斯境内鞑靼人的主要居住地，位于东欧平原东部，伏尔加河中游地段，俄罗斯中央地区和伏尔加河流域地区的结合部。疆域从南到北长290公里，从东到西长460公里。共和国西接楚瓦什共和国，东接巴什科尔托斯坦共和国，西北接马里埃尔共和国，北接乌德穆尔特共和国和基洛夫州，南接奥伦堡州、萨马拉州、乌里扬诺夫斯克州。共

鞑靼斯坦共和国国旗

鞑靼斯坦共和国国徽

和国境内百分之九十的领土属低地平原，森林面积占共和国总面积的六分之一。境内主要河流有伏尔加河（流经鞑靼斯坦共和国境内的长度是177公里）和卡马河（流经鞑靼斯坦共和国境内的长度是380公里），水域面积占共和国领土的百分之五。

鞑靼斯坦共和国最丰富的资源是石油。伏尔加—乌拉尔油气带的一部分位于鞑靼斯坦共和国境内，众多的石油矿都在这个地方，如罗马诗基斯克矿、诺沃—叶尔霍夫斯克矿、五一

俄罗斯鞑靼斯坦共和国地图

矿和邦杜斯克矿。鞑靼斯坦共和国自石油开采之日起至今已开采了约26亿吨石油。其石油绝大部分分散在中小矿区，这些矿的开采期限为30—40年。因此，据有关资料统计，可供开采油量达8亿—9亿吨。近些年每年石油开采量减少了200万—300万吨，年均开采量为3500万吨。在鞑靼斯坦共和国矿产区，每吨石油就会伴生40立方米的天然气。已勘测出的沥青储藏量为100亿—150亿吨，在靠近阿尔梅季耶夫斯克市建立了沥青厂。除此之外，鞑靼斯坦共和国还蕴藏有褐煤层、可燃烧的页岩以及石灰岩、白云石、建筑用砂、石膏和黏土等。共和国境内分布有800个泥炭田，总面积达3.5万多公顷。伊热夫斯克矿泉也远近闻名。

鞑靼斯坦共和国属俄罗斯伏尔加河流

鞑靼斯坦具有丰富的石油资源

域经济区成员。它是一个工业和农业经济生产规模大、机械化程度高的共和国。在石油开采业、合成橡胶业、各种有机合成物生产业、重型装卸机械和柴油发动机制造业、电影摄像材料生产业、医疗器械制造业等领域均实现了专业化生产。此外，还有高度发达的机械制造业、制革业、毛皮业、亚麻业及食品加工业。

主要工业中心有：喀山市、阿尔梅季耶夫斯克市、切尔内市、下卡姆斯克市、奇斯托波尔市和布古利马市。鞑靼斯坦共和国的军工企业生产飞机、直升飞机、飞机发动机、船舶、计算机、无线电设备、热测量仪器和光学仪器。但同时共和国完全缺乏金属冶炼业、轧钢业、小型轿车制造业、有轨电车制造业、拖拉机制造业、联合收割机制造业、石油开采用的精工艺设备制造业以及电视机生产业和众多的日用消费商品。

畜牧养殖和作物栽培是鞑靼斯坦共和国农业经济发展的方向，其中包括果园业、家禽饲养业、粮食种植业和养蜂业。在农业经济中，采用了现代农业的耕作方式，因此产量也很可观。鞑靼斯坦共和国的农业经营性用地约450多万公顷，其中耕地370万公顷，占农业

鞑靼斯坦的现代工业

俄罗斯鞑靼斯坦共和国总统府

用地的82%；牧场70万公顷，占农业用地的16%；草场7万公顷，占农业用地的1.6%。春小麦占播种面积的28%，越冬黑麦占播种面积的31%，豌豆占播种面积的10%。甜菜是主要的经济作物。

鞑靼斯坦共和国成立于1920年5月27日，领土面积6.8万平方公里。行政单位的数量有43个区、10个共和国附属市、8个区属市、9个市属区、24个市镇、833个行政农庄。共和国的行政中心为喀山市。该市建于1438年，从莫斯科市到喀山市的距离为797公里。喀山市市内有7个区，分别为巴乌曼斯克区、瓦希托夫斯克区、基洛夫区、列宁区、莫斯科区、沿伏尔加河沿岸区和苏维埃区。

其它共和国所属市有：阿尔梅季耶夫斯克布，1953年建市；切尔内市，1930年建市；布古利马市，1781年建市；叶拉布加市，1780年建市；扎因斯克市，1978年建市；泽廖诺多利斯克市，1932年建市；列宁诺戈尔斯克市，1955年建市；下卡姆斯克市，1966年建市；奇斯托波尔市，1781年建市。2003年鞑靼斯坦共和国共有人口3682800人。

鞑靼斯坦共和国行政机构

鞑靼名城喀山

今天的喀山，是俄罗斯鞑靼斯坦共和国的首府。有过去一千年中积淀下来的历史遗产，使喀山成为历史文化名城。经历了千年历史洗礼的喀山市，不断焕发出现代化的朝气。喀山市分为老城和新城两大部分，老城主要指市中心一带的区域，各种历史古迹保存完好，一些主要的政治经济设施都坐落在老城。而新城指的是城市周边一带的居民区，那里建有现代化的高楼大厦。喀山有31座伊斯兰教清真寺和27座东正教教堂，是世界上两大宗教在俄罗斯联邦境内并存的地方。另外，市内老城的不少古建筑物也融合了西方与东方的建筑风格，达到了和谐与统一。城内的居民楼大都是米黄色或淡绿色建筑，具有典型的俄罗斯风格。但雕刻细致的彩绘木制窗框，却透露出伊斯兰的建筑特色。走在喀山的大街上，能够观察到，清真寺高高的宣礼塔与东正教堂的葱顶式建筑交相辉映。

俯瞰喀山城

喀山“克里姆林宫”

喀山街景

建于16世纪的“克里姆林宫”，形似莫斯科的克里姆林宫，只是规模略小。宫外有称“苏尤姆卡别”的七层红色尖塔，是以鞑靼族的喀山汗国末代王后的名字命名。城中有18世纪建造的彼得罗巴夫洛夫斯基大教堂，有带有鞑靼族建筑格调的喀山博物馆。还有建在城

郊的伊凡雷帝纪念碑等名胜古迹。喀山也是一个多民族混居的城市，当地人几乎是百分之百的金发碧眼，穿着也非常现代和欧化，但若注意观察，也能发现一些穿着民俗服饰的少女。她们头戴花冠状的白色头饰，身着鲜花点缀的白色连衣裙，成为街头一景。从着装上看，既可以看到蒙着纱巾的穆斯林女子，也可以看到穿着休闲的时髦女郎。

从民族学来说，鞑靼人是当年征服并统治俄罗斯大地的蒙古人同斯拉夫白种人混合的后裔。13世纪，蒙古大军横扫俄罗斯后，建立了金帐汗国，统治过俄罗斯伏尔加河流域的大片土地。正是这种历史背景，形成了喀山的多元文化和包容并存。喀山位于喀赞河与伏尔加河的交汇处，如同黄河是中华民族的母亲河一样，伏尔加河也哺育了俄罗斯族以及包括鞑靼人在内的众多民族。大约至少4万年前，这里就已经有人类活动的遗迹了。而喀山的历史则可以上溯到1000年前，大约11世纪初，当时统治喀赞河流域的伏尔加—保加尔公国为了抵御外敌入侵，在卡赞河东岸的一个山坡上修建了第一座木质的关隘，这也就是喀山的雏形。在鞑靼语中，“喀山”的意思就是“大锅”，这是因为当时这座城堡的形状如同一个倒扣着的大锅。与此同时，伊斯兰教也传入鞑靼人居住的地区，在此后的800年间，尽管这块土地几经易主，但鞑靼人的信仰始终没有改变，这里一直是鞑靼人的故乡。

好客的鞑靼族姑娘

鞑靼人同俄罗斯人的关系

15世纪末到16世纪中叶，俄罗斯人同鞑靼人之间发生连年征战，互有胜负，鞑靼人曾俘虏御驾亲征的莫斯科大公，而俄罗斯人也曾经一度占领喀山城。直到1530年，一个名叫伊凡的俄罗斯王子的降生，改变了这一切，他就是后来的第一位俄罗斯沙皇伊凡四世。传说伊凡

俄罗斯人同鞑靼人之间的连年征战

出生时，远在千里之外的喀山王妃伊琳娜从梦中惊醒，惊魂未定的她对喀山汗说："莫斯科出生了一位皇子，他有两副牙齿，一副会吃掉我们鞑靼人，另一副则会吃掉莫斯科公国。"

1548年，年仅18岁的伊凡加冕为俄罗斯的君主，并改称沙皇，莫斯科公国也从此改称沙皇俄国。这位以暴戾和智慧而著称的年轻人，被后人称为"伊凡雷帝"。正是他，宣告了俄罗斯人与鞑靼人之间这场百年战争的终结。1552年，22岁的伊凡率领15万大军和150门大炮渡过了喀赞河，在喀山城下同鞑靼人展开血战。鞑靼人退回城内死守，伊凡雷帝下令坚壁清野，切断水源，欲不战而胜。然而十天、二十天过去了，鞑靼人依旧生龙活虎，令伊凡雷帝百思不得其解，最终

一个鞑靼人的叛徒道出其中秘密：鞑靼人在城内的水塔下修建了一条密道，通往数百米之外的喀赞河。伊凡雷帝立即下令集中火力炸毁水塔，然后对喀山城发起强攻。几天之后，喀山沦陷，喀山汗国这个鞑靼人的政权，也就此灭亡。

俄罗斯鞑靼自治共和国在苏联十月革命后成立于1920年5月27日。第二次世界大战中，即1944年6月24日，按照斯大林的命令，以克里米亚鞑靼人在战争中同德国纳粹合作为借口，将十多万鞑靼人全部强制迁到哈萨克斯坦。在20世纪50、60年代后，克里米亚鞑靼人才陆续迁回到他们的故土克里米亚半岛。

进入20世纪80年代末90年代初，苏联政局剧烈动荡，联盟面临解体，1990年8月30日，鞑靼斯坦发表主权宣言，改国名为“鞑靼斯坦共和国”，希望脱离苏联和俄罗斯独立，宣布除国防外，其他一切权力归共

俄罗斯伊凡雷帝攻入喀山

和国所有。1991年苏联解体后，1992年3月21日发动了一场全民公决，结果希望独立的人占全共和国选民的61.4%。为了制止民族分离运动，俄罗斯总统叶利钦发动车臣战争，试图以武力制止分离运动，与鞑靼斯坦签署第一个双边分权条约，以条约形式和平划分利益和权限范围。1994年2月15日，俄罗斯联邦与鞑靼斯坦共和国签署了《俄罗斯联邦国家权力机关与鞑靼斯坦国家权力机关之间关于划分管辖范围和相互授权的条约》，条约规定，鞑靼斯坦共和国作为国家与俄罗斯联邦联合，可以参与国际关系和对外经济关系，在税收、财政等方面享有特权。这个条约给予鞑靼斯坦超出俄罗斯宪法规定的权力，实际上鞑靼斯坦成为留在俄罗斯联邦内的具有特殊地位和特权的国家。

十多万鞑靼人被强制迁到哈萨克斯坦

苏联鞑靼自治共和国国旗

鞑靼人的历史渊源

13世纪，一代天骄成吉思汗统一大漠南北（蒙古高原），东征西讨，建立了人类历史上疆域空前的蒙古大帝国。其疆域东起太平洋，西与地中海之滨的叙利亚、小亚细亚半岛的拜占庭以及西欧为邻，北及北冰洋，南临印度洋，是人类历史上规模空前的大帝国，疆域之广无可比拟。

术赤（1177—1227）

成吉思汗有四个儿子：术赤、察合台、窝阔台、拖雷。他把离蒙古本土最远的领土授予长子术赤作为他的领地，这片土地的中心地区是钦察草原。但术赤在世时，整个钦察草原只在名义上是他的领地，因为草原的大部分土地尚未征服。远征东南欧的问题，曾两次在1229年与1235年的忽里勒台（蒙古最高大会）上提出过，但直到1236年才举兵出征。远征由术赤的儿子拔都统率，在阿里吉河之战中，他使用大将速不台作为他的副将，因为速不台英勇善战，并熟悉东南欧的情况。经过几年的战争，占领了钦察草原。不里阿耳城及其所辖地区、克里木、高加索，全都落入蒙古铁骑之手。此后，1238年又征服了罗斯诸公国，1240年占领了基辅。拔都占领基辅后就打开了通向西方的道路。1240—1242

蒙古军使用的抛石器

蒙古鞑靼征服战（13世纪）

蒙古军队征战形势图

年，拔都的军队进军波兰、匈牙利与达尔马齐亚。1242—1243年间，拔都经由瓦拉希亚与摩尔达维亚回到了钦察草原。

一、金帐汗国的建立与发展

蒙古人远征的结果，是在钦察草原及其邻近地区广大领域建立了一个大国，这个国家在东方史料中称为金帐汗国或术赤兀鲁思。金帐汗国的疆界东北包括不里阿耳城及其所辖州，北与罗斯诸公国接壤，金帐汗国的南部，一方面辖有克里木及其沿海城市，另一面辖有高加索、北花剌子模及玉龙杰赤城。西部领有西起德涅斯特河或更远之处的草原地带。东部直到西西伯利亚及锡尔河下游。

拔都(1208—1255)

大批蒙古人随着拔都进入了钦察草原

腰牌

拔都及其后继者们使伏尔加河地区成为金帐汗国中心之后，大力振兴伏尔加河左右两岸的经济。但是，拔都特别关心的是城市建设和商业发展，通过税收使国库充裕。13世纪著名学者术思札尼写到：“他（拔都）为人十分正直，是伊斯兰教徒的朋友：在他的保护下，他们自由自在地过着生活。在拔都的营列和部落那里，建起了清真寺，寺内有信徒和团体、有主持公共祈祷的人。在他统治与在世的时期，伊斯兰教国家没有由于他（个人）的意志、他的部属、军队而发生灾祸。突厥斯坦的伊斯兰教徒在他的保护下安居乐业。” 波斯史学家志费尼在他的《世界征服者史》中也写到：“拔都住在亦的勒河上的营帐里，他选定了地段建设城市，并把新建的城市称为萨莱。他的政权遍及所有的国家。他不信奉任何宗教与教派，同样也不信真主……商人们将货物从四面八方运来给他；不管是什么他全都收下，并对每种货物偿付比原价高出好几倍的代价。”

许多学者认为，大批蒙古人随着拔都进入了钦察草原，因此蒙古成分在游牧人口中显然占着统治者的优势。不少的蒙古人携带全家老小与全部财产（首先是牲畜）进入了金帐汗国，使钦察草原蒙古化，这一点是毫无疑问的。随后蒙古人成分在东南欧大到何等程度，很难说清楚。这时原住民钦察

金帐汗国京城“拔都萨莱”故地

人仍是钦察草原游牧民的基本群众，当他们被蒙古人统治后，钦察人成了他们的臣民。后来，他们与蒙古人杂居、互通婚姻。蒙古人在数量上比起钦察草原原住民要少得多，通过几个世纪的通婚混血，就形成了今天东南欧的现代鞑靼人。

在拔都时代金帐汗国与蒙古帝国中央的交通通畅无阻

金帐汗国第一位大汗是东欧的征服者，同时也是金帐汗国的创建者——拔都。拔都在位年代为1237—1255年。我们知道，拔都不仅是征服性远征中的统帅，而且是新建立的国家的组织者。当时，新设置的汗国与统一的成吉思汗蒙古大帝国还牢固地联系在一起，并构成为帝国的一个基本组成部分。拔都曾在成吉思汗去世后（1227年以后）的最重要的年代里在蒙古大帝国中起过重要作用。他是大汗窝阔台（1229—1241年）时代帝国的主要人物。拔都十分重视伏尔加河流域在新建的国家中的意义。因此，他在伏尔加河下游建立了汗国的京城拔都萨莱。他很善于管理国家，派遣了专门的官吏——达鲁花赤，还设置了税收机构，向农民、牧民及克里木、不里阿耳及伏尔加河下游、花剌子模与北高加索各城市的手工业者、商人征收各种赋税。他大力发展生产，使该地区过去的贸易活动全面恢复过来，突出了拔都在汗国生活中所起的重要作用。在拔都时代，金帐汗国与蒙古帝国中央的交通通畅无阻。从窝阔台时代（1229—1241年）起，全蒙古帝国的驿站已经在整个帝国境内全面发挥作用。拔都去世后，

金帐汗王冠

汗位传给其子撒里答。撒里答的继位，由蒙古大汗蒙哥亲自任命，但是撒里答未正式继位就不幸夭折了。

1257年，拔都之弟别儿哥（1257—1266年在位）成为金帐汗国大汗。这时，金帐汗国已是一个堂堂大国了。当时大蒙古帝国的政治生活发生了巨大变化。1260年，全蒙古大汗蒙哥（1251—1259年在位）死后不久，1264年帝国的首都从哈剌和林迁到北京。由于地域遥远，北京的首脑就与其他汗国疏远起来，全蒙古的大汗也就变成了元朝的皇帝。虽然在拔都及别儿哥汗时代，事实上各汗国已具有了独立性，但只在1260年后才可以正式认为金帐汗国变成了独

古老的工艺壶

立国。伏尔加河流域大量城市的建设，东南欧贸易活动的扩大与深入，这些事都是别儿哥的丰功伟绩。

这时，金帐汗国发生了重大事件，别儿哥汗皈依伊斯兰教。这有他政治方面的考虑。一方面由于金帐汗国与中亚的工商业文明城市玉龙杰赤、花剌子模等有联系，手工业者、商人、画家、学者及当时封建伊斯兰教知识界的代表人物都从那里来到汗国京城，并成为汗国的精英；另一方面，与穆斯林埃及建立友谊对金帐汗国十分重要。由于这两方面的原因就使金帐汗国对伊斯兰教采取了保护政策，他在自己的全体人民中间传播伊斯兰教，在自己的领地内建起了清真寺与宗教学校。但别儿哥统治时期，信奉伊斯兰教也仅限于上层统治者的范围内，且仅限于接近宫廷的人们。继别儿哥后，金帐汗国的两位大汗脱脱蒙哥和脱脱也在即位后皈依了伊斯兰教。跟随他们而皈依伊斯兰教的蒙古人范围也在扩大，别儿哥萨莱（即今俄国察列甫镇）和拔都萨莱成为伊斯兰教

伊斯兰教的“古兰经”

中国元朝时期的瓷器

金帐汗国的商人在进行金融交易

城市。这样金帐汗国的蒙古贵族和人民就信奉了伊斯兰教。

脱脱汗去世后，金帐汗国著名大汗月即伯（1313—1341年）即位，金帐汗国生产力全面上升。他对别儿哥萨莱城进行扩建与美化，正式将金帐汗国京城从拔都萨莱迁到了别儿哥萨莱。他大兴土木，在别儿哥萨莱建造了清真寺、伊斯兰教学堂、陵墓、宫殿。他还促进商业和手工业的发展，把中国的丝绸、瓷器带来，也把中国的文明传到欧洲，进一步开通了东西方文化的交流。根据1333年到过该城的阿拉伯旅行家伊宾•巴都塔的记载："萨莱城是最美丽的城市（之一），这个城市规模特别大，建在平坦的土地上，城里人众拥挤，到处有漂亮的市场、宽阔的街道……城中有十三座举行礼拜的清真寺……城中（居住着）不同的民族：蒙古人（他们是国家真正的居民与统治者，其中一些是伊斯兰教徒）信奉伊斯兰教的阿速人、钦察人、契尔克斯人、俄罗斯人与拜占庭人（他们都是基督教徒）。每个民族分占一定地区，有自己的市场。"

金帐汗国是一个封建君主国家，被视作术赤家族的兀鲁思。所以，汗国内的牧民、农民和城市居民均被认为是术赤家族的成员。汗国居民具体是由撒勒只兀、勤乞特、许兀真三个部落组成，此外还有奇雅特、阿勒赤塔塔尔和弘吉剌部人。汗庭把百姓连同土地分配给诸王和那颜。蒙古和其他牧民以户为单位经营个体的游牧经济，在领主分配的牧场上放牧，为领主服各种劳役。游牧民以钦察人居多数。金帐汗国不仅是一个游牧社会，它还有一个稳定的城市社会，有多种多样的民族成分，正如我们所看到的，蒙古人在这里只占少数，以致逐渐丧失了自己的蒙古语言。由于汗国政权和军队中大量使用突厥人，汗国居民中突厥人也占大多数，蒙古人也逐渐突厥化了，在语言上，改用了突厥语，但是里边有大量的蒙古语词汇，生活习惯上更接近突厥人了。

金帐汗国的军权和民政密不可分，汗庭与各州的政权组织形式既仿照了蒙古族原有的形式，又结合了当地的实际情况。主持汗庭的民政官员称作“维西尔”（宰相），下设各地方（部），受其管辖。札鲁忽赤和达鲁花赤是专门管理法律和掌管国库税收的行政长官，都由蒙古人担任。各州设总督和达鲁花赤。对农业区和城市均征收税赋，汗国的收税事项往往交由花剌子模商人承办。在13世纪、甚至14世纪，汗是按照蒙古封建法权分氏族、部落、民族的集合体进行统治的。汗的亲属们获得了金帐汗国不同地区作为封土。军队在国家机构中占据极为重要的地位，术赤、拔都依照蒙古族的军队组织形式，在汗庭内组建了由封建上层子弟组成的军队，将军从金帐汗国社会最高阶层中间

蒙古和其他民族牧民以户为单位经营个体的游牧经济

产生。其将领享有比民政长官更为优越的地位。术赤数千（一说4000）名军士的后裔是组成金帐汗国蒙古军队的骨干力量。其结构以及军队中的职位仍与成吉思汗时代的蒙古军相同，也设有万户、千户、百户、十户长等官职，有严格的组织纪律。设置了特殊的布合兀勒（后勤保障军职），负责军队、军需、战利品和物资的调配。

蒙古人征服罗斯各公国后，并没有把它们直接划入金帐汗国疆域之内，而是保留其政治上的自治权，二者尚属藩属关系。罗斯国大公或其他王公须得到金帐汗的恩准才能即位，并且处于汗政权的监督之下。每当罗斯王公即位时，金帐汗要指定罗斯大主教或委派汗的全权代理人主持即位仪式。用汗的名义立为王公的人，须受汗委派的八思哈监督，蒙古统治者每年向罗斯各公国按人口征收实物税和商税，称作贡赋。别儿哥汗和忙哥帖木儿汗在位时，曾在罗斯公国进行过两次人口登记，以确定纳贡数量。除了贡赋外，还要为汗庭提供车辆、饲料，服劳役和兵役等。只有僧侣免纳贡赋、不服劳役。罗斯王公还不定期地给汗、汗妃及其近臣们馈赠贵重礼物。从这个角度讲，蒙古人统治俄罗斯长达近两个多世纪。

汗国的将军和官吏

大汗接见使者

二、金帐汗国的衰落

1360年后，金帐汗国陷于混乱，术赤的后人们为争夺金帐汗位发生内讧，使得诸俄罗斯小国开始叛乱。正在这时，白帐汗国脱脱迷失在帖木尔帝国的支持下，夺得白帐汗位。脱

术赤的后人们为争夺金帐汗位发生内讧

脱迷失是拔都和别儿哥的弟弟秃海铁木尔的后裔。1378年，脱脱迷失汗倾巢出动，出征金帐汗国。马麦汗陷于俄罗斯人和白帐汗的两面夹击之下。在黑海北岸，马麦汗被脱脱迷失击败，死于克里米亚。脱脱迷失遂出征罗斯诸国，将诸国再次征服，曾战胜马麦汗的莫斯科大公国于1382年被彻底击败。汗国境外企图入侵的立陶宛人也被脱脱迷失汗击败。金帐汗国重归统一。

此后，脱脱迷失与帖木尔发生冲突，双方于1387—1398年数次展开大战。帖木尔大军两次攻入东欧，将金帐核心地区大肆破坏。第二次尤为严重，首都别儿哥萨莱被焚毁。脱脱迷失的鞑靼军队接连战败。帖木尔的入侵大伤了金帐汗国的元气，使得这个东欧大国从此一蹶不振，成为几十年后诸俄罗斯国开始反叛的契机。脱脱迷失于1399年被另一个白帐汗所杀。1423—1459年，穆罕默德汗在位期间，从金帐汗国分裂出了喀山汗国和克里米亚汗国。1480年，莫斯科大公国伊万雷帝与金帐汗阿合马汗决战。因克里米亚汗在后牵制，阿合马汗不战而退，莫斯科公国获得独立。蒙古人对俄罗斯两个多世纪的统治结束了。俄罗斯开始兴起。

各种冷兵器

三、金帐汗国世系

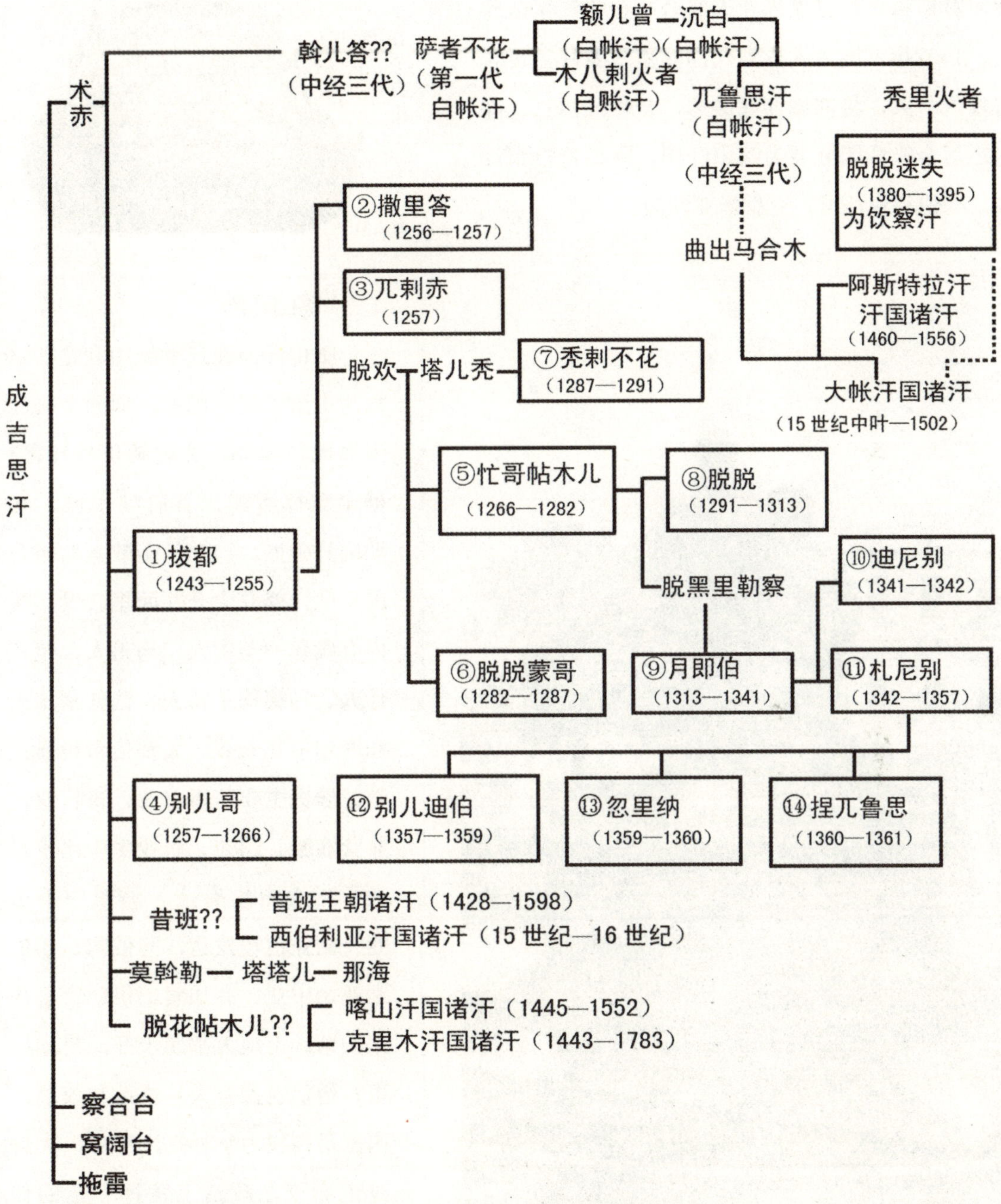

金帐汗国世系表

四、众多汗国的兴起

阿合马汗死后，其子孙继续与莫斯科人征战，莫斯科人与克里米亚人联合与金帐汗军队作战。1502年，同为术赤后代的克里米亚汗孟雷吉雷攻入萨莱，将都城彻底破坏，金帐汗国亡。在这之后金帐汗国分裂为喀山汗国、阿斯特拉罕汗国、西伯利亚汗国、克里米亚汗国。

喀山汗王冠

喀山汗宫殿的建筑师纪念碑

1.喀山汗国

喀山汗国在15世纪中叶是伏尔加河中游的封建国家。原为金帐汗国属地，1438年为鞑靼贵族兀鲁•穆罕默德所建，首府喀山城。初期国势强盛，1445年击败莫斯科公国军队，俘获大公瓦西里二世。境内有鞑靼－蒙古人、马里人、楚瓦什人、乌德穆尔特人、巴什基尔人和摩尔多瓦人等，大都信奉伊斯兰教。居民主要从事农业、畜牧业，兼营渔猎、园艺。农业生产比较发达，粮食自给有余。城镇中手工业、商业也较发达，同俄国、西伯利亚、中亚、高加索、伊朗贸易往来频繁。土地大都属于汗，封建权贵、僧侣也拥有大片耕地和牧场。国家最高权力掌握在汗手中，大封建主会议在政治上发挥一定的作用，汗及封建主、武士等构成了国家的统治阶级。自由农民（村社农民）、封建依附农民、战俘及奴仆等是被剥削阶级。行政区域分为区和乡。军队包括民军、汗的近卫军及封建主私人武装。阶级矛盾和民族矛盾十分尖锐，曾多次爆发起义，封建内讧不时发生。汗国与俄罗斯为邻，不时发生边界冲突。1469年沙皇伊凡三世利用汗国的内讧，曾夺取喀山城。1487年莫斯科公国再度占领喀山，并扶植了以穆罕默德•阿明为首的傀儡政府，汗国成为俄国的属地。1504年阿明摆脱了俄国的控制。1521年汗国同克里米亚汗国和诺盖汗国结盟，并起兵包围了莫斯科。不久，汗国依附奥斯曼帝国。1545—1549年，伊凡四世（雷帝）三次对汗国用兵，均未获重大进展。1551年俄军修筑斯维亚日斯克要塞，集结重兵，准备决战。1552年伊凡四世亲率15万大军，携大炮150门，进攻喀山，汗国灭亡。当地人民的反抗斗争一直到1558年才被镇压下去。

2.阿斯特拉罕汗国

武士头盔

阿斯特拉罕汗国是15世纪中叶里海北岸的蒙古封建主建立的国家。原为大蒙古帝国的四大汗国之一的金帐汗国属地。约于1459年脱离金帐汗国独立。地居伏尔加河下游里海北岸。定都于阿斯特拉罕城，疆域包括伏尔加河下游及南高加索草原地带，北邻喀山汗国，西接克里米亚汗国，东与诺盖汗国为界。居民主要从事牧业、渔业，农业也占有一定的比例。手工业较发达，毛皮、制革等享有盛名。地处交通枢纽，通过陆路和水路可联接高加索、黑海与里海，内外贸易颇为发达。经济以畜牧业为主，商业繁盛。汗国先后依附于诺盖汗国和克里米亚汗国 。1554年伊凡四世派3万俄军进攻阿斯特拉罕汗国 ，推翻了雅姆古尔切伊汗，扶持傀儡捷尔维什•阿里上台，汗国变为俄国的属国。1556年伊凡四世派兵驱逐阿里汗，正式吞并阿斯特拉罕汗国。

阿斯特拉罕古城堡

3.西伯利亚汗国

西伯利亚汗国是15世纪末从金帐汗国分离出来的封建国家。又译失必儿汗国。首府成吉图拉(今秋明城附近)。16世纪初移驻卡什雷克城（又称伊斯凯尔城或西伯利亚城，位于托博尔斯克附近）。占有托博尔河、额尔齐斯河与鄂毕河之间的广大地区。西部与俄罗斯大封建主斯特罗加诺夫家族的领地相连。地处欧、亚陆路贸易的必经之路。主要民族为鞑靼人及奥斯加克人、沃古尔人、巴什基尔人等。居民以牧业和农业为主。北部地区大多数人从事狩猎、驯鹿和养蜂业。居民掌握金属冶炼技术，能制造各种金属器具。

16世纪中叶，俄国吞并喀山汗国和阿斯特拉罕汗国之后，进而入侵西伯利亚汗国，以夺取该汗国的毛皮产地并打开与东方进行贸易的通道。叶吉格尔汗屈从俄国的压力，于1555年被迫宣布臣服俄国。沙皇伊凡四世自封为全西伯利亚的君主。1563年库楚姆起兵，推翻了叶吉格尔汗，登上了汗位。中断同俄国的君臣关系，停止向俄国输纳贡物，积极组织力量回击俄国的武装挑衅，维护汗国的独立。1579年俄国封建主斯特罗加诺夫家族受沙皇之命，招募了一支以叶尔马克·季莫费耶维奇为首领的哥萨克队伍。1581年

9月10日，叶尔马克向西伯利亚汗国进军。1582年11月4日俄军开进汗国首府。库楚姆汗逃往南方，组织力量，继续同俄军周旋。1598年，库楚姆汗被害，汗国被俄国灭亡。

另一种武士头盔

4.克里米亚汗国

克里米亚汗国（1430—1783年），又名可里木汗国。约在1430年由大蒙古帝国的四大汗国之一的金帐汗国分裂后出去的诸多独立汗国之一。由成吉思汗之孙秃花•帖木儿的后裔哈吉•格来建立。克里米亚汗国东以顿河下游为界，西至第聂伯河下游地区，向北一直延伸到耶列兹城和坦波夫。1783年被并入俄国。格来家族是虔诚的穆斯林，这使克里米亚有强烈的伊斯兰教特征。

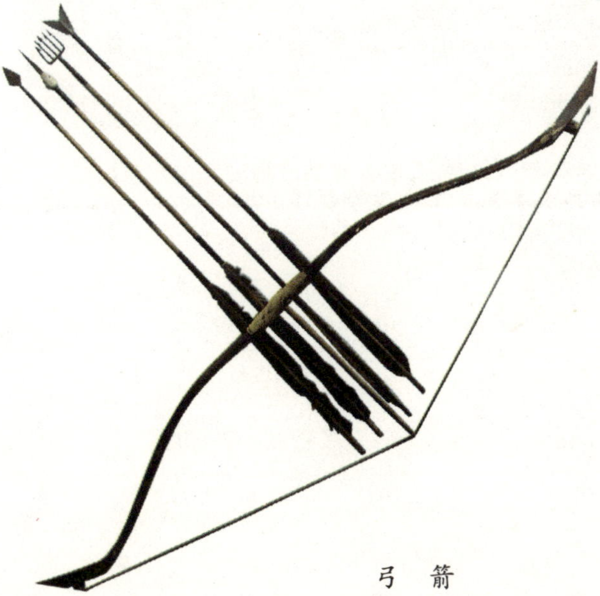

弓　箭

综上所述，以上汗国都是蒙古人、成吉思汗及其后裔在现在

俄罗斯疆域内建立起来的蒙古—鞑靼国家，他们的统治者和臣民就形成了今天的俄罗斯鞑靼人。

蒙古—鞑靼人在伏尔加河流域建立了金帐汗国
（《蒙古历史油画长卷》，王延青等创作）

由术赤后裔演变形成的民族——乌兹别克人

乌兹别克人概况

乌兹别克（Uzbeki）是一个具有悠久历史的民族。现代乌兹别克人主要生活在乌兹别克斯坦、哈萨克斯坦、吉尔吉斯斯坦、塔吉克斯坦、土库曼斯坦、伊朗、阿富汗等中亚、西亚国家和中国新疆维吾尔自治区。人口有1600多万。从种族学特征来看，乌兹别克人兼具白种人与黄种人的人类学特征，属于中亚过渡型人种。乌兹别克语属于阿尔泰语系突厥语族西匈语支，有自己的文字。历史上曾使用过粟特文、回鹘文。后来，采用阿拉伯文。这种文字

乌兹别克人

被称作“察合台文”。20世纪30年代，曾使用以拉丁字母为基础的新文字。40年代，改用斯拉夫字母为基础的新文字。乌兹别克人信奉伊斯兰教，属于逊尼派。

历史上的乌兹别克人

其族源可追溯到公元14世纪上半叶，原属于蒙古帝国金帐汗国的成吉思汗之子术赤后裔乌兹别克汗（也称“月即别汗”，1312—1342年在位）信奉伊斯兰教，统一了分散在中亚广大地区的各个蒙古部落和操突厥语的部落，其汗国被称为乌兹别克汗国，乌兹别克的意思是“自己的领袖”，其国人被称为“乌兹别克人”。《元史》记为“月即别”、“月祖伯”等。后来逐渐演变为族

乌兹别克人的清真寺

乌兹别克斯坦的壁画

称。15世纪时，金帐汗国瓦解，原来作为它的组成部分的白帐汗国逐步强大起来，占据着今西伯利亚西和哈萨克斯坦的广大地区，居民主要是各种不同来源的突厥 — 蒙古游牧民，他们都笼统地被称作乌兹别克人。15世纪末至16世纪初，白帐汗国的一部分乌兹别克游牧民在昔班尼汗的率领下，南下进入中亚农业区。先后占领布哈拉、撒马尔罕、希瓦、乌尔根赤、塔什干等城市，推翻了蒙古帖木儿王朝，与当地使用突厥语、从事农业的居民融合，形成了今天的中亚的乌兹别克人。后来陆续建立布哈拉汗国、浩罕汗国和乞瓦汗国。另有少数乌兹别克人在15世纪到中国新疆经商，其中部分人逐渐在新疆定居，繁衍生息，这就形成了中国的乌兹别克族。

乌兹别克人在进入河中地区以前，是一个传统的游牧民族，在昔班尼汗率领下进入河中地区以后，其生产方式转入农业耕作，变成了农耕民族，但保留了很多游牧人的传统习惯。由于乌兹别克人信奉伊斯兰教，因此阿拉伯人和伊斯兰教对乌兹别克人影响深远。进入近代以后，通过与俄罗斯人的交往，学习了欧洲和西方人的生活方式，因此乌兹别克人是一个多元化的民族。

19世纪，俄国开始进军中亚。乌兹别克各汗国相继被俄国吞并。1919年秋，在十月革命的影响下，乌兹别克人民举行起义。1920年陆续成立花剌子模人民苏维埃共和国和布哈拉苏维埃人民共和国。1923年以后两共和国合并加入苏联，成为加盟共和国。20世纪90年代，苏联解体，乌兹别克斯坦于1991年8月31日宣布脱离苏联，成为主权独立的国家。

乌兹别克民俗

乌兹别克人平时喜穿民族服装和西装。服装主要有白、黑、金色和红色几种色调。各地区的民族服饰由于气候不同和历史文化迥异，有很明显的差别。比如，生活在南部的居民，由于气候炎热，服饰的颜色十分鲜艳，且衣袍宽大；而在费尔干纳和塔什干地区，由于大陆性气候，加上那里的城市较多，衣服就比较合体，而颜色则以黑、蓝和绿色为主。乌兹别克

乌兹别克是一个能歌善舞的民族

男子穿衬衫、黑色长裤或白色布袍，外罩花条丝绸长棉袍，戴绣花小帽，穿塑胶皮靴。衣服的领边、前襟开口处和袖口镶绣着具有民族特色的彩色花边。女子喜欢穿白黑或红黑、金色相间的肥大丝绸连衣裙，外罩坎肩或短上衣，披彩色或羊毛披肩。老年妇女服装多为黑色、深绿色或咖啡色。乌兹别克长棉袍“哈拉特”极具民族特色，有棉、棉丝混织、丝绸、缎等数种质地，做工十分精致，在袍衣的边上均绣有花边。乌兹别克人常把它作为礼物送给尊贵的客人。

乌兹别克人的食品是丰富多彩的。最让他们骄傲的是手抓饭和大名鼎鼎的烤馕。馕的做法很特别，烤馕的泥炉呈倒圆锥形，齐腰高，上端开口，炉底烧着炭火。主人托起面饼从炉子上口伸进去，啪啪地把它们一张张贴在炉膛内壁上。烤好的馕呈麦黄色，周圈厚，中间薄，并点缀些芝麻草籽，松软香甜。在撒马尔罕曾流传这样一则故事，说一个士兵即将入伍，临走前，一块还没来得及吃完的馕被收进筐里悬挂起来，等他重返家乡已是两年后，把那块还留有他的齿痕的馕

大名鼎鼎的烤馕

取下来，掸去灰尘，加热后竟香甜如初。

抓饭更是乌兹别克人的一绝。做抓饭可真是个功夫活，不仅需要技术，也需要时间。通常经过煮、炸、蒸三道工序，历时四五个小时。做好后的抓饭一粒粒大米黄灿灿、亮晶晶。抓饭分撒马尔罕抓饭和费尔干纳抓饭。撒马尔罕的抓饭是分层的，最底下是米饭，然后是胡萝卜，最上层是肉块；费尔干纳的抓饭则是混合在一起的。两种抓饭虽有区别，但很难说哪个更香。抓饭是节日和喜庆时必备的食物，好的抓饭得由男人亲自下厨去做。抓饭无论是制作还是食用都有一定规则。比如，如果早晨出席追忆亡灵的仪式，根据亡者的年龄，吃抓饭的方式也不同。如果死者年纪大，来客就要将抓饭都吃光，这意味着你也可以活到他的年龄；如果亡者是年轻人，那你只能吃两三勺。

费尔干纳抓饭

奶茶是乌兹别克族日常生活中不可缺少的饮料，烧奶茶一般用铜壶或铝锅，先将茶水煮沸，然后加入牛奶烧煮，搅匀，待茶乳完全交融后，再加适量的食盐即成。饮时把奶茶盛入碗中，稍加酥油或羊油、胡椒即可。

乌兹别克族一日三餐中，早餐比较简单，多以切小块的馕泡奶茶。用餐时，长者居上座，幼者居下，家庭人口多的人家还分席用餐，一般情况下孩子和妇女要另设一席。过去许多食物都以手抓食，因此饭前饭后都要洗手。现除个别偏远地区仍然以手抓食之外，大部分乌兹别克人都改用西式餐具。吃饭时严禁脱帽，不能当着客人的面咳嗽。

乌兹别克人另一种家喻户晓的食品是苏玛里亚克。制作该食品如同过节一样隆重，而且只能由女人来做，需整整24小时。由于它需要不停地搅拌，往往要数个妇女共同配合。其制作程序是，先将小麦浸泡4天以发芽，芽长到5厘米时，用绞刀绞三遍，再把它的汁液倒入铁锅里熬制。一锅苏玛里亚克需用6千克小麦芽汁，加24千克面粉、200克葵花籽油，还要放进希腊核桃及不大的小石块，以防粘锅。往锅里扔石子儿时要进行祈祷。制作苏玛里亚克时还要载歌载舞。熬好后，要与左邻右舍分享。

乌兹别克人十分好客。乌兹别克斯坦也是一个伊斯兰色彩很浓的多民族的世俗国家，人们使

奶　桶

奶茶是乌兹别克族日常生活中不可缺少的饮料

乌兹别克人十分好客

乌兹别克人的婚礼

用传统的穆斯林式的见面问候礼节，如果同时把右手放在胸前，身体微微前屈，则表示加倍的尊重。做客时，餐前餐毕主人一般要祈祷并双手洗面，头微低，感谢真主赐予的丰盛宴席。与主人告别的时候要握手说再见，但不能隔着门槛握手，这被认为会带来坏运气。在乌兹别克斯坦有一种说法，就是客人胜过父亲。要招待客人，就要倾囊而出，舍得一切，不惜体力和时间。这一切都是为了给客人留下最美好的印象。如果客人不吃、不喝，不接受这种盛情，则被视为对主人大不敬与最大的失礼。

乌兹别克人对节日庆典非常重视。从生了儿子那天起，父母就得开始考虑他的婚礼了。为了筹备一个体面的婚礼，儿子多的人家也许不得不借贷，此后的漫长岁月就要为还债而劳碌。乌兹别克人不光要参加一个接一个的婚礼，还有割礼、葬礼，一一热闹过后，蓦然回首，已经去日无多了。可他们照样把日子过得有滋有味，生活在这些婚丧嫁娶的规范下，多姿多彩，井井有条。当然了，除去红白喜事和割礼，

乌兹别克人的节日

他们还有名目繁多的节日。乌兹别克人生性豪放好客。节日宴请一般分两部分。先是在早晨进行的款待客人的抓饭宴，一般安排在婚礼和割礼日。要通知所有亲朋好友，远客也要如约而至。抓饭宴一般从早晨5点太阳升起之前开始，客人随来随入席，品尝主人的抓饭手艺，送上一份礼物和真诚的祝福，再礼貌告退。不来的人会被视为失礼。来客可达数百人，在首都塔什干等大城市可达几千人。这种抓饭宴也叫“男人的早餐”，因为只有男人才可出席，而女人是不可参加的。而且不管认识不认识主人，都可以来吃。而婚礼抓饭宴通常要持续半个月，直至正式举办仪式那天，因此在乌兹别克斯坦永远不用为吃早饭发愁。至于吃饭的景象，不难想象，简直像个大集市。第二部分有点家宴性质，来宾多为至亲，礼物相对精致，甚至可赠钱物。

乌兹别克人有早婚习惯，一般在18岁时就开始筹备婚事，城市青年稍晚。受宗教和传统习惯的影响，一部分人的婚姻仍通过长辈定亲。婚后，女方与丈夫及其父母等家庭成员一起生活，在家庭中地位较低，并且不能出去工作。乌兹别克人的婚礼仪式要按伊斯兰教的教规进行，必须在清真寺登记，由毛拉主持，一般要进行三天。新人穿传统的民族服饰，婚礼期间用丰盛的传统菜肴宴请宾客，吹奏民族音乐，亲朋好友则要唱歌、跳舞和祝福。在婚礼上要对新郎、新娘进行独具特色的考察。对新郎的考察项目是劈柴和骑术。柴劈得越均匀、骑术越精湛就越会博得女方全家的好评。劈柴后把木块投入火中，象征新婚夫妇的日子会过得红红火火。对新娘的考察项目主要是烤制馕和刺绣，烤出的馕当场用来招待宾客，据说未婚男女吃了以后会早日找到如意伴侣。

乌兹别克人的葬礼很隆重，具有浓厚的宗教色彩。葬礼上要请毛拉为死者诵经，并告知所有的亲友。参加吊唁的男人要在腰间扎白色布带，妇女在头上缠白色布条。下葬后，在屋里为死者净体的地方点一盏长明灯，放一盆鲜花。7天之后，儿女方可脱去孝服。在人死后的第20、40、70、100天，家人都要为其进行祈祷。

乌兹别克斯坦共和国

乌兹别克斯坦共和国国旗

乌兹别克斯坦共和国国徽

乌兹别克斯坦共和国位于中亚腹地，大部分领土处在阿姆河和锡尔河之间。有5个国家与其接壤：东北方是吉尔吉斯斯坦，北方和西北方是哈萨克斯坦，西南方是土库曼斯坦，东南方是塔吉克斯坦，南方是阿富汗。乌兹别克斯坦国土面积44.74万平方公里，南北长930公里，东西长1425公里，边界线总长度为6221公里。最北端是乌斯秋尔特高原上的咸海西岸，最南端是苏尔汉河州的铁尔梅兹，最东端是费尔干纳盆地，最西端是乌斯秋尔特高原。

13—15世纪受突厥化蒙古人帖木儿王朝统治。15世纪时建立了昔班尼汗麾下的乌兹别克汗国。19世纪60—70年代，乌兹别克部分领土并入俄国。1917年11月建立苏维埃政权，1924年10月27日成立乌兹别克苏维埃社会主义共和国并加入苏联。1991年8月31日宣布独立，改国名为乌兹别克斯坦共和国。

乌兹别克斯坦行政上划分为1个自治共和国、1个直辖市和12个州，即卡拉卡尔帕克斯坦自治共和国、塔什干市、安集延州、布哈拉州、吉扎克州、卡什卡达里亚州、纳沃伊州、纳曼干州、撒马尔罕州、苏尔汉河州、锡尔河州、塔什干州、费尔干纳州和

乌兹别克斯坦共和国地图

花剌子模州。首都塔什干市是共和国政治、经济和文化中心，也是铁路、公路交通枢纽，人口250万。

乌兹别克斯坦共和国人口2460万(2001年1月1日统计资料)，是中亚各国中人口最多的国家，在独联体国家中排在俄罗斯和乌克兰之后居第三位，人口密度平均为每平方公里50.4人。主体民族是乌兹别克族。乌兹别克人占总人口的70%以上，信仰伊斯兰教，属逊尼派教徒。此外，还有卡拉卡尔帕克族、塔吉克族、哈萨克族、吉尔吉斯族、土库曼族、鞑靼族等。斯拉夫民族有俄罗斯、乌克兰、白俄罗斯、波兰、捷克、保加利亚等民族。苏联解体后，德意志人、俄罗斯人等居民大量外迁到了自己民族的祖国，使得这里乌兹别克人的比例增大。

乌兹别克姑娘

乌兹别克斯坦是中亚中部的内陆国家，西北濒临咸海。这里自然地理条件复杂多样，既有浩翰无垠的沙漠和高耸入云的雪山，也有汹涌澎湃的大河和荒凉无雨的戈壁。东部和东南部是山地，西部是荒漠和沙漠，西南和西北部是平原。整个国土由东南向西北方向倾斜。

这里的气候属温带大陆性气候，夏季酷热干燥，冬季寒冷少雪，昼夜温差大，日照时间长。降雨的地域和时间分布不均，主要集中在秋季和春季。根据气候及土壤状况，主要进行棉花、水稻、葡萄种植，从事养蚕业、园艺业及卡拉库尔羊、牛、马等牲畜养殖业，西北地区主要从事捕鱼业。

乌兹别克斯坦地理位置优越，处于连结东西方和南北方的东欧中亚交通要冲的十字路口，古代曾是重要的商队之路的汇合点，是对外联系和各种文化相互交流的活跃之地。乌兹别克斯坦是著名的“丝绸之路”古国，历史上与中国通过“丝绸之路”有着悠久密切的联系。

乌兹别克斯坦自然资源丰富，是独联体中亚五国中经济实力较强的国家，国民经济支柱产业是“四金”：黄金、“白金”（棉花）、“黑金”（石油）、“蓝金”（天然气）。但经济结构单一，加工工业较为落后。农业、畜牧业和采矿业发达，棉花产量占苏联的三分之二，生丝产量占苏联生丝产量的49%，洋麻产量占苏联的90%以上，羊羔皮、蚕茧和黄金产量分别占苏联的三分之二、二分之一和三分之一。轻工业不发达，62%的日用品依靠其他国家提供。

乌兹别克斯坦西部是戈壁

矿产资源丰富，矿产资源储量总价值约3.5万亿美元。现探明有近100种矿产品。主要有天然气、煤炭、石油、有色金属、黄金、铜、铅、锌和稀有金属等，黄金储量居世界第四位，年开采量80吨左右，在独联体居第二位。铜和钨的储量在独联体国家中均居前列，石油和银、铂、锌、铝矾土等金属矿藏也非常丰富。铀开采量占苏联的25%。煤储量为20亿吨，铀储量约居世界第七、八位。水力资源丰富，森林覆盖率为12%。天然

乌兹别克斯坦的天然气田

乌兹别克斯坦的油田

气资源主要分布在卡拉库盆地东北部边缘的查尔米和布哈拉台阶地区，其中最大的加兹里气田储量达4193亿立方米。石油资源多集中在东部天山褶皱带的费尔干纳盆地，已探明储量为5.84亿吨。天然气的产量仅次于土库曼斯坦，居中亚第二位、独联体第三位，年产气量在300亿立方米以上。乌兹别克斯坦工业在中亚地区举足轻重，天然气、机械制造、有色金属、黑色金属、轻纺和丝绸等工业都比较发达。

所处气候带有利于广泛发展农业经济，农业特点是灌溉农田的水利基础设施非常发达，灌溉地面积达425万公顷。农业支柱产业是棉花种植业，桑蚕业、畜牧业、蔬菜瓜果种植业也占重要地位。棉花年产量占苏联棉花产量的三分之二，居世界第四位，被誉为“白金之国”。畜牧业较发达，以养羊为主。养蚕业也较发达。

乌兹别克斯坦主要出口棉花、石油、天然气、电力、有色金属及农产品，进口机械设备、食品、工业原料等。乌兹别克斯坦交通运输业很发达，现已形成铁路、公路、航空、管道、内河等交通运输网络，邮电通讯业也在国民生活中发挥着重要作用。

乌兹别克斯坦是古“丝绸之路”所经地区，全国有4000多处自然和人文景观，主要集

乌兹别克斯坦的棉田

中在塔什干、撒马尔罕、布哈拉、希瓦等城市。

首都塔什干市

乌兹别克斯坦共和国首都塔什干市是中亚地区最大的城市之一，位于乌兹别克斯坦共和国东北部的奇尔奇克河谷，海拔440—480米，面积256平方公里，人口250万。塔什干市行政上划分为11个区，即阿克莫·易克拉莫夫区、别克铁木尔区、米尔卓·乌路格别克区、米拉巴特区、谢尔盖里区、沙比尔·拉赫莫夫区、契朗扎尔区、舍汗套尔区、尤努萨巴特区、雅喀萨拉依区、哈姆吉区。

俯瞰塔什干市

法尔哈德水库

这里的气候属大陆性气候，冬季少雪，夏季少雨酷热。最低气温曾达到零下24℃，最高气温达到零上43℃。穿过市区的博兹苏、萨拉尔、安霍尔、卡拉苏、阿库尔干、布尔热尔、阿克捷帕、卡拉卡梅什等人工河道将奇尔奇克河水输送到全市，有效地调节着这里的小气候。塔什干地处中亚心脏地带，骄阳之下，沙浪滚滚，故素有“荒原”之称。因此，水在这里显得尤为珍贵。相传一位美貌的公主许诺愿嫁给能引水灌溉荒原的勇士，以解当地居民缺水之难。于是，一位名叫法尔哈德的勇士便设法把一块巨石投入河中，来提高水位，引锡尔河水灌溉荒原。后来这位勇士得知公主因受骗含恨自尽，也殉情自杀了。今天，人们已从奇尔奇克河引出了一系列渠道，使塔什干市内水渠交叉纵横，基本解决了水的问题。现在，人们在塔什干附近仍可见到一块称为“法尔哈德”的巨大岩石，不过，岩旁已建起了以法尔哈德命名的水电站和水库。

塔什干在乌兹别克语中意为“石头城”，因地处山麓冲积扇一带，有巨大卵石而得名。这是一座历史悠久的古城，早在公元前2世纪就建有城池，公元6世纪就以商业、手工业著称，成为古代丝绸之路的必经之地。公元11世纪首见史书记载。1865年成为一座建有城墙的城市，当时的人口约7万，是与俄国进行贸易的主要中心城市，后来并入俄罗斯帝国。1867年成为土耳其斯坦自治共和国的行政中心。1930年起成为乌兹别克共和国（苏联加盟共和国之一）首府，1991年8月31日起成为独立的乌兹别克斯坦共和国的首都。

塔什干西南部的奇兰扎尔为新建住宅区和商业区。塔什干是中亚古城之一，具有悠久的历史。早在公元6世纪其商业和手工业就

塔什干市的现代建筑

远近闻名。塔什干地处东西交通要冲，为丝绸之路的重要商业和手工业中心。19世纪成为一座新式的欧式风格建筑城市。塔什干有新、旧城之分，清真寺、陵墓等古迹大都集中在旧城。旧城的生活主要体现在市场上，在这里可以进行商业活动， 举办文学和神学方面的学术辩论会，城里的商业、手工业者都在此积极地参加社会活动。主要的公共设施——清真寺、法庭、宗教学校、桑拿房等都建在市场里，其中商业铺位在中世纪国家的社会生活中起着十分重要的作用。现存的古迹有15、16世纪的宗教建筑和陵墓，其中的巴拉克汗——马德拉斯（神学院）已成为中亚和哈萨克穆斯林理事会总部。

塔什干地震纪念碑

塔什干市国家博物馆

1966年4月26日清晨的一次强烈地震几乎将全城夷为平地，使30万人无家可归，大量建筑倒塌焚毁，城市变成一片废墟。震后城市进行了大规模重建，并在市内广场上矗立起一座纪念碑，以使人们永远铭记住这场重大的自然灾难。纪念碑是一块巨大方石，一面有裂缝，另一面刻有一钟面，指针指在5时24分，即地震突发的时刻。

重建后的塔什干是一座新型的欧洲化风格的城市。从空中鸟瞰，它宛若浮在绿海上的花园，青葱秀丽。塔什干也是中亚唯一兴建了地铁的城市，这里地上交通发达，地下地铁环绕全城，交通十分方便。市内，街道宽阔，绿树成荫。新建的歌剧院、电视台、运动场等大型公共建筑和高层住宅，造

城市里一些伊斯兰风格的建筑

型明快，间以花园、广场、喷水池、纪念碑等，错落分布在新旧城中。塔什干还是国际文化交流的场所，这里举办过亚非拉国际电影节、各种国际学术讨论会。每年夏秋季节，世界各地游客纷至沓来，争睹这座名城的风采。

塔什干市作为商业中心坐落在定居与游牧部落之间人口密集的河谷地带，优越的地理位置使它在东西方国家间的贸易中转过程中得到了极大的发展，得天独厚的气候条件又使这里具有发展农业及畜牧业的优势。

公元前2世纪到公元前1世纪，这一地区就已经有了古城的雏形，出现了坚固的城堡，城堡内有砖坯砌筑的房屋，外城墙就当时来讲实用美观。这里曾经是商贾云集的地方，这一点已被发掘出来的西方拜占庭帝国和东方中国的古代钱币所证实。8世纪早期，塔什干被阿拉伯军队损毁，直到9世纪才得以重建，但新的城市所在地不在原来的废墟上，而在距其4公里以外的西北部博兹苏河岸边。13世纪时，塔什干市再次被花剌子模沙赫·穆汗默德毁灭，只是在14世纪到15世纪初塔什干市融入帖木儿汗国之后才重新确立了城堡地位，其地盘也扩大了，生产、商业和文化也得到了发展。城堡周围又筑起了新的城墙，修建了不少坚固结实的建筑，其中有些建筑还保存了下来，如一些宗教学校。从这一时期起，城市规划设计就开始变得复杂起来，从各个商道入城的方位规划修建了各个城门到市中心的道路，这些道路均以商道通商的城市来命名，城门外修筑墓地，以纪念穆斯林亡灵。

塔什干是共和国的文化中心，乌兹别克科学院及诸如中亚石油工业研究所、中亚地质研究所、小农业研究所都设在该城。此外有19所高等院校，200多座图书馆，10座剧院，8座博物馆和展览馆。有15—16世纪的宗教古迹。为中亚和哈萨克穆斯林理事会总部。附近建有奇尔奇克—博兹苏梯级水电站。塔什干市工业以农机、纺织机械制造为主，食品和纺织业也很发达。塔什干的棉花生产非常闻名，工业多与棉花、纺织品及纺织机械有关。塔什干是中亚地区重要的铁路枢纽，有铁路通往莫斯科、新西伯利亚等地。有通往世界各国的国际航空港。在公路交通方面也十分发达。

塔什干市内的帖木儿纪念碑

古城撒马尔罕

撒马尔罕是乌兹别克斯坦第二大城，撒马尔罕州首府，是世界文明的古城。人口近100万，有2500年的历史。为古代索格德古都，在14世纪曾是蒙古帖木儿帝国的首都，历史悠久，文化瑰丽，至今仍保留了丝绸之路古国淳朴的民风民韵。附近有建于14—17世纪的清真寺、陵墓等许多历史古迹。1868年并入沙俄。

古城撒马尔罕

撒马尔罕是中亚最古老的城市之一，关于她的记载最早可以追溯到公元前5世纪，善于经商的粟特人把撒马尔罕建造成一座美轮美奂的都城。公元前3世纪，当马其顿帝国的亚历山大大帝攻占该城时不禁赞叹："我所听说到的一切都是真实的，只是撒马尔罕要比我想象的更为壮观。"

作为丝绸之路上重要的枢纽城市，撒马尔罕连接着波斯帝国、印度和中国这三大帝国，但也饱受了战火的洗礼。1219年，撒马尔罕是花剌子模帝国的新都和文化中心，1220年被成吉思汗的蒙古铁骑攻陷之后，成了大蒙古帝国的领地。14世纪又一个蒙古英雄帖木儿建都于此。现在城内的大多数建筑，则是由后来的帖木儿大帝敕令修建的。随着帖木儿帝国的兴起，他的大军横扫波斯、印度、高加索、阿塞拜疆和蒙古。他发誓要让撒马尔罕成为亚洲之都，因此他把从亚洲各地搜罗来的珍宝堆积在撒马尔罕，把每个城市手艺最精的工匠带到撒马尔罕，在城里修建起最辉煌的宫殿和清真寺。

公元2000年，撒马尔罕古城整体被联合国教科文组织评定为世界文化遗产。整个城市根据建成年代的不同，明确地分为“上古时代遗址区”、“帖木儿时期建成区”、“沙俄－苏联时期建成区”等不同的区域，城市中保存了大量帖木儿时期的宗教、文化建筑和格局较为完好的低层传统住宅区。

撒马尔罕的帖木尔大帝雕像

14世纪 帖木儿时期的撒马尔罕城共有6个城门、6条主街，以一组宗教建筑组成的列吉斯坦广场建筑群为城市中心，北门附近形成了巨大的集市，其余区域为低层传统居住区。这一基本格局较为完整地保持至今，其城市建筑风格均与之后建成的区域形成了显著的差别。位于撒马尔罕市中心的“列吉斯坦”广场，是一组宏大的建筑群，建于公元15－17世纪。建筑群由三座神学院组成：左侧为兀鲁伯神学院（兀鲁伯为乌中世纪的学者、天文学家、诗人和哲学家），建于1417－1420年；正面为季里雅神学院，建于1646－1660年；右侧为希尔神学院，建于1619－1636年。这三座建筑高大壮观、气势宏伟，内有金碧辉煌的清真寺。兀鲁伯神学院的正门和

撒马尔罕三座著名的神学院

彩色的穹顶是用各种色彩的陶瓷装饰的，后遭地震破坏，又重新修建了高13米、直径13米的新穹顶，建筑材料采用特殊金属结构。这些神学院是中世纪培养穆斯林神职人员的学府。其中兀鲁伯神学院是15世纪最好的穆斯林学府之一。据说，兀鲁伯曾亲自在此授课，这里是他统治期间世俗科学思想的中心。三座神学院虽建于不同时代，但风格组合相当成功，是中世纪中亚建筑的杰作。

位于撒马尔罕市区内，有帖木儿及其后嗣和撒马尔罕的执政者及其家属的陵墓，叫“沙赫静达陵墓”。其中有伊斯兰教创建人穆罕默德的堂弟库萨姆之墓，帖木儿大帝的妻子图玛•阿卡和侄女图尔坎•阿卡也葬在这里。建于15世纪，由13座陵墓和一座清真寺组成。陵墓造型壮观，色彩鲜艳，建筑的基调为青色，以彩色陶瓷贴面作为装饰，有球锥形大圆顶，具有浓厚的东方建筑特色，是世界著名的中亚建筑瑰宝。陵墓始建于1403年，最初作为帖木儿之孙穆罕默德•苏尔丹之墓，后成为帖木儿家族墓。陵墓的灵堂中放有9个象征性的石棺椁，真正盛放遗体的棺椁深深埋在地下。陵墓中分别安葬着帖木儿、帖木儿的两个儿子、两个孙子（其中一个是兀鲁伯）、兀鲁伯的两个儿子、兀鲁伯的宗教老师以及一个未查明姓氏者。这里最为引人注目的是帖木儿之孙兀鲁伯为帖木儿造的墨绿色玉石棺。帖木儿墓上写着："谁掘我的墓，谁就遭殃。"考古学家对墓葬进行了发掘，证实了对关于帖木儿的许多历史记载，也找到了兀鲁伯死于暴力杀害的证据，以及所葬其他帖木儿家族成员身份的真实性。

兀鲁伯天文台是乌兹别克斯坦的重要古迹之一，坐落在撒马尔罕的东北郊。它由帖木儿帝国的创建人帖木儿之孙，乌著名天文学家、学者、诗人和哲学家，撒马尔罕的统治者兀鲁伯于1428－1429年建造，是中世纪时期具有世界影响的天文台之一。兀鲁伯天文台是一个三层圆形建筑物，有独特的40米长大理石六分仪和水平度盘。兀鲁伯在此测出的一年时间的长短与现代科学计算的结果相差极微。今天，兀鲁伯天文台只留下一座

沙赫静达陵墓

巨大的、由大理石制成的六分仪。六分仪安装在离地面11米深、2米宽的斜坑道里，部分伸出地面，坑道上面是兀鲁伯天文台博物馆。当年兀鲁伯天文台编制的《新天文表》，概述了当时的天文学基础理论和1018颗星辰的方位，这是继古希腊天文学家希巴尔赫之后，测定星辰位置的最准确的记录。

撒马尔罕市是乌兹别克斯坦中东部地区的主要城市，是该地区的铁路和公路枢纽，有航空港连接国内外各大城市，是中亚地区著名的旅游胜地，每年有世界各地的旅游者慕名而来，特地来瞻仰这座历史名城。

撒马尔罕的工业以轧棉、丝织和食品加工为主，还有机械制造和化学工业。建有电梯和电影机械制造、家用冰箱厂、化肥厂、罐头厂等。撒马尔罕是乌兹别克斯坦的文化中心，设有高等院校多所和考古研究所及中亚著名的卡拉库尔绵羊养殖研究所。

撒马尔罕的沙赫静达清真寺

兀鲁伯天文台遗址

乌兹别克人的历史渊源

昔班尼汗时期的乌兹别克人

乌兹别克人是现在乌兹别克斯坦共和国的主体民族，他的历史可以追溯到蒙古金帐汗国。当时金帐汗国的蒙古游牧民族，生活在锡尔河和咸海以北的草原地带。16世纪前后昔班尼汗率部南下至锡尔河中下游，开始了从游牧生活向务农和定居生活的转变，他们融合当地原有居民，逐渐形成了以定居农业为主的乌兹别克人，并先后建立了希瓦、布哈拉和浩罕汗国，逐渐演变成现代的乌兹别克人。

13世纪，成吉思汗把离蒙古本土最远的位于东欧、西亚、中亚的领土授予长子术赤（1177—1227）作为其领地。术赤之子拔都（1208—1255）子承父业，在这块领地建立起金帐汗国。14世纪初，另外一个蒙古征服者帖木儿（1336—1405年）统治了中亚地区，建立了帖木儿汗国。中亚在经历了金帐汗国和帖木儿汗国两大汗国的统治之后，于16世纪初由成吉思汗后裔昔班尼（1451—1510）灭帖木儿帝国建立布哈拉汗国，组成昔班尼王朝，先后建都撒马尔罕和布哈拉。其疆域从咸海北岸草原南下到阿姆河与锡尔河之间的河中地区。在昔班尼王朝的近一百年（1500—1599年）时间中，乌兹别克民族开始形成。

成吉思汗西征雕像

昔班尼王朝的创建者昔班尼是成吉思汗长子术赤的后裔，全名穆罕默德•昔班尼。术赤病故在其父之前6个月（约1227年2月），因此成吉思汗分封给他的领土由术赤次子拔都继承，称金帐汗国。拔都的势力很大，具有统率千军万马的能力，术赤命他来掌管兀鲁思（国家）和军队。术赤有十四个儿子，昔班为第五子，穆罕默德•昔班尼是昔班的八世孙。拔都西征以前，他的统治中心在东部，即在额尔齐斯河流域一带。1234—1240年西征之后，拔都的统治中心移往伏尔加河畔新建立的

阿布海尔汗的征战

都城萨莱。于是将咸海东北之地分给其兄斡儿答，建立白帐汗国。将咸海以北草原分给其弟昔班，建立蓝帐汗国。昔班也参加了拔都的西征，曾征服过匈牙利。昔班的领地具体说是在南乌拉尔河东部和东南部地区。

15世纪上半叶，昔班的六世孙阿布海尔（1428—1469年）是乌兹别克政权的真正建立者。阿布海尔过着一种充满冒险的生活。在1428年，他在今西伯利亚托博尔斯克以西的图拉河畔被宣布为昔班部落大汗。此后，他立即从另一些同宗兄弟（同是术赤后裔）手中夺取了乌拉尔河以东和锡尔河以北的原

昔班尼在中亚地区的征服活动

术赤家族的整个兀鲁思。1430年—1431年，他甚至占据了花剌子模，并洗劫了玉龙杰赤。1447年前不久，他又控制了从塞格纳克到乌兹根一带的锡尔河沿岸的城市。于是，在西伯利亚和锡尔河之间建立了一个游牧国家，其疆域是从托博尔斯克的邻地延伸到锡尔河，包括锡尔河沿岸诸城，如塞格纳克、苏扎克、阿尔库克、乌兹根和突厥斯坦城。这些城市在当时比较繁荣，是昔班家族统治阶层和部族民众的居住地，通过这些城市与河中地区进行了大量的经济文化交流，这对昔班尼以后在河中建立王朝也产生了很大的影响。1456年阿布海尔政权受到西蒙古卫拉特人的攻击而衰落，原来臣属于阿布海尔的大批游牧部落追随首领克烈汗和贾尼别克汗（也是术赤后裔）离开了他，迁往楚河流域。这一支蒙古人以后与当地的居民融合形成了哈萨克人。那些仍留阿布海尔境内的蒙古人被称为乌兹别克人。

出土的古代帽子

昔班尼生于1451年，在其祖父阿布海尔死时，只有17岁。当时各部落之间由于土地和草场不断发生争斗和战争，他为了避其锋芒，暂时逃亡到阿斯特拉罕，在卡西姆埃米尔处避难。后来，因为金帐汗的军队攻打阿斯特拉罕，昔班尼又返回钦察草原。1487年，昔班尼投靠到察合台汗国马合木汗麾下，由于昔班尼智勇双全、全身心效力，很快博得马合木汗的青睐并委以重任。马合木汗把突厥斯坦城城池和百姓作为采邑赐给了他（1487—1493年）。在马合木汗的帮助下，昔班尼休养生息、发展壮大，很快强盛起来。由于河中地区帖木儿王朝后王们之间的内斗给昔班尼夺取河中地区政权创造了机会。昔班尼从突厥斯坦城出发夺取布哈拉城，经过激战，于1500年攻陷该城。从此，昔班尼开始了他在中亚地区的征服活动。并于1500年兵临帖木儿帝国首都撒马尔罕城下，帖木儿帝国末代皇帝阿里被昔班尼杀死。1501年春，昔班尼在泽拉夫尚河畔的萨尔普尔与波斯—帖木儿联军激战，战争中打败了波斯与帖木儿系王子巴布尔的联军，进而扫清了阿富汗的帖木儿残余势力，统治中亚一个多世纪的帖木儿帝国灭亡，昔班尼以撒马尔罕为都城，建立起昔班尼王朝。

昔班尼认识到当时统治察合台汗国的察合台汗是他的劲敌。虽然在1487年，昔班尼曾经投奔到察合台汗国马合木汗麾下，并得到他的诸多好处，但是为了事业的成功，在1503年，他毅然率领大军顺锡尔河而下，在阿赫昔组织进攻察合台汗国。西察合台汗国的马合木汗向其弟东察合台汗国阿合马汗求援，察合台联军与昔班尼的乌兹别克大军会战于费尔干纳盆地，察合台军大败。昔班尼打败并俘虏了这两位汗王，昔班尼以礼相待，不久释放了他们。他说，他感激他们的错误，由于这些错误使他交了好运。此外，他为其子向马哈木的女儿求婚，这一联姻为他的子孙们取得了两个幸存的成吉思汗家族继承者的称号，即术赤支和察合台支两大汗国的权力。

武士骑射图

1503—1504年，昔班尼组织大军着手进攻帖木儿王朝的南方领地。他首先侵占希萨尔和包括昆都士在内的阿姆河南岸的大片土地，接着挥师北上，在历经10个月的包围之后攻陷花剌子模的首府乌尔根赤（玉龙杰赤）。1506年赫拉特统治者帖木儿王朝王公埃米尔•忽辛•拜哈拉去世，他的两个儿子巴迪•匝曼•米尔赞和穆扎法•忽辛•米尔赞联合继承了王位，这两位统治者对乌兹别克人宣战，并且开始在木尔加布河沿岸集结军队。1506年，昔班尼汗的军队夺取了巴尔赫城，1507年攻入呼罗珊，几乎是不战而胜地取得了赫拉特。1508年至1509年间，当察合台汗马合木再次落入昔班尼的控制之下时，昔班尼在忽毡附近处死了他，昔班尼说：“一个政治家只能表示一次仁慈，但是，只有傻瓜才犯两次错误 。”自此，察合台汗国退到天山地区。1508年5月昔班尼进入赫拉特城。从此，昔班尼结束了他的征战，开始对新建的汗国实施一系列统治措施。

到1507年，昔班尼王朝的疆域已经囊括了以下城市和地区：突厥斯坦城、阿尔库克赛拉姆、扫兰、花

乌孜别克古代城堡遗址

剌子模全境，包括今土库曼斯坦南部、达姆甘和阿斯特拉巴德地区，还有包括马什哈德和赫拉特在内的呼罗珊。昔班尼王朝在中亚统治的一百年中，其领土虽有扩张和收缩，但是，由于当时国际环境的限制，它仍是中亚的一个区域性政权，未能建立起如蒙古汗国和帖木儿汗国这类的大帝国。

昔班尼王朝尽管只是一个区域性的王朝，但是它在中亚近代史上的地位仍然十分重要。现代乌兹别克族作为一支独立民族即始于昔班尼王朝统治时期。在中亚乌兹别克民族的形成过程中，昔班尼王朝的统治起到了关键的作用。

昔班尼所率领的“乌兹别克人”，尽管在语言文化方面已经完全突厥化，但是在种族上是突厥化的蒙古人。“乌兹别克人”一名源于14世纪时金帐汗国统治者穆罕默德• 乌兹别克汗(1312—1345年)，

古代的乌兹别克妇女

《元史》称这位大汗为“月即别”，在他统治期间，金帐汗国十分强盛，因而里海以北地区不同来源的游牧民统统被称为乌兹别克人。一些史书也把金帐汗国的军队和臣民称为“乌兹别克人”，这一名称在14世纪至15世纪初期，已经被历史学家们大量用来指金帐汗国内大多数突厥语系居民。因此，整个术赤兀鲁思（金帐汗国）也称为乌兹别克兀鲁思。15世纪的历史学家们用乌兹别克这一名称来称呼那些在阿布海尔汗统领下的部落。16世纪的史学家们也用乌兹别克这一名来称呼阿布海尔汗之孙昔班尼汗率领下从钦察草原迁往河中地区的部民。

乌兹别克人虽然指术赤兀鲁思内的诸部落民，但是，15世纪末期到16世纪初期随昔班尼南迁的乌兹别克人已经是融合诸多突厥成分的蒙古人。据史书记载，在成吉思汗遗嘱中，分给术赤、拔都的真正蒙古人是四千户，拔都军队的其余成员是由那些加入蒙古事业的突厥人组成。也就是说，昔班尼所率领的从额尔齐斯河以西到黑海北岸草原上纯粹的蒙古人并不多。这些蒙古人与钦察草原上的突厥人融合，已经被称为突厥一蒙古人，他们说的是钦察突厥语。这就是他们来到突厥化的河中地区之后能够很快与当地居民融合，从游牧民族演变成了农耕民族的原因。但是这些乌兹别克人的统治阶层和军事将领绝大部分都是术赤的嫡孙。

乌兹别克民族的形成还有着广泛的经济基础。昔班尼在征服赫拉特以后，着手恢复经济生产，制定了宽松的土地政策，把土地归还原主，同时还鼓励开垦战争期间荒芜的土地，那些暂时未能归还的土地先转入昔班尼汗的名下，由国库拨一批款项用于恢复生产，这类土地由农民耕种，其收成以赋税的形式纳入国库。其次，昔班尼很重视修筑水利灌溉系统。就在他攻入布哈拉两年之后的1502年，修建了横跨泽拉夫善河的大坝桥，此后又陆续修建了一些新的灌溉渠和蓄水

昔班尼时期的驼商（雕像）

池。他在阿姆河和锡尔河流经的两河地区建立了许多水利灌溉工程，使当地成为由一块块绿洲连成一片的农业王国，当时的中亚社会经济得到一定程度的恢复和发展。

昔班尼率领南下的乌兹别克人最初是游牧民，他们与绿洲地区农民的融合促进了手工业的发展。畜牧业为手工业提供了必需的原材料，并扩大了手工业产品的销路。同时，一部分农民来到城市，成为城市手工业者，从而进一步促进了手工业的发展。游牧民与定居民之间的相互联系和互相影响，使河中地区的纺织业得到了空前的发展。丝织品和棉织品由城市手工业者生产，羊毛和皮革制品主要由游牧民生产。从16世纪初起，撒马尔罕专门生产印花纺织品，这一产品在中亚地区很有影响。由于手工业和商业的恢复和繁荣促进了对外贸易。因此，与草原的联系也比以往密切。钦察草原、花剌子模、赫拉特、巴尔赫及其周边地区都与撒马尔罕和布哈拉有着密切的经济和文化交往。经花剌子模的几条主要商路可以抵达咸海和里海北岸，河中地区与伏尔加河下游、喀山汗国、东欧的交通，都要从花剌子模向北经过咸海和里海以北的钦察草原通过。

昔班尼统治时期，河中地区的贸易活动在逐渐恢复和繁荣。由于分封土地，造成境内封建主林立，对繁荣商业活动很不利。为了促进商业贸易，昔班尼实行了一种给商人们发放特许证书的制度，持该证书的商人在无条件为君主服务的前提下，获得了一些特权，如在自己的领地上有免税权，可以免受惩罚9次，可以自由晋谒君主等等。昔班尼还进行了一系列的货币改革，一定程度抑制了当时的通货膨胀。

昔班尼时期的文学作品

昔班尼汗不仅骁勇善战，而且受过良好的教育。昔班尼本人还是一位诗人，他写了很多诗词，受到了当时文人墨客的好评。在他的麾下还有许多著名的诗人和小说家。根据他的指令，组织翻译人员把当时有影响的波斯文、阿拉伯文、维吾尔文书籍翻译成乌兹别克文，另外还编撰了一些重要的记实性文学作品，记载了1485—1506年间发生在昔班尼汗统治时期所发生的大事件。

除了经济和文化上的发展和繁荣以外，昔班尼王朝的游牧统治者们还积极参与河中地

昔班尼时期遗留下来的清真寺遗址

汗国王冠

中亚人陶俑

区的政治斗争，以壮大自己的力量，加强自己的权威。早在阿布海尔汗统治时期，他率领的乌兹别克军队就是一支强大而机动性极高的骑兵，河中地区处于相互交战之中的帖木儿系王公们曾不只一次地向这支军队求援。为了扩大影响，阿布海尔汗的军队参与了他们之间的争斗。昔班尼本人在征服河中地区之前也多次来到河中地区，他通晓乌兹别克语和塔吉克语，所以对河中地区的民情和民俗非常熟悉。当昔班尼汗军队向南推进之时，他征召沿途被占领城市中的市民和农民入伍。当昔班尼最终占领整个河中地区时，在他的军队的成分中，部分是游牧民和半游牧民，部分是从定居的市民和农民中招募到的。这些士兵们在同一兵营中，也促进了相互的了解，增强了军队的战斗力和军队本地化。

通过统治阶层上层人物的联姻关系，咸海北岸的乌兹别克人与河中地区的居民之间加强了联系。早在帖木儿系后王们统治时期，其统治家族的成员与咸海北部草原部落首领家族之间就有着频繁的通婚。阿布海尔汗的一个妻子是河中统治者米尔赞•兀鲁伯的女儿，而撒马尔罕王速檀•阿里的母亲也是草原牧民的女儿。错综复杂的婚姻关系加强了相互的了解和联系，也使政治人物之间能够互相利用。

在宗教信仰上，昔班尼乌兹别克人与河中地区定居民都是伊斯兰教徒，因此他们能够很好地相互融合。在金帐汗国统治者即乌兹别克汗（月即伯汗）统治时期，金帐汗国已经是一

昔班尼统治时期的乌兹别克人

希瓦汗国的军队

个完全成熟的伊斯兰教国家，尽管其境内还有数目众多的非穆斯林。乌兹别克汗曾把成吉思汗家族的一位公主嫁给了信仰什叶派伊斯兰教的埃及马木路克王朝苏丹纳绥尔。在昔班尼时期，当他还未南下河中夺取政权时，宗教界就已经是积极支持王朝的政治力量。昔班尼曾以伊斯兰教逊尼派的拥护者和成吉思汗后裔的双重身份，命令波斯萨法维王朝的沙赫伊斯迈尔放弃什叶派“邪说”，否则，乌兹别克人将 “用剑使他改宗”。

在昔班尼晚年，他与萨非波斯军队发生冲突，于1510年战败身亡。帖木儿帝国的一个后裔巴布尔建立了喀布尔王国，此时在萨非波斯人的支持下趁机杀回撒马尔罕，企图复辟帖木儿帝国。但萨非波斯是什叶派穆斯林，撒马尔罕的乌兹别克人是逊尼派，起而反抗巴布尔，巴布尔又逃回喀布尔，后来又南下印度，另外开辟了一番新天地，建立了又一个庞大的蒙古人统治的莫卧儿帝国。

乌兹别克人卷土重来，重新占领中亚。1512年，在花剌子模的昔班尼后裔也将波斯人击败逐出，建立了第二个乌兹别克汗国——希瓦汗国，一直统治到1920年。1554年时，由金帐汗国分裂出来的阿斯特拉罕汗国被俄国征服，拔都之兄斡儿答的后裔投奔强大的乌兹别克汗国。1599年，阿斯特拉罕后裔巴基穆罕默德继承了乌兹别克汗位，乌兹别克帝国进入阿斯特拉罕王朝时代。阿斯特拉罕王朝以布哈拉为首都，建立布哈拉汗国。

1710年，阿布海尔汗的一个后裔沙合鲁扎击败费尔干纳人的叛乱，在费尔干纳盆地建立了第三个乌兹别克汗国——浩罕汗国。1785年，术赤的另一系后裔诺盖部落取得布哈拉汗位，成立曼吉特朝，其统治直至1920年。

19世纪时，浩罕汗国的阿古柏曾入侵清帝国的新疆，被左宗棠击败。19世纪，强大的俄国开始进军中亚。1866年，布哈拉汗国成为俄国的附属国。1873年，希瓦汗国成为俄国的附属国。1876年，浩罕汗国被俄国吞并。

在18世纪50年代清朝统一新疆时，中亚乌兹别克人到新疆经商的日渐增多，其中部分人逐渐在新疆定居，繁衍生息，这就形成了中国的乌兹别克族。

乌兹别克苏维埃社会主义共和国国旗

1919年秋，在十月革命的影响下，乌兹别克人民举行起义。1920年2月，布哈拉汗国和希瓦汗国都被苏维埃政权推翻，宣布成立人民苏维埃共和国，定名为花剌子模人民苏维埃共和国。1920年8月，布哈拉也爆发了反对统治者埃米尔的起义并取得了胜利。10月召开了全布哈拉人民代表大会，宣布布哈拉为苏维埃人民共和国。1922年12月苏联成立。1923年10月，花剌子模苏维埃人民共和国改组为社会主义共和国，并加入苏联。1924年9月，布哈拉苏维埃人民共和国也通过了类似的决定。1924年中亚按民族特征重新划界，12月乌兹别克苏维埃社会主义共和国成立。第二年2月，共和国苏维埃第一次代表大会宣布乌兹别克共和国作为一个加盟共和国自愿加入苏联，名称为乌兹别克苏维埃社会主义共和国。20世纪90年代，苏联解体，乌兹别克斯坦于1991年8月31日宣布脱离苏联，成为主权独立的国家。

乌兹别克族的形成过程经历了几百年，18世纪时的河中地区还记载有92个乌兹别克部落。因此，史学界认为，直到20世纪30年代，乌兹别克部落的融合才最终完成，也就是说乌兹别克族于20世纪初期才最终形成。尽管如此，中亚乌兹别克民族的形成过程是始于昔班尼王朝，是昔班尼政权对中亚统治的产物。中亚学界普遍认为，进入河中地区后接受了定居的农业生活方式，是中亚乌兹别克民族形成的标志。但是纵观乌兹别克民族形成的500年历史，成吉思汗长子术赤的后裔主导造就了这个民族，这是一个不容置疑的事实，因此乌兹别克人历来把成吉思汗尊为祖先，并引以为荣。

由另一些术赤的后裔演变形成的民族——哈萨克人

哈萨克人概况

哈萨克人（Kazakh）是哈萨克斯坦共和国的主体民族。主要分布在哈萨克斯坦，部分分布在中国、乌兹别克斯坦、土库曼斯坦、吉尔吉斯斯坦和塔吉克斯坦等国，蒙古和阿富汗亦有分布。从种族人类学特征来看，哈萨克人属蒙古人种西伯利亚类型。使用哈萨克语，分南部、西部和东北部三种方言，其语言为阿尔泰语系突厥语族西匈语支克普恰克语组。原来使

哈萨克人

用阿拉伯字母拼写的文字，后改为拉丁字母，从1940年起又改用斯拉夫字母(苏联时期)。信奉伊斯兰教，属逊尼派。

哈萨克人同蒙古人有着密切的历史渊源关系。15世纪，成吉思汗的长子术赤的后裔阿布海尔汗建立起强大的乌兹别克汗国。15世纪末，汗国内另两个术赤后裔克烈汗和贾尼别克汗带着他们的部众迁移分裂出去，建立起哈萨克汗国，他的部落又融合了当时中亚的很多突厥和蒙古部落，最后形成统一的哈萨克民族，可以说，现在的哈萨克人是由术赤的后裔主导演变形成的民族。

具有丰富文化底蕴的哈萨克人

哈萨克人是传统的游牧民族，在牧区终年住在可移动的圆顶帐篷（即蒙古包）里，其构造是可拆卸的木架，四周和顶上覆盖毛毡。帐篷内的墙壁上挂有各种民族特色图案的挂毯，使帐篷内既美观又舒适整洁。畜产品中的皮革用来做衣服、容器和马具，马鬃毛可编绳而牛羊角可做勺子和其他用具。哈萨克人按季节和草场的好坏逐水草放牧，为其牲畜（包括马、绵羊、山羊、牛和骆驼）寻找优良牧场。日常食品主要是乳制品和牛羊肉食。发酵后的酸马奶、马奶酒和马肉极为珍贵，但通常只有节庆假日才能享用。

哈萨克人自认来自同一祖先，始祖有三子，因以形成大、中、小三个哈萨克玉兹(也叫三大帐)，分别占据原先的哈萨克汗国（今哈萨克斯坦）的东、中、西三部分。玉兹再分为更小的游牧部落集团，社会的基本单位是大家庭，不仅包括父母和未婚子女，也包括已婚儿子及其家庭成员，一起在帐篷聚居。部落中各层次的集团均在传统上设有首领。

由于定居后的农业侵占了牧场，哈萨克人的游牧生活逐渐衰落。19世纪，更多边境的哈萨克人开始种植庄稼。俄国革命后许多富裕的哈萨克人带着牲口逃往中国新疆或阿富汗，留下的游牧民组织起畜牧集体农场而定居。绝大多数的哈萨克人现在成为定居的农牧民，畜养羊群和其他牲畜及种植庄稼。

哈萨克人过去主要从事游牧业或半游牧业。自19世纪中叶起逐渐转为定居，出现了家庭手工业（织毯、制毡、呢绒等）、捕鱼和狩猎。苏联十月革命以后，工业和农业得到迅速发展。到1934年，在苏联只剩下一个游牧部落，不过在中国新疆还存在许多游牧部落。

哈萨克人的传统经济是畜牧业

哈萨克斯坦共和国

哈萨克斯坦共和国，面积为272.49万平方公里。地处中亚腹地(北纬55° 26′ —40° 56′ ，东经87° 18′ —45° 27′)，西濒里海和土库曼斯坦，海岸线长1730公里。东南连接中国，北邻俄罗斯，南与乌兹别克斯坦和吉尔吉斯斯坦接壤。多为平原和低地。哈萨克斯坦共和国幅员广阔，地形复杂。但总的说来，境内大部分地区为平原，也有长年积雪的高山，起伏不大的丘陵地带和一片片荒凉的戈壁及沙漠。共和国东南部为高度不等的山地，约占共

哈萨克斯坦共和国国旗

哈萨克斯坦共和国国徽

和国领土总面积的10%。它的整个地势是东南高、西北低。哈萨克斯坦境内河流分布不均衡，而且大部分河流都属于里海、咸海、巴尔喀什湖和田吉兹湖的内陆封闭流域，只有汇入额尔齐斯河、伊希姆河和托博尔河的河流的水才流入北冰洋。咸海，就水域面积说，是

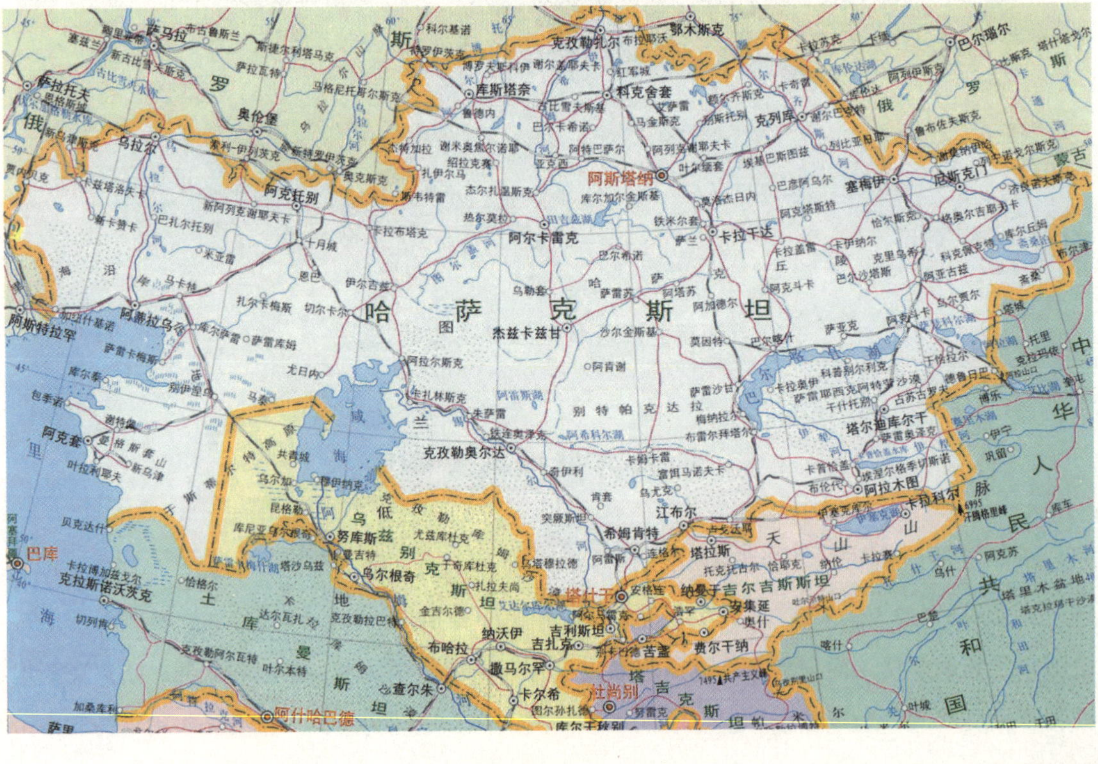

哈萨克斯坦地图

哈萨克斯坦的鲁德内矿

世界第四大内陆湖泊。哈萨克斯坦共和国远离海洋，地域辽阔，地形复杂。因而它的气候几乎显示了温带与寒带气候的所有特征。与此同时，从西向东，它的气候还表现出从草原地带气候逐渐向沙漠地带干旱气候过渡的特点。

哈萨克斯坦是多民族国家，主要有哈萨克族、俄罗斯族、日耳曼族、乌克兰族，还有乌兹别克、维吾尔和鞑靼族。居民大多信奉伊斯兰教（属于逊尼派），还有东正教、基督教、佛教。哈萨克斯坦宪法规定，哈萨克语是官方语言，俄语作为族际交往语言。首都是阿斯塔纳（原名阿克莫拉），1997年12月10日正式取代阿拉木图成为首都，1998年5月6日改名为阿斯塔纳。人口为1490万（2000年初统计）。

哈萨克共和国共有19个州：阿拉木图州、阿克纠宾斯克州、东哈萨克斯坦州、古里耶夫州、江布尔州、杰兹卡兹甘州、卡拉干达州、克孜勒奥尔达州、科克切塔夫州、库斯塔奈州、曼格斯套州（前曼格什拉克州）、巴甫洛达尔州、北哈萨克斯坦州、塞米巴拉金斯克州、塔尔迪库尔干州、图尔盖州、乌拉尔斯克州、切利诺格勒州、奇姆肯特州。阿拉木图市和列宁斯克市是共和国直辖市。

哈萨克斯坦地域辽阔，自然资源丰富，尤其是有色金属矿藏，在独联体国家甚至在全世界，都占有重要地位。哈萨克斯坦煤的探明储量为1624亿吨。金属矿藏丰富，品种

哈萨克斯坦里海沿岸石油化工企业

比较齐全。铁矿石的探明储量有80亿吨。铬铁矿石的探明储量有2亿吨，铜矿石探明储量约有11亿吨，还有很多锰矿的分布。非金属矿藏也很丰富。

工业是哈萨克斯坦国民经济的主导部门，在经济结构中占着相当大的比重。有色冶金工业是哈萨克斯坦国民经济的主导部门，位于东哈萨克斯坦的阿尔泰山是有色金属矿最集中的产地，素有“有色金属宝库”之称，其中铅的储量和产量占原独联体国家的76%，居第一位，铜、锌、铊、镉等产量居第二位。

钢铁工业是哈萨克斯坦国民经济的主导部门之一，它是发展机器制造、汽车、采矿、军事工业和其他工业的物质基础，钢铁企业有叶尔马克铁合金厂、阿拉木图铁厂、卡拉干达钢铁联合企业等。

煤炭工业是哈萨克斯坦重要的能源工业之一，现已发现的煤炭产地有400处，其地质总储量为1624亿吨，重要煤田包括卡拉干达煤田、埃基巴斯图兹煤田、图尔盖煤田、迈库边煤田等。

哈萨克斯坦石油资源很丰富，主要分布在曼格斯套半岛、乌拉尔—恩巴油区和布扎奇半岛。里海沿岸绵延1000公里，也储藏有石油、天然气和凝析油。建有即古里耶夫、巴甫洛达尔和奇姆肯特炼油厂。

电力工业是哈萨克斯坦重点投资领域，建有乌斯季卡缅诺戈尔斯克水电站、布赫塔尔马水电站、奥尔泽内第一和第二水电站、卡普恰盖水电站、阿拉木图热电中心、江布尔发电厂等。

机械工业在哈萨克斯坦国民经济中占有重要地位。阿拉木图是哈萨克斯坦机械制造工业中心，其产值在整个机械工业中占着很大的比重，另外在彼得罗巴甫洛夫斯克、乌斯季卡缅诺戈尔斯克、阿克纠宾斯克等地拥有近百家机械加工厂。哈萨克斯坦的轻工业、棉纺工业、建材工业、食品工业也具有一定的规模。

农业是哈萨克斯坦的重要经济基础。由于哈萨克斯坦地域辽阔，土地资源丰富，农业发展潜力巨大，具有长期开发耕作的广阔前景。据统计，哈萨克斯坦农业用地总面积达2亿多公顷，牧场面积为1.6亿公顷。

在苏联时代进行了大量垦荒，使哈萨克斯坦变成了中亚的主要商品粮生产基地。哈萨克斯坦在南部进行了大规模的水利建设，在锡尔河、阿雷斯河、格拉斯河、楚河、卡拉塔尔河上修建了大型灌溉系统，使哈萨克斯坦的农业受益匪浅。

哈萨克斯坦埃基巴斯图兹热电厂

粮食作物在哈萨克斯坦各类农作物中居第一位，包括小麦、黍、水稻、大麦、豆类、玉米等，经济作物包括甜菜、棉花、葵花籽、烟叶、亚麻等，另外还包括园艺业和葡萄栽培业。哈萨克斯坦被称为中亚的粮仓。

畜牧业同农业一样，是哈萨克斯坦的重要经济来源。畜牧业不仅为居民提供肉奶等必需的食品，而且为轻工、食品、医药等工业提供重要的原料。哈萨克斯坦的畜牧业包括养牛业、养羊业、养猪业、养马业、养驼业、养禽业、养兽业等部门，其中养牛业和养羊业是畜牧业的主要项目。

哈萨克斯坦的现代化畜牧业

交通运输业是哈萨克斯坦的主要产业。由于哈萨克斯坦地处亚洲内陆，远离海洋，境内通航河流较少。大面积的荒漠和半荒漠给道路的修筑和养护带来了一定的困难。目前，境内铁路和公路成网，交通相对比较便利。陆路运输是哈萨克斯坦境内交通运输的主要途径。在陆路运输中，铁路起骨干作用。公路主要起物资的集散作用。航空运输是哈萨克斯坦近年迅速发展起来的一种运输产业。

哈萨克斯坦里海之滨的阿克套港口码头

在哈萨克斯坦这块土地上，公元6世纪中叶至8世纪建立了突厥汗国。9—12世纪曾建立奥古兹国、哈拉汗国。11—13世纪契丹人和

哈萨克斯坦总统府

蒙古人侵入。15世纪末由术赤的后裔建立哈萨克汗国。16世纪初基本形成哈萨克部族。19世纪60年代并入俄国。1917年11月建立苏维埃政权。1920年8月26日建立归属于俄罗斯联邦的吉尔吉斯自治共和国。1925年4月19日，改称哈萨克苏维埃社会主义自治共和国。1936年12月5日定名为哈萨克苏维埃社会主义共和国，并加入苏联，成为苏联的一个加盟共和国。90年代苏联解体，1990年10月25日，哈萨克最高苏维埃通过了国家主权宣言。1991年12月10日，哈萨克最高苏维埃作出决定，将哈萨克苏维埃社会主义共和国更名为哈萨克斯坦共和国，同年12月16日通过《哈萨克国家独立法》，宣布独立。

宪法规定哈萨克斯坦是“民主的、非宗教的和统一的国家”，所有制形式分为国家所有制和私有制，国家政权体系建立在立法、行政和司法三权分立原则上。议会是国家最高代表机构，行使立法职能，由上下两院（参议院和马利日斯）组成，上院任期6年，下院任期5年，议员由选民以直接投票的方式选举产生。总统为国家元首，并领导共和国整个行政权力体系，同时任共和国武装力量最高统帅，总统有权直接任命地方行政机构首脑等，总统任命总理、副总理以及外交、国防、财政、内务部长和安全委员会主席。

外交：实行以巩固独立和主权为中心的务

实和平外交政策，在积极发展同周边国家特别是同俄罗斯和中国两大邻国关系的同时，努力开拓与美国等西方国家的和平伙伴关系并参与独联体及亚欧地区事务。

哈萨克民俗习惯

哈萨克是一个勤劳勇敢、热情好客的民族，由于过去绝大多数哈萨克人过着逐水草而居的游牧生活，因此其文化、习俗也具有浓郁的草原特色，有很多衣食住行习俗与蒙古人相同。

哈萨克人的传统民居是毡房

哈萨克人的传统民居是毡房。形式与蒙古族居住的蒙古包相同。大致分两种：一是大毡房，由下部圆柱体，上部圆弧形组成，下半部的圆柱形的骨架为木栅栏，称为毡房墙，一般由红柳木做成，上部弧形主要是撑杆和圆形圈顶作骨架。毡房屋架搭好后，栅栏围墙外围用芨芨草编成彩色的墙篱，墙篱外围以羊毛擀成的围毡，屋顶部分盖篷毡，天窗上盖顶毡，这些毡都是由羊毛制成。二是小毡房，是用数十根红柳木杆斜撑而成骨架，外围墙围有羊毛毡，上部成圆锥形，上有通风透气大窗，多用于转场途中作临时住房。在冬季牧场里，往往建有土坯、石块或木头构筑的房子。现在使用的毡房也面貌全新，内罩漂亮的花布，内部宽敞舒适，有电视机、收录机、煤气灶、小型手提发电机等现代家庭设备，以供生活娱乐之需。在哈萨克人的家庭陈设中，至今仍保留了某些民族传统家具，这在乡村尤为明显。如每个家庭都有低矮的饭桌，大箱柜更是必不可少。在大箱柜上雕有精美的花纹，或绘上五彩图案，一条条花被和枕头整齐地叠放于箱柜上。餐具、茶具中必备的是茶炊、火锅、盛马奶的皮囊、喝汤的瓷碗、茶碗等。

奶桶

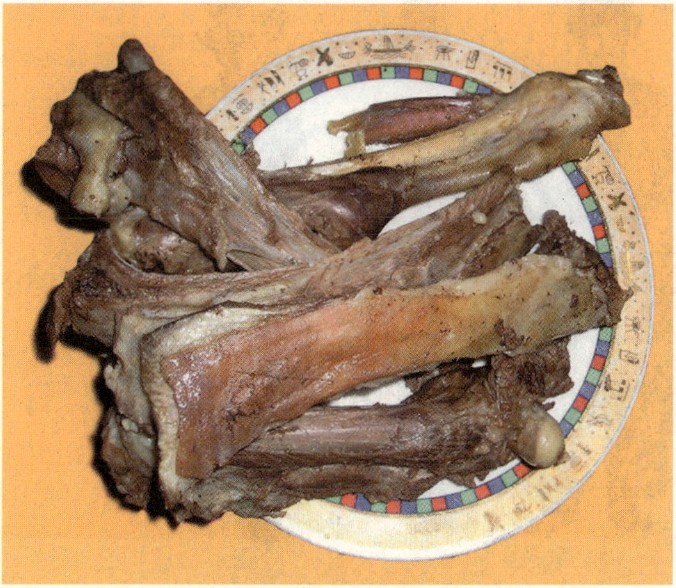

哈萨克的手抓羊肉

传统的哈萨克食品都取自放牧的畜群，奶类和肉类是日常生活的主要食物，面食是次要食物，很少吃蔬菜。肉食主要有绵羊肉、山羊肉、牛肉、马肉、骆驼肉，平时一般多吃羊肉，做法有手抓羊肉、熏肉、烤肉等。奶茶是牧民生活的必需品，一日三餐都离不开它。奶子除了喝鲜奶、煮奶茶之外，还制成奶油、奶豆腐、奶疙瘩等。马奶酒是哈萨克人最喜欢的饮料。面食有馕、馓子、油饼、面条。米食有抓饭、炒小麦、小麦饭和小米饭。

哈萨克族男女服饰各异，而且年龄不同穿戴也不一样。男子戴的帽子可分冬季、夏季两种。冬季的帽子是用狐狸皮或羊羔皮做的尖顶四棱的“吐马克”，可遮风雪；夏秋两季，一般戴用羊羔毛制作的白毡帽，可御雨防暑。冬季男子外面多穿白茬羊皮大氅或大皮袄，下穿大裆皮裤；也有穿带有布面的皮衣、皮裤的。夏季，喜穿布面皮里，内絮驼毛的大衣，叫“库普”，可防雨。衬衣多用白布或其它布料做成，一般为直翻领。夏天男子喜欢在衬衣外面穿上棉坎肩或皮坎肩，并扎着腰带，佩上小刀。所穿鞋、靴也是多种多样，有筒长至膝盖的高后跟皮靴，在狩猎时穿的轻便皮靴。哈萨克族的妇女服饰样式繁多，头饰主要有帽子和头巾两种：未出嫁的姑娘戴“塔合亚”、“标尔克”和“包头巾”。出嫁时戴尖顶式的“沙吾克烈”，穿红绸子做的衣服。生下第一个孩子后戴“克衣米谢克”、“齐拉吾什”套头巾（用白布做成，大而宽，遮住头肩及腰部，直抵臀部，戴上后仅露出面颊、眼睛、鼻

哈萨克人的服饰

子、嘴），身穿半截袖长襟褡袢，有的也穿坎肩和前襟下摆都绣有图案的皮大衣，脚着皮袜子、皮靴和高跟套鞋，夏天爱穿连衣裙。

过去哈萨克人的生活大部分是在马背上度过的。漫长的游牧生活和恶劣的自然条件培养了哈萨克民族强悍豪放、热情好客的性格。他们在狩猎时有驯养猎鹰的习惯，他们擅长骑术，号称马背民族。他们能歌善舞，没有歌舞不成为节日。主要的民间节日有开春节、棉花节、牧羊人节。过节时，人们载歌载舞，还要开展激烈而热闹的叼羊、赛马、摔跤等活动。早在遥远的古代，哈萨克人就有赛歌的传统。参赛歌手即兴自编自唱，比幽默，赛机智，讴歌本民族人民的生活和劳动。

哈萨克族的婚姻制度一般是一夫一妻制，在旧时，由于受到伊斯兰教的影响，也存在一夫多妻现象，主要出现在封建贵族和部落头人及牧主之家。实行部落外婚制，同一部落内不许通婚。如

马 鞍

哈萨克的叼羊比赛

果同一部落通婚，必须超过七代以上方可，同时联姻的人必须七水相隔（即两家之间要隔7条河距离）。哈萨克族还与维吾尔、塔塔尔、柯尔克孜、乌兹别克、蒙古等族通婚。缔结婚姻的主要形式是父母包办、换门婚、舅表婚、姨表婚、招赘婚和自由恋爱。缔结婚约要彩礼，彩礼的多少根据双方的经济条件和社会地位而定。一经缔结婚约，便不能随便解除，结婚之后不允许离婚，尤其是女方，没有毁约和离婚的权利。在特殊情况下，夫妻离婚，子女全部归于男方，若丈夫主动提出离婚，女方可带走嫁妆。同时还存在“安明格尔”习俗，即转房制或收继制，妇女死了丈夫，若要改嫁，一定要优先嫁给亡夫兄弟，其次是叔伯兄弟，再次是本氏族其他成员，因此有“失去丈夫也不离氏族”的谚语。

哈萨克的家庭是父系家长制，宗法封建观念浓厚。妇女受着族权、夫权、教权的重重压迫，要绝对服从丈夫，挨打挨骂不得还口还手。女儿因出嫁时给了嫁妆，故不再给财产。家庭重大事务由男性家长决断，只在家内事务和独生女婚姻问题上，才征求妻子的意见。子女无权反抗父母的专断，必须遵从父母。哈萨克家庭中还盛行养子的习俗，每一个氏族成员都有收养本氏族孤儿孤女的义务。养父母要给养子成家，并分给遗产，不得歧视。

哈萨克先人曾经信奉过自然崇拜和祖先崇拜等原始宗教，后来又信仰过萨满教、佛教、景教等。至哈萨克汗国时期，大多已信奉伊斯兰教。从而哈萨克人的伦理道德、各种礼仪、节庆和风俗基本上以伊斯兰教义为准。除了传统节日“纳吾鲁孜”（又译为“诺如孜”，相当于汉族的春节）外，肉孜节和古尔邦节皆是带有较浓厚伊斯兰教色彩的节日，见面行礼用穆斯林特有的问候语，饭前饭后做“巴塔”（即念经祝愿），割礼、丧礼也伊斯兰化。但由于经常搬迁，故无固定的礼拜寺和经文学校。在信仰伊斯兰教的同时，还保留了不少原始宗教的遗迹。哈萨克人认为，自然界的万物皆有生命，均受神支配，而神有善神和恶神之分，善神给人带

哈萨克人的新娘新郎

来幸福，恶神使人遭受灾难。因此，存在着自然崇拜，崇拜日、月、天、地、水、火和其它自然力或自然现象。动植物崇拜，与游牧生活密切相连，认为马、牛、羊、骆驼等都有其主宰的神，凡遇灾害就求牛神、羊神等保佑，并崇拜青草，将春天鲜

伊斯兰清真寺

嫩青草视为生命的象征，最忌讳拔草；祖先崇拜，一旦有灾难，就祈求祖先神灵保佑。萨满教在游牧区仍有一定影响。哈萨克语称萨满为“巴克斯”，认为是神和鬼的化身和代理人，他上通天堂，下达地狱，为人消灾求福。巴克斯常头戴天鹅皮，脖挂带有各色布条的神棒，为人跳神、占卜、念咒和治病。后来巴克斯也皈依伊斯兰教，并将其活动与伊斯兰教结合起

进行伊斯兰宗教祈祷的哈萨克妇女

来，成为哈萨克人宗教信仰的一部分。

哈萨克语属阿尔泰语系突厥语族西匈语支克普恰克语组，既保留了丰富的古代突厥语词汇，又融合了蒙古、钦察、阿里钦、阿尔根、克烈及其它部落语言，而形成富有特色的哈萨克语。哈萨克语共有9个元音、24个辅音，反映

畜牧业的词汇特别丰富。哈萨克族先人曾使用过鄂尔浑—叶尼塞文和回鹘文，其后又使用过察合台文。从1940年起又改用斯拉夫字母。在中国的哈萨克族现在使用阿拉伯字母拼写的文字。

在哈萨克族中，记忆和背诵历代祖先的名字被视为天职，每个人必须牢记自己七代祖先的名字。给子女传授前辈的系谱，是父亲应尽的义务。哈萨克族系谱是代代相传的珍贵遗产。每个氏族部落都有一些精通系谱的人，有的甚至能背诵整个哈萨克3个玉兹的各代世系和哈萨克77代祖先的名字，这些人被称为“谢吉列西”（即“系谱家”），他们备受人们尊崇。

在哈萨克族中，除了保存完整的氏族部落系谱外，还保存有与氏族部落相对应的印记。印记是为了区别氏族部落而产生的。在社会生产、生活和战争中均是十分重要的。印记既是氏族部落标志，又是氏族及个人牲畜的标记。印记还是识别本氏族部落成员死者坟墓的标志，一般均在石碑上刻有死者生前氏族部落的印记。印记图形多种多样，有的像太阳、月亮、弓、箭或古代突厥文字母等。印记是哈萨克等游牧民族创造的一种游牧文化。由于哈萨克族的很多人都精通系谱和印记，因此哈萨克人的很多重要历史事件

放鹰的哈萨克人

也被人们传诵下来。

哈萨克族的民间流行着许多古老的诗歌、故事、谚语和格言。阿肯（弹唱能手）是民间诗歌的传播者和演唱者。著名的史诗有《英雄塔尔根》、《阿卡勒克英雄》、《萨里海与萨曼》、《吉别克姑娘》、《聪明的鞋匠》、《叶尔吐斯特克》等。哈萨克人热情豪放，酷好音乐，能歌善舞。民间乐器有冬不拉、库布孜、色不孜克、达布勒等。哈萨克人也很喜欢体育活动，平时骑马奔驰在辽阔的草原上，每逢节日喜庆时，经常举行传统的叼羊、赛马和姑娘追等游戏。其工艺美术丰富多彩。妇女善于缝纫刺绣，能制作精美毡房、各种毡制品、毛制品和服饰。不少男子会制作木器、铁器和骨器。还用金银玉石制作各种装饰品，造型艺术水平相当高。

哈萨克诗人阿拜纪念碑

首都阿斯塔纳

阿斯塔纳原名阿克莫拉，是哈萨克斯坦首都，位于哈萨克斯坦中部偏北的平原丘陵地带，距离原首都阿拉木图1300余公里，基本上处于哈萨克斯坦的地理中心。美丽的耶希耳河绕城而过，四季气候宜人，是哈萨克斯坦工农业的主要生产基地，人口约30万。

历史上阿克莫拉曾是一座军事要塞，其名字也多次变更。18世纪，从亚洲国家去往欧洲的商贾们都把阿克莫拉作为中途休息的地方，因此，阿克莫拉曾是欧亚大陆上的一个重要商业中心。1832年阿克莫拉开始建市，1832—1961年，改称阿克莫林斯克。20世纪50年代，苏联很多热血青年响应国家号召来到这里开垦荒地，使这里成为重要的粮食产地，于是从1961年起阿克莫拉又被称为切利诺格勒，俄文意思为“垦荒城”。1991年12月苏联解体，同年12月16日哈萨克斯坦宣布独立。独立后的哈萨克斯坦又把切利诺格勒恢复了原名“阿克莫拉”。该城市从20世纪50年代起逐渐发展起来，成为哈萨克斯坦北部重要公路和铁路枢纽，

哈萨克斯坦首都阿斯塔纳的建筑群

同时还建立起机器制造业、轻工业，以及大学、剧院等文化教育设施。自1994年7月哈政府决定迁都以后，阿斯塔纳进行了大规模的城市改建和扩建工程，交通、通讯、能源等配套设施不断完善，使之向现代化城市迈进。1996年，一位日本建筑师的设计方案在阿斯塔纳城市设计国际招标中被选中。根据他的设计，伊希姆河两岸是宽阔的大理石街道，其风格很像俄罗斯第二大城市圣彼得堡的涅瓦大街，市内遍布着花坛、草坪、微型公园。中央广场是新都市中心，总统府、政府和议会大厦及国家其他主要职能部门相邻

哈萨克斯坦议会大厦

而立。发展中的阿斯塔纳市中心将逐步扩展到伊什姆河左岸。现在河左岸建设中的经济开发区雏形已基本形成，交通部大楼和石油公司总部大厦等具有代表性的高层建筑已矗立于左岸。为外交使团建造的50座“外交村”建筑已逐步交付使用。不久的将来，阿斯塔纳将成为一个拥有近百万人口的现代化大城市。

哈萨克斯坦高等法院

原来的首都阿拉木图地处哈萨克斯坦东南部，离边境太近，不符合一个独立国家首都的要求，而且人口密度过大，发展余地接近极限，难以满足首都建设发展的需要，该市又处于地震活跃地带，首都安全受到威胁。于是哈萨克斯坦议会根据总统提议，于1994年7月6日通过迁都决议，在此后的几年里，阿克莫拉进行了大规模的城市改建和扩建工程，为迁都作了大量的准备。一大批新建筑在市内拔地而起，交通、通讯、能源等配套设施不断完善。1997年12月10日，哈萨克斯坦总统纳扎尔巴耶夫在阿克莫拉郑重宣布，阿克莫拉市正式成为哈萨克斯坦"永久性首都"。从此，阿克莫拉取代阿拉木图成为哈萨克斯坦新的政治中心。阿拉木图尽管失去了首都的地位，但今后仍将是哈萨克斯坦最大的经济、文化和科技中心，仍将在国家政治、经济和文化生活中占有重要地位，政府科学院、科学部、教育部、文化部和卫生部以及国家银行将长期留在阿拉木图。

阿斯塔纳奠基者碑

1997年，纳扎尔巴耶夫总统签署命令，宣布由阿拉木图迁都阿克莫拉。作出这项历史决定，取决于新首都所处的有利地理位置——恰处于全国中心和主要交通要道的交汇处。这次迁都在很大程度上决定了国家的发展前途。在隆重的新首都宣布典礼上，纳扎尔巴耶夫总统宣布："自现在起，在这里，我国的中心处，将开始着手制定一系列关系国计民生的决策。现在，在这里，跳动着我们祖国的心脏。在这里，哈萨克斯坦决定自己的历史命运。"1998

阿斯塔纳的高层建筑物

年，阿克莫拉改名为阿斯塔纳，阿斯塔纳在哈萨克语中的意思就是“首都”。而“阿克莫拉”在哈萨克语中意为“白色坟墓”，这不利于首都的形象。但阿克莫拉州的名字没有改变。现在，阿斯塔纳已发展得焕然一新，并且在国际上逐渐建立威信，开始成为哈萨克斯坦渴望革新的象征。

阿斯塔纳是哈萨克斯坦最大的文化和艺术中心之一。在新城市的市中心建立了总统国家文化中心。市中心的博物馆有很多大厅，其中陈列收藏了许多古代和当代珍贵的历史文物。市中心还建设了一座有百万册藏书的图书馆，而且馆内配备了电子检索系统。在阿斯塔纳创办了哈萨克斯坦民族音乐研究院。新首都的剧院非常多，观众喜欢的首都剧院有哈萨克音乐剧院、俄罗斯国家剧院等等。2000年，在阿斯塔纳还建立了国家歌剧和芭蕾舞剧院、“希涅玛—西吉”高级电影院，这些文化设施成为了市民和来访者所喜欢的休闲场所。

依照2005年城市社会经济发展观念，阿斯塔纳作为国家行政和事务中心正飞速地发展着。阿斯塔纳系独联体国家首都和文化城市国际联合会的成员，这个联合会联合了独联体和波罗的海地区的四十多个城市。同时，阿斯塔纳还拥有同13个独联体和其他国家城市和地区的双边兄弟关系。阿斯塔纳是哈萨克斯坦北方的重要公路、铁路枢纽，并建有大型国际机场，通过航空走廊同世界各大城市建立联系，使阿斯塔纳逐渐成为国际型城市，进行着国际交流。

阿斯塔纳国际机场

美丽的历史名城阿拉木图

阿拉木图市位于哈萨克斯坦共和国热特索地区，位于伊犁阿拉套山脉北麓，是阿拉木图州的首府， 海拔650—950米。阿拉木图市面积10.51平方公里，现有人口150万，居住有哈萨克、俄罗斯、乌克兰、鞑靼、维吾尔等民族。由于该地区盛产苹果，就由此得名阿拉木图（哈萨克语为盛产苹果之地）。

它的海拔较高，其自然气候复杂多样，寒冷北方与炎热南方的自然景色并存，西伯利亚白桦、天山方松与葡萄、苹果树为邻。夏天长且干燥，冬天短而温暖，但城市以北50公里外便是茫茫沙漠，那里夏季酷热难耐，冬季寒风怒吼，气温常降至零下30℃以下。造成这种气

美丽的阿拉木图

候的原因是由于阿拉木图南面有海拔5017米的雪山，雪山融水形成了数条河流滋润着美丽的阿拉木图，使它绿树成荫气候温和，并成为世界上绿化最好的城市之一。

据记载，阿拉木图历史悠久，古代中国通往中亚的丝绸之路就经过这里。城市始建于1854年。该城在清朝时原属中国，1854年被沙俄侵占，1867年成为沙俄土耳其斯坦总督行政中心。1918年建立苏维埃政权，1929年成为哈萨克苏维埃社会主义共和国首都。1991年12月苏联解体后，它成为独立的哈萨克斯坦共和国首都。

由于阿拉木图地处边疆地区，城市扩展余地有限，1994年哈萨克斯坦决定在2000年前把首都迁往中北部的阿斯塔纳。从1997年12月10日起，阿斯塔纳取代阿拉木图成为哈萨克斯坦首都。但是哈萨克民族文化中心、外国大使馆代表处、大多数的政党和社会团体等仍继续在此活动，因此哈萨克斯坦政府在1998年7月1日制定了《阿拉木图特殊地位

阿拉木图首都广场

阿拉木图的城市街景

法》，授予阿拉木图市享有共和国国家级城市地位，所以阿拉木图仍然是哈萨克斯坦的经济、文化、交通和国际商务中心。在这座城市里，你能找到许多历史名人的踪迹。走在街头经常会发现钉在某院墙上的铜牌中的文字：某某人某年某月曾在此生活和工作……使你感到名人和领袖离你是这么近。

阿拉木图市区空气清新、风景优美，宽广的马路两侧生长着巨大茂密的树木，一片翠绿，一尘不染。这座城市人均占有林木面积高达90多平方米。城市还有60多个公园和街心花园，使人仿佛置身于绚丽的大森林中，参天大树遮住了遍布全市的建筑物，楼与楼之间相隔至少有50米，其间种植着林带和花草，林带中有专门铺设的人行小道和造型优美的路灯，使居民一出家门就置身于绿色的包围之中，令人心旷神怡。马路边的公共汽车候车亭也别具民族特色，几乎每座候车亭的造型都不一样。可以说阿拉木图是一个理想的休闲度假城市。老人在树下漫步，儿童在树下玩耍，学生在树下读书，车辆在林荫道上穿行，使阿拉木图成了美丽的梦幻般的世界。

阿拉木图还是一个著名的旅游胜地。市郊有许多优美的风景区，南面是半弧形包围着的山区，使城市气候怡人。在距市区东面16公里外海拔1700米的麦杰沃风景区里，有世界闻名的麦杰沃高山滑冰场，每年开放9个月，即使在酷热的夏季人们仍然可以尽情地滑冰，这是由于冰场地面下铺有强劲的制冷系统。从滑冰场往上约海拔2230米处便是钦布拉克高

麦杰沃高山滑冰场

山滑雪场，那里有3000米的长年不化的快速滑雪道，更是吸引着世界一流的滑雪健儿，有许多运动员和奥运会获奖者在这里训练和工作。这里的滑冰滑雪场因举办过多次国际比赛而名闻遐迩。另外，海拔2500米高处的大阿拉木图高山湖，风光绮丽，也是人们野外休闲的好去处。城郊是一派宁静的北国风光，这里的群山峰峦起伏，气势磅礴的天山白雪皑皑，山峰上的白雪终年不化，最高的共青团峰在蓝天白云的衬托下，银光灿灿，蔚为壮观。从市区乘车沿盘山公路蜿蜒行驶，一路上高山流水，美景如画。再往上走，一条横跨两山之间的大坝高高在上，右峰当腰一眼人工涵洞里，一束瀑布从高山上倒垂下来，流光溢彩。顺着台阶走到大坝上，放眼远眺，尖塔形的松树郁郁葱葱，层层叠叠，环抱着一个大水库。在这远离市区20公里的山谷中，旅游者沉浸在自然美景

阿拉木图歌剧院

阿拉木图闻名的木结构教堂

中，留连忘返。

市内设有15所高等院校，还有科学院、博物馆、歌剧院、文化馆、图书馆、植物园、体育场和展览馆，以及现代化的旅游宾馆等，这些建筑物把哈萨克斯坦的民族风格与现代化美学融为一体。市内的东正教大教堂是世界现存的第二高木结构建筑。

阿拉木图在哈萨克斯坦经济领域中占据着重要地位，以食品加工和棉纺织为主，还有重型机械制造企业及火电厂等。天然气输气管道从布哈拉通此。伊犁河上建有卡普恰克水电站。主要种植麦类、黍、玉米、水稻、甜菜和烟草。果园业发达。畜牧业以养羊为主。巴尔喀什湖和伊犁河有航运和养鱼业。在外伊犁山脉中部辟有阿拉木图自然保护区（面积约8万公顷）。该市交通十分方便，有铁路支线与土西铁路相连，又是公路枢纽，也是重要航空港。

阿拉木图市与中国关系密切，距离中哈边界直线距离仅170公里，有很多中国商人在此经商，开展边界贸易，在大街上经常看见中国人的身影。中国著名作曲家冼星海于1943年从莫斯科辗转到达阿拉木图，在这里度过了他40岁生命历程中的最后两年半时间，受到当地人民无微不至的关爱和照料，并从中获取了巨大的勇气和信心，创作了一批激情涌荡的传世佳作。这一时期，他创作了第一交响曲《民族解放》、第二交响曲《神圣之战》及《中国狂想曲》、《阿曼盖尔德》、《满江红》等音乐作品，收集和改编了大量哈萨克民歌，成为用音乐传递中哈友谊的使者。为纪念这位伟大的音乐家，哈萨克斯坦在阿拉木图不仅命名了冼星海大街，还修建了冼星海纪念碑和冼星海故居，它们成为中哈两国人民友好的象征。冼星海大街位于阿拉木图市东区，同拜卡达莫夫街并行。拜卡达莫夫是哈萨克斯坦的著名音乐家，当年这位异国的同行曾向流落他乡的冼星海伸出无私的援助之手，两位伟大的音乐家在艰难岁月里结下了深厚友情。冼星海纪念碑竖立在冼星海大街和加加林大街交汇处。纪念碑以花岗岩石料制成，由三片巨大的半圆形巨石组成，上面刻有冼星海的浮雕头像，用中、哈、俄三种文字铭刻的碑文写道：“谨以中国杰出的作曲家，中哈友谊和文化交流的使者冼星海的名字命名此街为冼星海大街。”纪念碑上还铭刻着冼星海的简历以及他创作的歌颂哈民族英雄的交响诗《阿曼盖尔德》的第一行乐谱，体现了中哈两国人民的传统友谊。

阿拉木图的冼星海纪念碑

哈萨克人的历史渊源

13世纪初，蒙古兴起，成吉思汗统一亚洲草原各部，包括克烈、乃蛮、弘吉剌、汪古、篾儿乞惕、扎剌亦尔、塔塔尔等部，形成统一的蒙古民族。他于1206年被拥戴称汗，建立蒙古大帝国。1218年成吉思汗率领蒙古大军西征到达七河地区，灭西辽王朝。蒙古军扫荡了整个中亚，占领了钦察草原，夺取了突厥人、俄罗斯人及其他部族的土地，中亚、西亚和东欧都并入蒙古帝国的版图。后来，蒙古帝国又把西部领土分为四大汗国，由成吉思汗的四个儿子掌管。其中金帐汗国的国土为额尔齐斯河以西到俄罗斯草原一带，又称术赤兀鲁思（兀鲁思：国家）。察合台汗国国土为喀什地区、河中地区、七河地区。窝阔台汗国国土包括蒙古西部和额敏河流域地区。1237—1241年，由术赤之子拔都参加的第二次蒙古西征，彻底征服

成吉思汗骑射图

了东欧中欧广大地区，进一步巩固了建立在诸俄罗斯公国上的金帐汗国领地。这时拔都将西北亚领地分给其兄斡儿答（术赤长子），建立白帐汗国，将南乌拉尔一带分给其弟昔班（术赤五子）建立蓝帐汗国，成为金帐汗国的两个附属国。

成吉思汗在西征中，使大批蒙古人跟随大军进行了迁徙，在新的领地游牧。成吉思汗四个儿子每人分得4000户蒙古精兵，因此四大汗国都有大量蒙古军队在当地驻防。蒙古人在东欧统治时间相当长，他们与当地俄罗斯人、突厥人通婚是比较普遍的。蒙古人在征服区内，曾企图使当地居民蒙古化，但未成功。由于中亚地区突厥人居多，蒙古人居少数，当地蒙古人就逐渐被突厥化了，但仍然保留了诸多的蒙古民族特点，经过了民族的涵化过程，逐渐演变成一些新的民族。

察合台汗国从1340年左右分裂为以布哈拉为中心的西察合台汗国和以伊犁阿里麻里为中心的东察合台汗国。西察合台汗国内乱迭起，几乎陷于无政府状态。1360年，东察合台汗国征服了两河地区，于是察合台汗国再次统一。但不久西察合台汗国的蒙古王公帖木儿崛起，他驱逐了东察合台汗派去的官员，建立了帖木儿汗国，建都于撒马尔罕。帖木儿的理想是统一分裂的蒙古，恢复成吉思汗的伟业。他的这一理想曾大致得到实现，平定了波斯的伊儿汗国（成吉思汗之孙旭烈兀建立的汗国）和伏尔加河直到南俄的金帐汗国，征服了据有小亚细亚的奥斯曼突厥，侵入北印度，与东察合台汗讲和，建立了强大的蒙古帖木儿帝国。帖木儿死后，其王朝也持续了近百年。

公元14世纪白帐汗国一度强大，曾经统一了整个金帐汗国，到14世纪末年，开始衰败。公元15世纪初，白帐汗国东部又分裂出了乌兹别克汗国、喀山汗国、阿斯特拉罕汗国、克里米亚汗国、诺盖汗国等由术赤后裔

白帐汗国一度强大

蒙古贵族建立起来的的国家。其中乌兹别克汗国是15世纪20年代建立的，它以锡尔河为中心，北到托波尔河，东北到额尔齐斯河，因乌兹别克汗而得名。乌兹别克汗是金帐汗国始祖术赤第五子昔班的子孙，原据有咸海以北的领地，该部族是突厥化蒙古人，后来叫做乌兹别克人。

乌兹别克汗国土地辽阔，人口众多。在阿布海尔汗统治时期（1428—1468年），对外大肆推行侵略扩张，对内凶狠残暴，进

古代哈萨克武士

行野蛮统治，从而激起了统治集团内部矛盾，因为争权夺利而发生内讧，部众四散逃亡。

1456年，白帐汗国最后一个汗巴拉克汗的儿子克烈汗和贾尼别克汗（两人都是术赤嫡系后裔）对阿布海尔汗的不满越来越强烈，甚至达到公开对抗的程度。他们因不堪阿布海尔汗的压迫，顺应潮流，率部分乌兹别克人东逃蒙古卫拉特部领地。以后不断有乌兹别克人东逃。卫拉特汗也先不花为了打击乌兹别克汗国，就接纳了这批人，把楚河、塔拉斯河流域西七河地区让给这些牧民放牧。这些脱离乌兹别克汗国的人，被称为哈萨克人。哈萨克，意为“奔逃者”或“脱离者”。哈萨克人在克烈汗和贾尼别克汗的领导下，在这一地区建立了哈萨克汗国，并不断与南迁的乌兹别克人和察合台汗国中从游牧转向定居的蒙古人融合，人口有20万，形成了统一的哈萨克民族。哈萨克这一名词从此见称于世。哈萨克汗国建立后，克烈汗、贾尼别克汗与卫拉特汗也先不花组成联盟，共同对抗阿布海尔汗。因此，哈萨克汗国的历史可以追溯到白帐汗国和乌

箭囊

哈萨克汗国处于鼎盛时期

兹别克汗国，由此可见哈萨克汗国是由术赤的嫡系后裔建立起来的国家。

15世纪末，哈萨克汗国为争夺锡尔河沿岸的城市，连年对乌兹别克汗国作战。1500年，乌兹别克汗国昔班尼汗率军南下，占领撒马尔罕，击败帖木儿汗五世孙巴布尔，灭了帖木儿帝国，巴布尔的后代退入印度，在印度建立了莫卧儿帝国。哈萨克人乘乌兹别克汗国和帖木儿帝国战争之机，占领了锡尔河和咸海以北广大地区。合并了一部分乌兹别克部落，并一度与七河流域的柯尔克孜人建立联盟。南下的乌兹别克汗国昔班尼汗攻取布哈拉，建立了布哈拉汗国，又在花剌子模地区建立希瓦汗国。两汗国相互争夺，攻战不已，这对哈萨克汗国很有利。在16世纪前期，哈萨克汗国处于鼎盛时期，牧地东起七河流域，西到乌拉尔河，南到塔什干，北到伊施姆河，人口增加到100万。于是一个有共同语言、共同地域、共同经济生活和表现于共同文化上的共同的心理素质的稳定的、统一的民族——哈萨克族完全形成，走向世界历史舞台。

根据历史学家考证，从组成哈萨克族各部落的部落名称和历史来看，古代的康居、大月氏、大宛、匈奴人可能是哈萨克族的先民，他们都是中亚古老的部落。其中康居、兀孙、克烈、乃蛮、弘吉剌、汪古、篾儿乞惕、扎剌亦尔等部落名称也都保留在现代的哈萨克族中，上述部落中的兀孙、克烈、乃蛮、弘吉剌、汪古、篾儿乞惕、扎剌亦尔等部落早在13世纪初就被成吉思汗统一到蒙古民族内，是蒙古民族的组成部分。关于哈萨克族族源问题的研究，国内外的学者始终处在一个误区之中，他们因为看到近现代哈萨克族中存在所谓的“乌孙部落”，从而一致肯定哈萨克族的族源为乌孙，殊不知，近现代哈萨克族中的乌孙部落，乃是中国辽宋时期尚游牧于蒙古高原杭爱山西段的“兀孙”部落蒙古人的后裔，与两千年前居住在伊犁河流域的古老先民“乌孙”无关。

在《蒙古秘史》中曾经记载：13世纪克烈部首领为王罕，他与成吉思汗的父亲也速该结为兄弟，并与成吉思汗结盟攻打乃蛮部、篾儿乞惕部，后来打败并收复两部，成吉思汗收篾儿乞惕部姑娘忽兰哈敦为妃。王罕的弟弟杜阿绀孛有四个女儿，长女名叫亦必合别吉儿，嫁给成吉思汗为妃；次女名叫必克秃忒迷失旭真，嫁给成吉思汗的长子术赤；三女名叫唆儿忽塔尼别吉，嫁给成吉思汗的幼子拖雷，生下蒙元帝国著名的蒙哥汗、忽必烈汗、旭烈兀汗。后来成吉思汗为了蒙古事业，收复了克烈部。弘吉剌部世代与成吉思汗的蒙古部联姻，成吉思汗的母亲诃额仑和他的妻子孛儿帖就出自弘吉剌部落，后来弘吉剌部大部分融合到蒙古族中。扎剌亦尔人都臣服于成吉思汗，成为蒙古军队的重要力量，成吉思汗蒙古军中的许多著名英雄、万户长和千户长都是扎剌亦尔

哈萨克先民

部出身。其中最著名的是大将木华黎，深得成吉思汗的信赖，成吉思汗将全部左翼军队都让他管辖。1218年，成吉思汗封木华黎为“国王”。成古思汗出征中亚、西亚和欧洲时，军中有许多扎剌亦尔人将领。钦察部（克普恰克人）是金帐汗国的主要居民，是由克烈汗和贾尼别克汗从乌兹别克部带来的。

在中亚出土的古代银币

以上诸多部落的臣民被蒙古统一以后，曾经作为蒙古精锐铁骑远征欧亚大陆，一部分跟随蒙古军西迁的部落民就遗留在中亚、西亚和东欧的各蒙古汗国内，成为当地的居民，后来在哈萨克汗国成立以后就融入哈萨克民族当中，并保留了当时的部落名称。但是真正哈萨克民族的形成是从15世纪成吉思汗之子术赤后裔克烈汗和贾尼别克汗建立哈萨克汗国开始的。其中一部分蒙古贵族，如成吉思汗后裔、帖木儿后裔长期占据统治地位，成为哈萨克族中的所谓“白骨头”的贵族阶层，他们借助族谱认定成吉思汗是其祖先，众多统治者均凭自己拥有成吉思汗血统为其统治赢得合法化。因此，相当一部分哈萨克人骄傲地承认成吉思汗是他们的祖先。哈萨克族同蒙古族同被世人称为“马背民族”，生产方式和生活习惯基本相同，从肤色和人类学特点来看也大致相同，由此可见哈萨克民族同蒙古民族有着千丝万缕的族源关系。

骆驼陶俑

哈萨克作为统一的民族形成以后，由于形成历史、居住地域和组成部落的不同，又分成三个“玉兹”。大玉兹即乌拉玉兹，又称右部，居住在七河流域。主要的部落有兀孙、康居、杜拉特、阿尔班、素宛、扎剌亦尔等。其中以兀孙最大而最有影响，故很多文献称大玉兹为兀孙帐。中玉兹即鄂尔图玉兹，又称左部，分布在七河流域北部和

哈萨克智者碑

俄文版《哈斯木汗法典》

西部。主要部落有钦察、阿尔根、乃蛮、克烈、康拉特、瓦克、弘吉剌等。小玉兹即奇齐克玉兹，又称西部，分布在哈萨克斯坦西部。阿尔钦是主要部落，故称阿尔钦帐。

15世纪，哈萨克人作为一个既古老又新兴的民族著称于世以后，获得了很大的发展，哈萨克汗国比较有名的汗是哈斯木汗（1511—1523年），他是贾尼别克汗之子，是个众望所归，很有威信的大汗。在他的领导之下，哈萨克汗国国力强盛。哈斯木汗为哈萨克汗国建立了丰功伟绩，因此他在哈萨克汗国时期以及在后代人们心目中享有崇高的威望，与克列汗和贾尼别克汗一样，被认为是哈萨克汗国的奠基者和缔造者之一。哈斯木汗制定了哈萨克汗国的第一部法律。这一法律是以哈萨克习惯法为基础来制定的。此法典在哈萨克历史上被称为

清朝平定准噶尔部

《哈斯木汗法典》。1523年哈斯木汗去世以后，哈萨克汗国统治集团内部发生争夺汗位的激烈斗争，汗国几乎处于分裂状态。1538年哈斯木汗之子哈克那扎尔继承汗位，他一直执政到1580年，在位时间长达40多年。哈克那扎尔执政之后，立即着手采取得力措施巩固汗国的统一，同时恢复了与各邻国的友好关系，加强了与吉尔吉斯人的联盟。当蒙兀儿斯坦大汗率领军队进军七河和伊塞克湖地区时，哈萨克人和吉尔吉斯人联合进行抵抗，并将他们击溃。哈克那扎尔汗时期，诺盖汗国境内的康居部、钦察部并入哈萨克汗国。1598年哈斯木汗五世孙也斯木继承汗位，哈萨克汗国努力保持对锡尔河流域诸城的控制。在外交政策上，继承前任大汗的政策。内政方面，继续执行《哈斯木汗法典》，并制定了《也斯木汗法》，以有效地治理国家。

到了杨吉尔汗继位（1628—1652年）时期，哈萨克汗国东部的卫拉特蒙古准噶尔部崛起，准噶尔封建贵族对哈萨克汗国形成日益严重的威胁，经常攻打哈萨克汗国。为了对付准噶尔的威胁，杨吉尔汗与撒马尔罕统治者加郎脱思结盟。同时，也努力与蒙兀儿斯坦结盟，并加强了与吉尔吉斯的联盟关系，在1643—1644年，联合对付准噶尔，使准噶尔遭到了惨重的失败。此后，准噶尔首领巴图尔浑台吉重新集结和收服残部，并从沙皇俄国购买武器装备，经过充分准备，于1652年对哈萨克汗国发动进攻，哈萨克汗国军队大败，杨吉尔汗在战争中牺牲。这样，哈萨克汗国同卫拉特准噶尔部进行了长期战争。在战争中，哈萨克人受到了很大的损失。

公元1757年，清朝平定准噶尔部，中亚形势发生很大变化。准噶尔贵族政权为中国清朝所征服，清朝大军进入中亚。同年，中玉兹阿布赉汗上表清廷，宣称归附清朝，这年秋季，大玉兹阿布勒比斯汗也上表清廷，请求内附，小玉兹也作了相同表示。公元1769年，大、中玉兹遣使臣朝见清乾隆皇帝；公元1782年，小玉兹遣使向清廷进贡。这样一来，巴尔喀什湖以东、以南地区全部归属清朝版图。

哈萨克三玉兹请求内附后，清廷准许哈萨克族迁到新疆北部放牧。公元1766年，清廷命令伊犁将军：“伊犁等处土地辽阔，人烟越多越好，哈萨克……愿意迁来这些地方的，即予收留……将现在内附之塔塔拜等，即在雅尔居住”，“嗣后有来归者，悉令于雅尔地方安插”。次年旧历八月，清政府又通知阿布赉汗，哈萨克牧民可以到伊犁地区放牧。同年，阿布赉汗属下三百余户迁到塔城地区。今新疆和布克塞尔、吉木乃两县的阿巴克、克烈部，是公元1770年就居于当地的，当时有千户之众。其头目库库岱

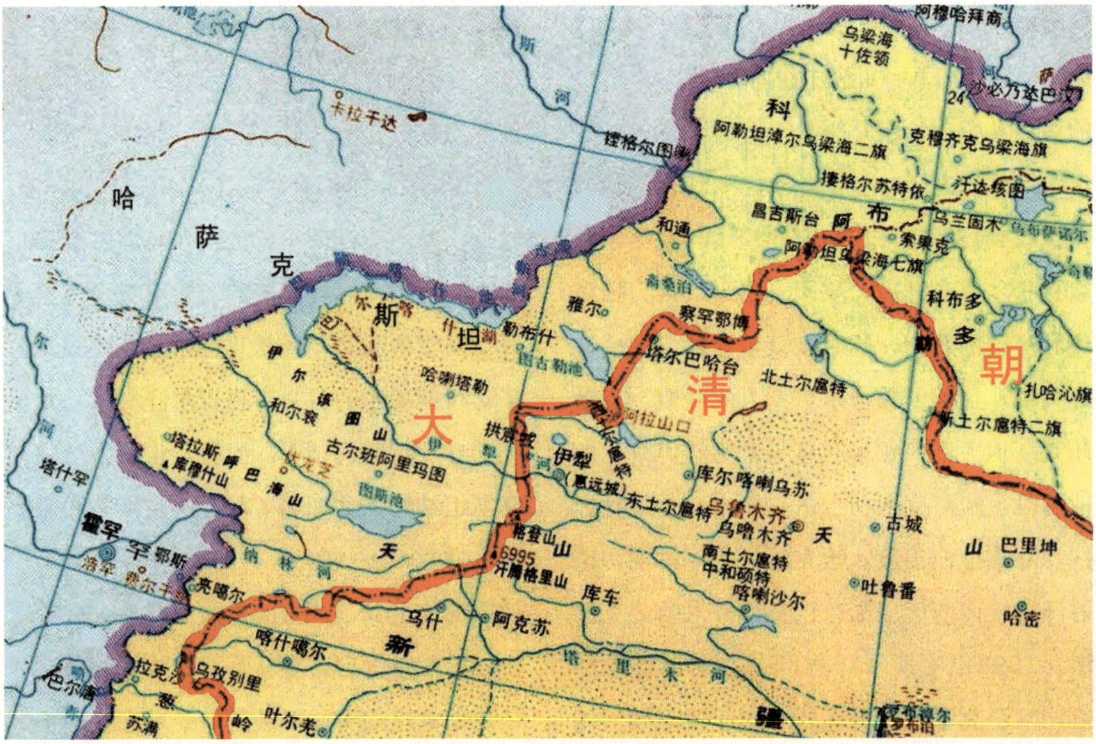

中国清朝前期西部地图

哈萨克人同俄罗斯人战斗图

于公元1790年曾经到北京朝见乾隆皇帝，被封为公。

从18世纪起，沙俄进入彼得大帝时代，其对外扩张的野心很大，为了达到南下印度洋的目的，必须打通中亚通道。这样，远征中亚就成了沙俄的国策。1714—1718年彼得大帝曾经四次派遣远征军，可是都遭到惨重失败。但是他并没有灰心，他说哈萨克草原是通向中亚各国的“关键的大门”。以后他变换策略，采用步步推进的方式，缓慢地吞噬着哈萨克草原。沙俄势力开始侵入哈萨克草原和原属清伊犁将军管辖的巴尔喀什湖以东、以南地区。1715年在额尔齐斯河中游建立亚梅什堡，1716年在鄂木河建立鄂木斯克城堡，1718年建立了塞米巴拉金斯克，1720年在靠近中国边界的斋桑泊西北建立了乌斯季卡缅诺哥尔斯克。到18世纪中叶，沙俄多管齐下，一边不断增加修筑城堡要塞，稳步推进；一边支持东边的准噶尔部向东进攻清朝，向西进攻哈萨克。沙俄为了加强对西伯利亚及其以南土著诸部落的统治，当时西伯利亚总督斯佩兰斯秉承沙皇的旨意，搜集哈萨克的习惯法典，并根据沙俄统治者的需要，作了某些补充，于1822年制定了《西西伯利亚吉尔吉斯（此指哈萨克）人法规》，并于1824年付诸实施。

沙俄根据《法规》，将中玉兹领地分为8个区，归西西伯利亚所属的鄂木斯克州管辖。小玉兹则被分成西、中、东3个

沙俄进入彼得大帝时代对外进行扩张

区，并强迫小玉兹5万哈萨克人迁至乌拉尔和伏尔加河下游一带居住。规定由50—70帐（户）组成一个阿吾勒，由10—12个阿吾勒联合成一个伏勒斯特（小区），由15—20伏勒斯特构成一个奥克鲁克（大区）。由长者治理阿吾勒，苏丹管辖伏勒斯特。治理奥克鲁克的则是公职人员，由苏丹和4个助手（两位俄国人、两位哈萨克人）组成。哈萨克人每年必须向沙俄缴纳赋税和服各种劳役。哈萨克汗国至此彻底解体。

此后，沙俄以讹诈和军事威胁手段，迫使清政府签订一系列不平等条约，按照条约中“人随地归”的规定，侵占了原属中国的哈萨克族居住地区。哈萨克族纷纷东迁，如1864年，游牧于斋桑湖一带的哈萨克族12个克烈部落，因不堪沙俄的统治和压迫，离开原牧地，移居于阿勒泰以南的萨乌尔山一带游牧。1863年，哈萨克黑宰部落3000多户迁入伊犁和博尔塔拉地区。划界后，又有不少哈萨克族迁入中国新疆。公元1860年，沙俄强迫清廷签订不平等的《北京条约》。在此之前的一百多年间，哈萨克人不断迁到中国清朝所属的伊犁、塔城、阿勒泰地区，移民人数逐渐增多。他们与当地原来的哈萨克族一起，组成中国哈萨克族的最早成员。

19世纪后半叶，俄国已经基本控制了哈萨克。随着形势的发展，以前沙俄根据《法规》所建立起来的管理体制，已经不能适应俄国全面控制和管理哈萨克斯坦的需要。

19世纪初期的哈萨克人

1868年，俄国制定了《草原地区临时管理条例》，并在哈萨克斯坦全面推行。根据该《条例》规定，将哈萨克草原分为3个省，分别归土尔克斯坦总督、奥伦堡总督和西西伯利亚总督管辖。省下依次设州、县、乡、行政村。每个乡大约有1000—3000个哈萨克住户。每个行政村约为100—200户。乡以下的管理人员由哈萨克人自由选举。这种管理体制削弱了哈萨克族上层分子对本部牧民的控制，加强了俄国政府对哈萨克人的统治。

俄国政府有组织地向哈萨克斯坦移民

俄国政府出于政治、军事上的考虑，于19世纪末开始在哈萨克斯坦修建铁路，并兴办了一些小型工厂。1897年，在哈萨克西部地区修筑长达100公里的铁路。19世纪末，西伯利亚铁路全部建成，其中，穿过哈萨克斯坦境内的为180公里。1905年，奥伦堡至塔什干铁路干线又告完工。其后，又建成了几条短程铁路。这样，在十月革命前，哈萨克斯坦境内的铁路已有2000多公里，在铁路沿线又建立了很多居民点、兴办了一些与铁路有关的工厂。自19世纪60、70年代开始，俄国政府有组织地向哈萨克斯坦移民，来自俄国中部的大批俄罗斯等斯拉夫人涌进哈萨克斯坦，出现了大量移民村。当时，移民主要集中在阿克摩林斯克、七河、塞米巴金斯克、乌拉尔斯克以及图尔盖等州。大批移民村的建立和大片土地的被开垦，使草原面积大量减少，这促使一些哈萨克牧民从游牧向半游牧及定居农业过渡。到19世纪末，哈萨克斯坦出现了向定居农业过渡的新趋势。

1905—1907年爆发的俄国资产阶级民主主义革命，一定程度上冲击了哈萨克斯坦的俄国殖民政府。第一次世界大战期间，由于1916年沙皇下令在哈萨克人中征兵参战，导致了由阿曼格尔迪•伊曼诺夫领导的大规模的哈萨克民族解放起义，俄国殖民政府受到沉重打击。1917年，俄国二月革命发生后，由阿里•布凯汉诺夫领导的哈萨克人要求实行全面自治，并建立了自己的自治政府。

十月革命后，哈萨克斯坦建立了苏维埃政权

从十月革命爆发到1918年3月，哈萨克斯坦各地先后建立了苏维埃政权。1919年至1920年期间，在红军将领伏龙芝的领导下，苏维埃政权团结哈萨克人，战胜了白卫军，巩固了哈萨克斯坦的苏维埃政权。原自治政府的武装大部分被红军收编。同时，哈萨克斯坦开始了国家建设的过程。1919年7月，列宁签署关于在吉尔吉斯(哈萨克)地区设置革命委的命令,1920年8月26日，根据全俄中央执行委员会和人民委员会的命令，成立了吉尔吉斯(哈萨克)苏维埃社会主义自治共和国，属俄罗斯联邦，首都奥伦堡。共和国设六省一县：塞米巴拉金斯克省、阿克摩林斯克省、图尔盖省、乌拉尔斯克省、布克草原省、奥伦堡省。1924年，中亚地区实行民族区域划界，将土尔克斯坦自治共和国境内居住着哈萨克人的地区并入吉尔吉斯（哈萨克）自治共和国。由此，自治共和国疆域达270万平方公里，首都迁至阿拉木图。1925年，恢复哈萨克民族历史上的正确名称，将吉尔吉斯自治共和国改为哈萨克苏维埃社会主义自治共和国。

1916—1920年间，由于国内战争、民族纠纷和社会动乱，使哈萨克斯坦的社会经济

哈萨克苏维埃自治共和国国旗

受到严重破坏，哈萨克人口锐减，牲畜损失也很严重。苏维埃政权在稳定共和国局势以后，开始进行社会经济的恢复和发展工作。1921年，开始进行土地、水利改革。由于哈萨克斯坦民族地区的特殊性，苏维埃当局没有照搬俄国中部地区的做法，而是分为两个阶段进行改革。在第一阶段（1921—1922年），主要是废除遗留下来的殖民地的土地关系，撤销移民局，把原来供移民用的土地储备分给当地劳动者，把沙俄时期强占的用于满足官吏、军官和俄罗斯移民利益的土地归还哈萨克农牧民。在第二阶段（1925—1929年），主要任务是消灭地主、牧主经济，限制富农经济，实行土地的平均分配。

20年代，哈萨克斯坦也实行了新经济政策。但是，由于民族边远地区的特定历史条件，新经济政策执行得并不顺利。1921—1922年间，在伏尔加河流域、北哈萨克斯坦和西哈萨克斯坦发生了严重旱灾，这使得向新经济政策的过渡也迟缓下来。1927年12月，联共（布）第15次代表大会确定了农业集体化方针。1929年，哈萨克斯坦开始实行农业集体化。共和国政府利用哈萨克原有的社会关系，采取按宗族系统来组建集体农庄。截至1932年，哈萨克斯坦还没有进行农业集体化的，只局限于牧区和半牧区。在农业集体化过程中，由于官僚主义、集体化进程过快等失误，出现了农民、牧民大量宰杀牲畜的现象，一些地区发生了骚乱。在进行农业集体化的同时，共和国政府组织哈萨克牧民向定居生活过渡。哈萨克牧民向定居农业转化的过程，早在19世纪后半叶就已开始。苏维埃政权建立以后，政府积极鼓励向定居生活过渡。1920—1928年，哈萨克斯坦转为定居的牧民约有14万户。农业集体化时，政府开始大规模组织牧民转入定居，转入定居的农户就转化为集体农庄庄员。到1937年，哈萨克斯坦农业集体化基本完成的时候，大部分哈萨克牧民也转入了定居农业生活方式。

有着悠久历史的哈萨克人(壁画)

1929—1937年，哈萨克斯坦实施了发展国民经济的第一、第二个五年计划。这期间，共和国政府利用资源优势，发展了有色金属开采和加工、煤炭、电力、化学和机械工业等，逐渐成为苏联当时主要的有色金属工业基地，卡拉干达成为苏联第三个大煤炭基地。同时，在文化教育事业、卫生和交通等各个方面，也都取得很大发展。

1936年，哈萨克苏维埃自治共和国改为加盟共和国。次年，共和国第一次苏维埃代表大会通过了共和国的新宪法。新增设了北哈萨克斯坦和库斯塔奈两个州级的建制（即把1932年共和国以前的省、县、乡行政建置改为州、区、市建制）。1938—1944年，共和国又先后增设了古里耶夫、克孜勒奥尔达等8个州。这些新增设的州主要是从一些大州分出来的。

1937—1939年的大清洗期间，共和国大批知识分子遇难，共和国党政负责人中有18人被害，其中有执行委员会主席卢姆别托夫、代总理叶斯卡列夫和阿拉木图市党委书记达斯沃卡佐夫等。

苏联卫国战争期间（1941—1945年），哈萨克斯坦各族人民为抵抗德国法西斯的进攻，保卫苏联，做出了巨大贡献。共和国的工厂、集体农庄和国营农场为前线提供了大量物资和食品。1941年7月—1943年7月的两年中，哈萨克斯坦先后接纳、安置从西部前线和相邻地区疏散和撤退来的53万多难民，在此同时，还有142个大中型企业搬迁到这里，提高了哈萨克斯坦的工业化水平。

从1954年起，哈萨克斯坦开始实施“处女地”计划（即开垦生荒地和熟荒地）。1953年秋和1954年间，苏联政府连续作出两个关于发展农业生产和开垦荒地的决定。为此，苏联政府从各地向哈萨克斯坦调集了大批农业机械和技术人员。1954—1956年间，在哈萨克斯坦、西伯利亚、伏尔加河流域和北高加索等地，共开垦了3600万公顷的生荒地和熟荒地，其中，哈萨克斯坦就开垦了2500多万公顷。“处女地”计划的实施，对哈萨克共和国的经济产生了重要影响。开垦荒地之前，共和国的谷物总产量只有500多万吨，而开垦荒地之后，则上升到2200多万吨。同时，国营农场在开发地区迅速普及，使哈萨克斯坦成为苏联最重要的谷仓之一。到20世纪80年代，哈萨克斯坦经过几十年的社会主义建设，已经发展成为国民经济门类较为齐全，拥有雄厚经济实力的共和国，在苏联15个加盟共和国中，其经济实力仅次于

阿拉木图卫国战争纪念碑

俄罗斯联邦和乌克兰，位居第三。

到了20世纪90年代苏联解体，哈萨克最高苏维埃于1990年10月25日通过了《哈萨克斯坦共和国国家主权宣言》，1991年12月10日更名为哈萨克斯坦共和国，同年12月16日通过《哈萨克国家独立法》，正式宣布独立，12月21日加入独联体。宣布哈萨克斯坦共和国成为一个主权独立的国家。

哈萨克斯坦开始实施“处女地”计划开垦的土地

哈萨克斯坦走向新时代

哈萨克族的形成过程经历了几百年历史，直到16世纪，哈萨克部落的融合才最终完成，也就是说现代哈萨克族才最终形成。尽管如此，中亚哈萨克民族的形成过程可以追溯到蒙古人建立的金帐汗国和白帐汗国，是蒙古政权对中亚统治的结果。但是纵观哈萨克民族形成的几百年历史，成吉思汗长子术赤的后裔主导造就了这个民族，并有大量的蒙古人融入了这个民族，这是一个不容置疑的事实，因此很多哈萨克人都有成吉思汗和蒙古人的血统，他们历来尊崇成吉思汗，视成吉思汗为祖先，并引以为荣。

追寻生存空间的蒙古人——卡尔梅克人

卡尔梅克人的概况

卡尔梅克人（Kalmykia），原是突厥语对大漠之西蒙古土尔扈特部的称呼。土尔扈特本是统一的蒙古族卫拉特四部之一（包括和硕特、准噶尔、杜尔伯特、土尔扈特四部）。明朝末年，该部族大部分离开原在塔尔巴哈台（今中国新疆境内）的游牧故土向西迁徙。当时，准噶尔部强盛，土尔扈特部不服准噶尔部的统治，为寻求新的生存环境，于1616年在首领和

俄罗斯卡尔梅克人

鄂尔勒克带领下，越过哈萨克草原，渡过乌拉尔河，来到当时尚未被俄国占领的伏尔加河下游、里海之滨，在这里开拓建设，劳动生息，创立起游牧民族的封建汗庭，完善了各项典章制度，维持了长达一百多年的政权。但土尔扈特部与克里米亚汗国、达赖喇嘛、中国皇帝都继续保持着联系。

卡尔梅克共和国是欧洲唯一的佛教地区

他们来到这块新的领地之后，爱这里的山山水水一草一木，用蒙古语称里海为呼克廷格斯，即蓝色的海湖，称伏尔加河为额吉纳高勒，即母亲河。到后来，沙皇俄国势力迅速扩张，不断欺凌土尔扈特人，激起了他们的反抗，为摆脱俄国的控制，1771年在渥巴锡汗的率领下，大部分土尔扈特人离开伏尔加河畔，东归中国故土。由于沿途遭遇俄军和哈萨克人拦截，死伤无数，最后剩几万人到达中国新疆境内。另约三分之一的土尔扈特人由于游牧于伏尔加河西岸，受到伏尔加河的阻拦和沙皇俄国的阻击，没有能够返回故土，这些未能东归的人留在伏尔加河下游地区继续受到沙俄的统治。留下的这部分人就繁衍发展成今日的俄罗斯卡尔梅克共和国的卡尔梅克人。俄国十月革命后，1920年成立了卡尔梅克自治州，1935年成为自治共和国，1943年自治共和国建制被撤销，1957年重设自治州，1958年重新恢复自治共和国，苏联解体后升格为俄罗斯联邦内的自治共和国。

卡尔梅克人系卫拉特蒙古人的后裔。属

蒙古人种西亚类型。使用卫拉特蒙古语，分土尔扈特和杜尔伯特两种方言，语言属阿尔泰语系蒙古语族，革命前使用1648年由班弟创造的托忒蒙文（中国新疆卫拉特蒙古人使用的文字），现在使用斯拉夫字母拼写的蒙古文，目前多数人已改用俄罗斯语文。卡尔梅克人在

卡尔梅克具有东方特色的牌楼

卡尔梅克草原

十月革命前大部分过着游牧生活，信奉藏传佛教。卡尔梅克共和国是欧洲唯一的佛教国家，在首府埃利斯塔有很多佛像。卡尔梅克国土从前有140多万平方公里，现今只有7.6万平方公里，人口总数为30万，卡尔梅克人约占总人口的45%，在俄罗斯共有卡尔梅克人173996人（2002年统计），其中84%的卡尔梅克人居住在卡尔梅克共和国，还有部分人分布在阿斯特拉罕、伏尔加格勒、罗斯托夫和斯塔夫罗波尔等地。

卡尔梅克人主要从事游牧或半游牧业，饲养绵羊、马、骆驼等，部分人从事渔业。从19世纪30年代起逐渐定居务农。现在，在国民经济中占主导地位的是农产品、畜产品和鱼产品的加工工业。农业以生产小麦和饲料为主。

俄罗斯卡尔梅克共和国

卡尔梅克共和国位于里海沿岸低地的西部，东部与里海濒临，从北到南跨度是640公里，从西到东跨度是480公里。其南部与达吉斯坦共和国接壤，西邻斯塔夫罗波尔边疆区和罗斯托夫州，北接伏尔加格勒州，东接阿斯特拉罕州。

卡尔梅克共和国的国旗是长方形的金黄色旗帜，中间为蓝色圆圈。圆圈上有一朵白色的九瓣莲花，它有几层含义：其一，上面的五个花瓣代表着世界五大洲，下面四瓣代表着世界的四方，象征着共和国人民希望与世界各国人民友好与合作。另外，白色九瓣莲花是精神纯洁、复兴和繁荣的标志。其次，莲花瓣的数量还表明，卡尔梅克人的祖先在游牧时一年有9

卡尔梅克共和国的国旗

卡尔梅克共和国的国徽

个月的放牧期。莲花的底色蓝圈象征着永远的净化和繁荣。国旗的长宽比例为2比1。

卡尔梅克共和国的国徽图案为：在金黄色的圆圈中画着“流苏”，圆圈外沿有蓝色边，其中装饰着“工”形条纹民族图案，底座是白色莲花。国徽的顶部有卫拉特4部落联盟的古老标志—4个相交的圆环。白色象征着和平、善良和慷慨。“工”形条纹图案表明过去艰难的游牧生活方式和卡尔梅克人选择的光明道路，金色是人们信仰的颜色，也是财富和希望的颜色，意味着卡尔梅克永远阳光灿烂。蓝色代表着蔚蓝色的天空，象征着永恒、永生和自由。白色象征着卡尔梅克人的平和以及他们与国内外各族人民友好相处的关系。

卡尔梅克共和国气候属鲜明的大陆性气候，夏季干旱炎热，冬季寒冷少雪。冬季气温在零下10℃～零下20℃之间，夏季山区气温处在20℃～30℃之间。一年中最舒适的季节是春季。共和国内山区的植物生长期是180—213天。 共和国的大多数领土处在半沙漠地区，地表水极少，缺少农业灌溉用水源。其里海沿岸地带属低地沼泽地带。卡尔梅克共和国矿藏资源主要有石油、天然气、盐矿和建筑用材料，但淡水资源匮乏。

卡尔梅克共和国现在的领土面积是7.61万平方公里，在历史上曾经达到140多万平方公里，由于当年沙俄的侵占和苏联时期的重新划拨，现在的土地面积所剩无几。目前行政单位数量为13个区、1个直辖市、2个区属市、5个市镇、99个行政农庄。卡尔梅克共和国首府是埃利斯塔市，该市建于1930年，从莫斯科市到埃利斯塔市的距离为1836公里。区属城市有戈罗多维科夫斯克市，1971年建市，属戈罗多维科夫斯克区；里海市，1963年建市，属里海区。

2003年卡尔梅克共和国共有人口307900人。其中城市人口129539人，约占共和国总

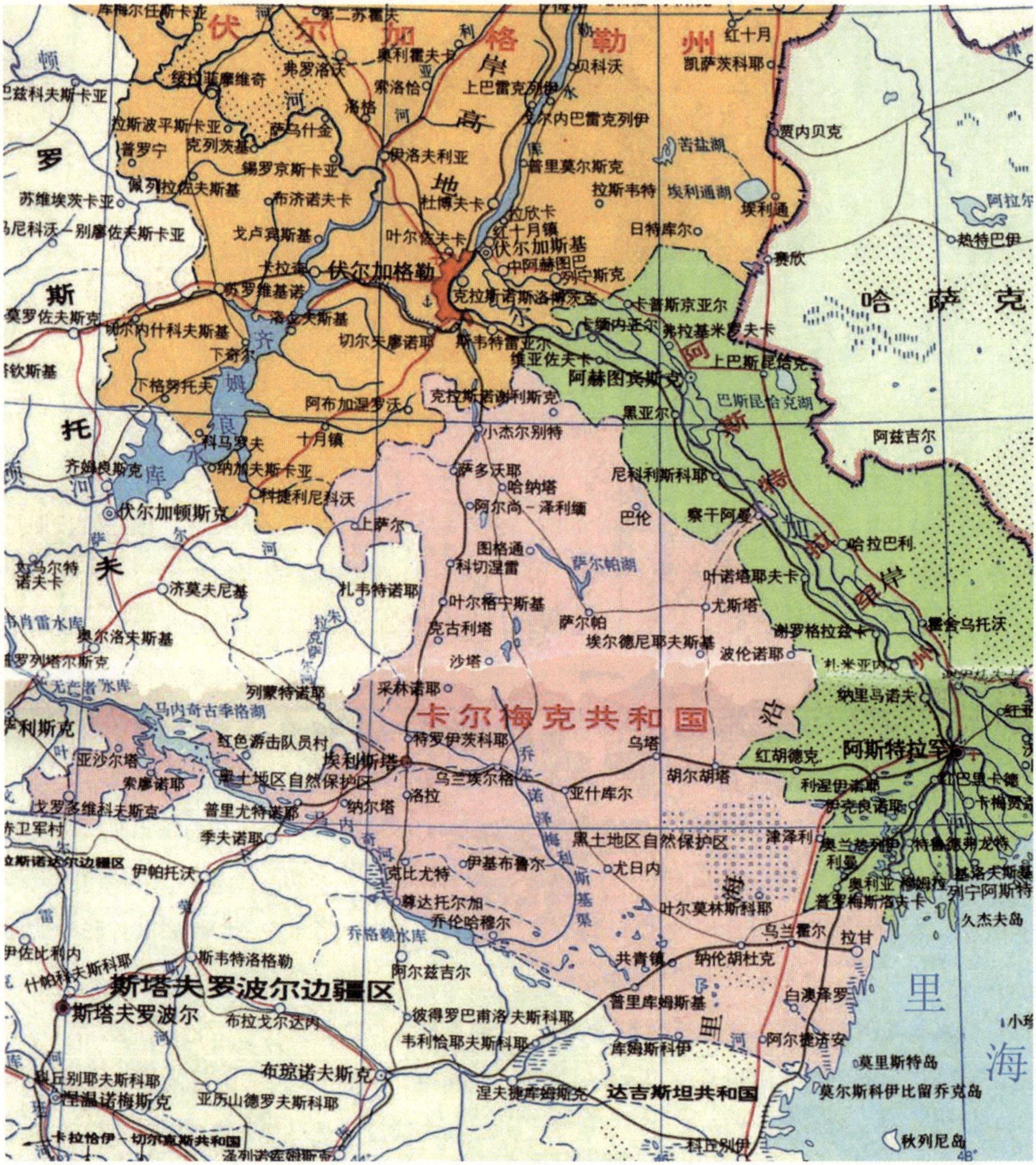

卡尔梅克共和国地图

人口的44.3%。农村人口为162871，约占总人口的55.7%。人口平均年龄为33岁。家庭总数为90464户。卡尔梅克共和国主要居民是卡尔梅克人。在卡尔梅克共和国居住着约14.6万卡尔梅克人，占卡尔梅克共和国人口总数的45%。卡尔梅克人还居住在阿斯特拉罕州、伏尔加格勒州、罗斯托夫州和斯塔夫罗波尔边疆区。卡尔梅克人都是藏传佛教信徒。除卡尔梅

秋天的卡尔梅克草原

克人外，共和国内还生活着约12万的俄罗斯人，占人口总数的37%；8000喀山人，占2%；约8000达尔金人，占2%；1万车臣人，占2.6%；以及乌克兰人、白俄罗斯人和鞑靼人。

13世纪时，卡尔梅克共和国的土地属于金帐汗国，15世纪又归属于阿斯特拉罕汗国，阿斯特拉罕汗国于1556年归属于俄罗斯。卡尔梅克人在17世纪迁居到现在这个地方，其早期历史与古老的漠西卫拉特人部落紧密相连，卫拉特人是从中国新疆迁移到伏尔加河下游居住的。在迁移过程中，突厥人、俄罗斯人和一些其他部族加入到卫拉特人部族中，直到最后形成卡尔梅克部族。在17世纪，藏传佛教在卡尔梅克人中十分盛行。卡尔梅克人是一个传统的游牧民族。俄国十月革命后，1920年建立了俄罗斯卡尔梅克自治区，1935年成立共和国。1943年，由于斯大林的肃反扩大化，给卡尔梅克人扣上“与德国侵占者合作”的莫须有的罪名，把卡尔梅克族强制性驱逐出原住地，一部分被强行驱逐到西伯利亚和北哈萨克斯坦地区，一部分去了欧洲各国，甚至美国。1957年赫鲁晓夫执政期间，在卡尔梅克人民的强烈呼

身穿艳丽民族服装的卡尔梅克人

眺望埃利斯塔市

吁下重新恢复了这个自治共和国，但土地面积大大缩小，并隶属俄罗斯苏维埃联邦社会主义共和国，几乎所有的卡尔梅克人又重返故土。

卡尔梅克共和国属伏尔加河流域经济区成员，缺乏完整的经济结构是制约卡尔梅克共和

埃利斯塔市的中心广场

埃利斯塔市欧洲最大的佛像

国经济发展的最基本问题。共和国拥有丰富的自然资源——天然气和石油，林木资源丰富，还有温泉、矿泉水源。农业经济以肉用畜牧业和绵羊饲养业为主。在里海还有小规模的捕鱼业。

共和国有四大经济发展区：叶尔盖尼区——畜牧业和粮食经济区，在灌溉区域进行果树栽培、土豆和蔬菜栽培，同时发展食品加工业、木材加工业、轻工业和金属加工业，中心是埃利斯塔市；沿海地带经济区——里海捕鱼业和鱼类加工业区，中心是里海市；普里马内奇耶经济区——粮食作物和榨油类作物种植区，该区还拥有葡萄种植业、乳肉兼用的畜牧业、黄油制造业和葡萄酒加工业，中心是卡拉达维果夫斯克市；中部和南部经济区——季节性牧场，冬季从伏尔加河下游流域、北高加索和外高加索地区赶来大批细毛羊来此过冬。卡尔梅克共和国属于农业国，农业经济和畜牧产品加工工业在经济中占有重要地位。

共和国处于明显的大陆性干旱气候控制之下，农业经济最基础的生产方式是农场，经营面临很多环境方面的困难。土地沙化（这种情况已逼近埃利斯塔市），正在形成欧洲的第一个沙漠。各种因素导致了土地沙化状况的加剧，如：不成功的土壤改良政策；过度放牧，牲畜头数严重超过牧场的标准负荷；开垦海洋土地，号称“世纪工程”的“伏尔加河—恰格拉伊河”运河的开凿导致的后果是土壤盐渍、被侵蚀，这些都造成了环境的恶化。

卡尔梅克共和国的工业基础薄弱，主要工业生产领域也与农产品再加工紧密相连。其主要工业部门有机器制造业、轻工和食品业、采矿业（石油、天然气开采业）、建筑材料生产业。卡尔梅克共和国的

埃利斯塔市蒙古式凉亭

埃利斯塔市中国式凉亭

埃利斯塔市一景

电能都来自于齐姆良斯克水电站。最具前途的工业领域是石油和天然气开采业。主要企业有里海机器制造厂、里海肉罐头生产联合体、里海鱼类加工厂、埃利斯塔建材厂、埃利斯塔缝纫厂。近些年在水上又建成了新型水上悬浮工厂，为提高鲟鱼鱼子酱的出口，引进了先进的分装技术生产线。被称为工厂的只有建筑联合体（现已停工）、砖厂和“星”电机厂。没有一家羊毛再加工厂，因为卡尔梅克共和国只出卖原毛。共和国只生产牛奶、西米丹、面包和香肠，其余所需食品几乎全部依赖进口。卡尔梅克共和国没有自己的石油开采厂，更没有石

部分土壤盐渍化

卡尔梅克的机械化渔船

卡尔梅克的油田

卡尔梅克的铁路运输

油再加工厂。境内石油和天然气的开采由阿斯特拉罕州的企业进行。这是因为当时的共和国领导层坚持建立和发展地质勘探企业，因为勘探企业与开采企业相比具有巨大的资源容量，而且能提供更多的就业机会。

农业经济是卡尔梅克共和国经济的主体，大型牧场式畜牧业较为发达。畜牧业种类主要有细毛羊养殖业和养牛业，它们的发展都是立足于使用天然牧场资源。

卡尔梅克共和国主要运输方式为汽车运输和铁路运输。萨拉托夫—阿斯特拉罕—格罗兹尼—马哈奇卡拉—巴库大铁路贯穿整个共和国。重要的公路有伏尔加格勒—埃利斯塔市—斯塔夫罗波尔—埃利斯塔—阿斯特拉罕公路，矿水城—里海镇公路。

商业与外贸投资：卡尔梅克共和国向俄联邦的其它地区和境外出口的商品有肉类、羊毛、黄油、皮革、罐头。进口商品有金属、机械、设备、建筑材料和日用品。鲟鱼鱼子酱是主要出口商品之一，出口量占苏联出口量的80%。

列宁与卡尔梅克蒙古人

世界无产阶级革命家列宁的祖母就是卡尔梅克人。部分历史学家说，列宁有四分之一的卡尔梅克人血统。

在十月革命期间，有位卡尔梅克同志到列宁住处拜会时，列宁用奶茶招待他。这位同志奇怪地问列宁：“您怎么会喝这种茶？”列宁兴奋地告诉他：“我奶奶是卡尔梅克人，所以我们家有喝奶茶的习俗。”这个故事在卡尔梅克人中流传开了：伟大的列宁血液中流淌着卡尔梅克人的血。据《列宁传》（苏联1936年外国工人出版社英译本）记载，其中第一章讲到列宁妹妹玛丽亚•乌里扬诺娃对列宁有如下的描写，请留心其外貌、发音特征：“在体格上，弗拉基米尔•伊里奇极像他父亲。他承继了他父亲的身材、高颧骨脸形、蒙古型的眼角、略微向上的眼睛和宽阔的前额。他有他父亲的言谈气质和同样诚恳感人的笑。弗拉基米尔•伊里奇甚至继承了他父亲发‘儿’时轻微的喉音。”

无产阶级革命家列宁

《列宁的历程》（解放军文艺出版社1997年5月版）有这样的描述：“列宁的祖籍并不在辛比尔斯克，他的祖父尼古拉•瓦

列宁祖父的居住地阿斯特拉罕市

西里耶维奇·乌里扬诺夫是一个穷裁缝，过去大概是个农奴，住在位于伏尔加河流入里海的入口处旁边的阿斯特拉罕。这是座散发着鱼腥味的手工业小城市。当尼古拉·瓦西里耶维奇这个俄罗斯人50多岁时，他同一个卡尔梅克人的不识字的女人安娜·阿列克谢耶夫娜·斯米乐诺娃结了婚。卡尔梅克人是蒙古民族的一支，在苏联境内过着游牧生活，信奉佛教。他们的脸盘又大又圆又平，呈黄褐色。他们的眼睛有着蒙古人的特征。列宁那宽宽的颧骨和外斜视眼说明这是混入了亚洲血统。前苏联有关列宁的传记中，把列宁描写成从种族来讲是一个纯粹的俄罗斯人，而关于

列宁的全家

列宁的祖宗是非俄罗斯人这个事实，却加以隐瞒。”这足以证实，列宁的族系属于欧亚混血型。他身上具有东西方的民族特点，与蒙古族有着亲缘关系。列宁故乡阿斯特拉罕也是蒙古语名字。

在俄罗斯联邦卡尔梅克共和国，首都埃利斯塔市中心广场上，政府大厦前，高高耸立着列宁的雕像。虽然这是苏联时期留下来的遗产，但是卡尔梅克人对列宁都很爱戴。因为首都埃利斯塔市的市民都知道：“列宁的祖母是卡尔梅克人！”他们因与列宁有着密切的渊源关系而自豪。

埃利斯塔市的列宁雕像

列宁的遗体目前安放在俄首都莫斯科红场的陵墓内供人瞻仰。近些年，有些俄罗斯政府官员和议员提议将列宁遗体移葬出莫斯科红场，令俄朝野一片哗然。俄罗斯卡尔梅克共和国总统基尔桑•伊柳姆日诺夫说，他愿出资100万美元安葬苏联缔造者列宁的遗体。他在接受国际文传电讯社记者采访时说：“我已正式通知俄罗斯共产党主席根纳季•久加诺夫，如果提出安葬列宁遗体问题，我们将准备出资100万美元，把列宁遗体和陵墓迁到埃利斯塔。”

卡尔梅克人的历史渊源和同俄罗斯的关系

土尔扈特部在国外称“卡尔梅克”。关于卡尔梅克这个词，最早是操突厥语族的人使用这个词称呼漠西卫拉特蒙古人的。卫拉特部包含土尔扈特、杜尔伯特、和硕特、准噶尔四部，其中生活在俄罗斯的卡尔梅克人主要来自土尔扈特部，另有少部分其他卫拉特蒙古人。沙皇俄国向外扩张，直到1704年才初次使用“卡尔梅克”这种称呼，从此便把生活在俄罗斯伏尔加河下游大草原上的卫拉特蒙古人称为卡尔梅克人。

土尔扈特部的先祖是13世纪游牧在蒙古高原上古老的克烈部，其首领是王罕。王罕曾经与成吉思汗的父亲也速该结为兄弟，并与成吉思汗结盟攻打乃蛮部、篾儿乞惕部，后来打败并收复两部。王罕的弟弟杜阿绀孛有四个女儿，长女名叫亦必合别吉儿，嫁给成吉思汗为妃；次女名叫必克秃忒迷失旭真，嫁给成吉思汗的长子术赤；三女名叫唆儿忽塔尼别吉，嫁给成吉思汗的幼子拖雷，生下蒙元帝国著名的蒙哥汗、忽必烈汗、旭烈兀汗。后来成吉思汗为了蒙古一统天下的大业，收服了克烈部，克烈部就成为蒙古黄金家族的属民。一些克烈勇士曾充任过成吉思汗的护卫，他们为建立蒙古帝国立下汗马

埃利斯塔市的卡尔梅克武士纪念碑

成吉思汗与克烈部结盟攻打乃蛮部（《蒙古历史油画长卷》，王延青等创作）

功劳。这些克烈人就演变成为后来的土尔扈特部。随着成吉思汗的西征，并收复中亚，作为黄金家族属民的土尔扈特部，开始扩散到天山南北和中亚各地参加征战，为成吉思汗的事业和蒙古人统治这些地区打下了基础，土尔扈特部也就征战游牧于此。

土尔扈特人的帽子

自17世纪初，土尔扈特部游牧在塔尔巴哈台（中国新疆塔城地区）和额尔齐斯河中游两岸的草原。当时，卫拉特内准噶尔部强盛，使得准噶尔部与土尔扈特部之间在草场、土地方面的矛盾不断扩大，造成卫拉特内部的争斗，他们急需扩展新的牧场和领地。另外，此前卫拉特蒙古全体会议曾经作出决定：由卫拉特人去重新占领原蒙古帝国失去的领土，以恢复成吉思汗帝国的计划。由于这两方面的原因，1628年左右，和鄂尔勒克率领土尔扈特部，联合杜尔伯特及和硕特一部，共约五万帐牧民，向西迁徙。一路披荆斩棘，突破异族人的封锁，穿过哈萨克草原，越过乌拉尔河，于1630年左右到达了当时荒无人烟的无主土地伏尔加河下游里海之滨的草原地带。

土尔扈特部来到了伏尔加河草原

伏尔加河，这条被土尔扈特部蒙古人称做额吉纳高勒的河流，是一条美丽富饶的河流。她像是一位伟大而又慈祥的母亲，辛勤地哺育着她身边生长着的万物，哺育着她身边两侧的广阔富饶的草原。当时，沙俄在1552年和1556年先后征服了喀山、阿斯特拉罕两个汗国之后，它的政治势力还远远没有到达这里。伏尔加河草原渺无人烟，只有一些诺盖人偶尔到这里临时放牧。草原广阔，河流纵横，林丰草茂，是一个天然的好牧场。而且，由于气候适宜，还有大批奇禽异兽出没草莽之

卡尔梅克骑士雕像

间，又是个狩猎的好围场。土尔扈特部蒙古人到达这里，像身入宝山，一路美不胜收，他们认为这是神佛赐给他们最好的土地和牧场，决定不离开这里，而是开发这块处女地，作这块土地的主人。土尔扈特部的首领和鄂尔勒克把他的行宫设在伏尔加河流域的阿赫图拉河畔，他的部族就游牧在从乌拉尔河到伏尔加河，从阿斯特拉罕到萨马拉一带的草原，并以伏尔加河上游城市萨拉托夫作为与俄国的分界线。由于俄国人把土尔扈特部蒙古人叫做卡尔梅克人，所以，把这一带草原也叫做卡尔梅克草原。

到达伏尔加河草原初期，和鄂尔勒克还没有称汗，但却按着独立的汗国建立了各种制度。部族长是全部族的军政首脑，下设宰桑，辅佐王公处理部族内部一切事务。成立由王公和台吉们组成的“扎尔固会议”，是一个类似现代议会形式的权力机构，并由它制定了本部族的法律，制度齐备，纪律严明。土尔扈特部蒙古人得到了发展和壮大。在条件成熟以后，终于建立起自己的土尔扈特汗国。

美丽的伏尔加河

从此，土尔扈特部生活在伏尔加河下游大草

原之上，逐水草而放牧。经过半个多世纪的繁衍生息，他们的游牧范围西到顿河，东到乌拉尔河，西北到萨拉托夫，南到里海北岸。由于沙皇俄国势力还没有达到这里，所以，一直到1713年农历十一月十六日，中国清朝政府派出的“图里琛使团”到达萨拉托夫地区，探望离开故土的土尔扈特人的时候，这里仍然是俄国和土尔扈特汗国之间的国界。

茶具

生活在伏尔加河下游的土尔扈特部信奉藏传佛教，他们认为：佛赠予了草原和河流，因此可以自由地在草原上游牧，在河流中航行。但是他们并未深切地意识到，在他们的四邻中

土尔扈特部信奉藏传佛教

佛事用具

除了哈萨克人、诺盖人、巴什基尔人和阿斯特拉罕汗国、喀山汗国的游牧部落外，还有一个野心勃勃的沙皇俄国，正在虎视眈眈地注视着土尔扈特人的土地。他们成了沙皇俄国的侵略对象。

时过不久，他们强大的北部邻国沙皇俄国，为了巩固征服的喀山、阿斯特拉罕的既得利益，开始进一步地对顿河、伏尔加河流域以及乌拉尔河流域的少数民族地区进行侵略，土尔扈特部蒙古人又一次成了沙皇王冠上双头神鹰的猎物。沙俄对土尔扈特部蒙古人千方百计地施加种种压力，企图使他们隶属于沙皇。和鄂尔勒克为了保持自己部族的独立和自由，用武力来对付沙俄的侵略和压迫。在1641年，他率领一万名土尔扈特部战士与沙俄军队作战，一直打到沙俄的萨马拉城下，使这座城陷入包围之中。1642年，沙俄派出克比科夫去准噶尔部，阴谋利用土尔扈特部与准噶尔部之间的矛盾诱使巴图尔浑台吉出兵协助沙俄共同攻打土

沙俄的双头鹰标志

尔扈特部，但因和鄂尔勒克主动与巴图尔浑台吉和好，沙俄这个阴谋失败了。

沙俄进行民族压迫的严酷事实，使土尔扈特部人民深切怀念那世世代代劳动、生息的伟大东方故土，怀念那哺育他们成长的祖国河山和富饶的草原，怀念东方故地人民的互相交往和深厚的友谊。和鄂尔勒克开始不顾路途遥远，积极设法与卫拉持蒙古各部改善关系。在1640年，和鄂尔勒克参加了由准噶尔部首领巴图尔浑台吉在塔尔巴哈台召开的喀尔喀蒙古与卫拉特蒙古各部首领会议。在会上共同制定了有名的《蒙古—卫拉特法典》，调整了蒙古各部之间的关系。和鄂尔勒克同巴图尔浑台吉原来有联姻关系，在西去伏尔加河前，和鄂尔勒克的孙子朋苏克娶巴图尔浑台吉之女为妻，生子阿玉奇，养育在巴图尔台浑台吉那里。和鄂尔勒克率部西迁后，阿玉奇仍留在巴图尔浑台吉那里抚养。

这时，因土尔扈特部远去伏尔加河下游，与准噶尔部之间已不存在争夺牧场、牲畜这些矛盾了，又加上和鄂尔勒克采取求大同存小异、克己待人的主动和解态度，所以在塔尔巴哈台首领会议后，两部的关系很快就改善了。1643—1644年间，和鄂尔勒克曾派出土尔扈特部军团协助巴图尔浑台吉指挥下的准噶尔部与哈萨克人的战争。

寺庙里的壁画

1645年，和鄂尔勒克在攻打沙俄的阿斯特拉罕城的战斗中英勇地牺牲了。他的儿子书库尔岱青继位，他与父亲一样坚忍不屈。在他与沙俄进行斗争的过程中，深感寄居异域，备受欺凌，困苦万分。不仅需要卫拉特蒙古各部的支援，还需要有一个强大的祖国作后盾。

1646年，沙皇俄国军队对土尔扈特部加强了攻势，沙俄在伏尔加河和乌拉尔河一带修筑了许多工事，又招募了一批哥萨克士兵专门用以监视土尔扈特部众，不断地侵扰和抢劫土尔扈特的牲畜和其他物资。此外，沙皇俄国还妄想在信仰上强迫土尔启特人信奉东正

土尔扈特部同沙俄征战（《东归英雄传》电视剧剧照）

教，这引起了敬重佛教而与俄国东正教格格不入的土尔扈特人更加强烈的反抗。

其实在中国清朝建立以后，土尔扈特部就不断派人与祖籍故土建立密切联系，曾经几次取道准噶尔部向清政府奉表纳贡。后来由于准噶尔与哈萨克人开战阻碍了交通，土尔扈特部只有取道西伯利亚，经库伦行程万里到北京入贡，并多次派人去西藏瞻礼拜佛。这些举动充分表现了他们对祖籍故土的深厚感情。

清王朝为了加强与土尔扈特部的联系，1712年派出了20多人组成的“图里琛使团”，由北京启程，经西伯利亚探寻远在欧洲的土尔扈特部，经过艰难历程，两年后抵达了伏尔加河沿岸的土尔扈特部驻牧地进行慰问。土尔扈特首领阿玉奇汗命各部台吉、喇嘛率所属部众前往迎接，沿途陈设筵宴，热情接待，欢迎仪式十分隆重。图理琛使团向阿玉奇下达康熙谕旨，转达康熙问候。“图里琛使团”这次探访历时三载，往返四万余里，达到了清廷与土尔扈特部联系的目的。

远离故土的土尔扈特蒙古族除了和清朝政府有着密切的关系外，与卫拉特各部族之间更是往来不断，保持着频繁的联络、通婚和互访，相互关系不断加强。共同的血缘关系、共同的语言、共同的生活习俗和共同的宗教信仰形成了一条无形的纽带，使远在故土万里之外的土尔扈特部

渥巴锡汗(1743—1774)

仍与卫拉特各部以及清政府保持着密切的联系，而正在崛起的沙皇俄国不断对土尔扈特汗国的土地和人民进行侵略、控制和奴役，使得土尔扈特部在离开东方故土

一百四十多年之后，产生强烈的回归祖先故土的愿望。

进入18世纪以后，沙皇俄国为了建立世界强国，争夺波罗的海和黑海的出海口，与瑞典和土耳其进行了长期战争。为了充实兵员，沙俄在对土尔扈特加紧监视和控制的同时，又强迫大批土尔扈特人为其扩张领土充当炮灰，强迫在土尔扈特部征兵，征召强壮兵丁去打仗，使土尔扈特人遭到重大损失。首领渥巴锡曾被迫充军，在与土耳其的战斗中，为沙俄帝国立下了“汗马功劳”，但仍受到俄国侮辱和蔑视。长期的战争使土尔扈特人损失了七八万青壮劳力，沙皇俄国又变本加厉地加派监视人员，设立驻土尔扈特部“大使”，直接控制部族事务，并强迫征调一万名骑兵去前线为俄国卖命，这使土尔扈特部与俄国政府矛盾激化。

土尔扈特部召开部族大会，经过秘密的策划和准备之后，土尔扈特部首领渥巴锡、策伯克多尔济、舍棱等率领33360户168081人，于1771年1月5日，在卫拉特蒙古土尔扈特部西迁一百四十多年之后，踏上了艰难的东归之路。在其首领渥巴锡汗的率领下，起兵东归。因为行程上万里，道路艰险，路途又受到沙俄军队和哥萨克人的围堵和尾追，经过了多次突围作战和长征。由于在战争中的死伤、疾疫流行、严酷的自然气候条件，当土尔扈特人到达中国新疆伊犁时，人口死伤过半，仅存15793户、66073人。土尔扈特部回归到东方故土之后，清政府和乾隆皇帝对土尔扈特部的回归采取积极妥善安置的政策，首领渥巴锡、策伯克多尔济、舍棱等首领受到清政府的赏赐和册封，其部众受到了厚待和妥善的安置，他们的后代现在仍然生活在中国的新疆和内蒙古等地。

蒙古土尔扈特部东归图

留在伏尔加河北岸的一万多户土尔扈特部众，因为伏尔加河冬季没有结冰无法过河，并受到了沙皇俄国军队的阻挠，也就滞留在那里，受到了沙皇俄国的长期迫害。这部分因为大河阻挡没有回到祖国的蒙古人，被称为卡尔梅克人，意为“被大河阻

女沙皇叶卡捷琳娜二世

挡的民族”。据记载，当时留在北岸的卡尔梅克人，其中有杜尔伯特部落一万多人、土尔扈特部落八千多人、和硕特部落三千多人。为防止他们东归，沙皇军队对其进行了十几年的包围，不准他们离开伏尔加河沿岸，使这批卡尔梅克人至今留居俄国。

留下的卡尔梅克人也曾酝酿回归，并计划在冬季举事，从而引起了沙俄政府的恐惧。1771年10月19日，女沙皇叶卡捷琳娜二世下令取消土尔扈特汗国，成立卡尔梅克管理处，由阿斯特拉罕省务厅直辖管理，省长作为最高监督，并选派了一大批俄国警官去卡尔梅克部维持治安。为了防止他们的东归，沙皇军队将其长期包围达十几年之久，限定他们只能活动于伏尔加河沿岸。尽管如此，自1771年至1775年，仍有2000多人利用游牧的机会，以分散的方式回到祖国，清朝政府每次均给予妥善的安置。

1775年以后，沙俄政府对卡尔梅克人严加管制，禁止他们四处游牧。第二年，卡尔梅克管理处又设立法庭，按沙皇俄国法典和法规审理，法庭裁决由省长批准。很快，沙俄又把鼓动回归的部落的头领策伯克乌巴什、杨德克、阿沙尔瑚召集到彼得堡，女沙皇叶卡捷琳娜二世采取各种引诱威逼手段，先礼后兵，但众头领不为所动。沙俄恼羞成怒，将杨德克和阿沙尔瑚毒死，策伯克乌巴什侥幸脱逃。虽然鼓动东归祖国的首领们被镇压，但对沙俄的不满情绪却深深埋藏在卡尔梅克人的历史记忆之中。

1774年，普加乔夫领导的农民起义爆发，蔓延至卡尔梅克人的驻地。8月15日，俄军首领阿·敦杜科夫公爵命令卡尔梅克领主车臣多尔济率军协助镇压农民起义。车臣多尔济与众长老及首领们商量后，决定不援助俄军，而是派出代表和普加乔夫联合起来反对沙俄政府。普加乔夫喜出望外，亲自接见卡尔梅克的王公，并联合起来击败了俄军，攻占不少城镇。后来，普加乔夫农民起义军败走。当沙俄政府追问卡尔梅克首领和普加乔夫共同进攻俄军的原因时，卡尔梅克首领以“诈降”为理由搪塞过去，沙俄政府当时未予深究，但一直在等待时机予以报复。

1786年，阿斯特拉罕总督波焦金突然宣布，撤销阿斯特拉罕的卡尔梅克法庭和卡尔梅克管理处，卡尔梅克人的诉讼案件转交县级法庭处理。只设立卡尔梅克军需处，并由一名俄国政府官员任主要负责人。选任3名卡尔梅克头领和另3名民众代表为办事员，主要负责收取赋税和征兵。军需处遭到卡尔梅克人的强烈反对，被迫撤销，波焦金只得收回成命。

沙俄时期的卡尔梅克人

火镰

1801年，沙俄采取“以夷制夷”之策，任命部族首领丘切伊·通杜托夫为卡尔梅克公署的总督，并赐给了旗子、马刀、盔甲、貂皮大衣和帽子，还任命索宾为卡尔梅克人首席喇嘛，恢复了卡尔梅克法庭。在总督之下，由8位民众代表组成。并发出特别指令：允许卡尔梅克藏传佛教僧

卡尔梅克群雕像

侣有举行宗教仪式的自由，赐给卡尔梅克人特权，规定在职务需要时，才允许干涉卡尔梅克人的事务，任命卡尔梅克人当警察总长，为卡尔梅克事务的领导者。马卡罗夫被任命为第一任警察总长，维持治安的警察区长听其指挥。但实际上，卡尔梅克人除受俄国阿斯特拉罕省警务厅管理外，还受沙俄政府外务委员会管辖。俄国政府对卡尔梅克人的控制进一步增强，卡尔梅克人几乎失去了一切权力。此后，沙俄与卡尔梅克人的关系一直十分紧张，各种冲突不断。

1917年，俄国爆发十月社会主义革命，不少卡尔梅克人参加了红军，组建了卡尔梅克骑兵团，为保卫年轻的苏维埃政权浴血奋战。他们参加了著名的察里津（斯大林格勒）保卫战。在这次战役中，卡尔梅克骑兵团奋马疾驰，冲锋在前，杀入敌阵，东拼西搏，使敌军无法实施围攻，狼狈逃窜，从而保障了中央地区的后勤供应，稳定了南方战线，保护了卡尔梅克游牧民不受侵扰。1920年，卡尔梅克建立了卡尔梅克自治州；1935年，改为卡尔梅克自治共和国。

十月革命使他们从封建游牧社会过渡到社会主义社会。至卫国战争前夕，卡尔梅克人在社会经济、科学文化和教育事业等方面都得到迅速发展。在第一个五年计划期间（1933—1937年）卡尔梅克人转入定居，从而结束了游牧和半游牧生活。卡尔梅克自治共和国创立了地方工业，修建了公路，形成了工人阶级队伍。党和政府领导开展文化教

苏联时期卡尔梅克自治共和国国旗

育事业，经过努力基本扫除了文盲，建立了初等和中等学校，普及了七年制教育，还有了自己的大学，使民族知识分子也成长起来。卡尔梅克人的传统经济部门畜牧业也实现了集体化。

苏联卫国战争期间，由两万多名卡尔梅克青年组成的骑兵部队参加了著名的基辅保卫

埃利斯塔的卫国战争纪念碑

战。卡尔梅克子弟兵英勇出击，重创敌军，并多次实施反突击，反包围，使德军闻风丧胆。在斯大林格勒保卫战、高加索战役、第聂伯河等战役中，卡尔梅克人民积极支援红军，送去很多热血青年去当红军，并送去大量的牛羊、毡靴、粮食，为建立“苏维埃卡尔梅克”坦克纵队捐献783万卢布。为反法西斯战争做出过不可磨灭的贡献。同时，卡尔梅克人还在克里木、白俄罗斯、乌克兰等地的敌后战场开展游击战，积极打击、骚扰、重创敌军，和德国法

自由卡尔梅克纪念碑

西斯进行了殊死的战斗，用鲜血和生命谱写了可歌可泣的战斗诗篇。

随着战事的进展，德军开始扑向伏尔加河流域。1942年8月12日埃利斯塔失守，它的13个行政区中有8个被德军占领。在被占领区，侵略者实行血腥的法西斯统治。凡是对法西斯统治不满者均施以酷刑，甚至被枪杀。据不完全统计，在卡尔梅克战场上共有约2万和平居民和苏军战俘被杀。但是卡尔梅克人没有屈服，他们在敌人后方建立了13支游击队，抵抗德国占领军。同时，红军中的卡尔梅克指战员勇敢地战斗在卫国战争的各条战线上。在攻克柏林的战斗中和在消灭日本关东军的远东战役中都有卡尔梅克人的身影。他们中有许多人因功受奖，荣获各种勋章，受到人民的爱戴和颂扬。

在广大卡尔梅克人英勇抵抗和斗争的同时，也有个别卡尔梅克人背叛国家，投靠德国占领军，有人打出“从俄罗斯人统治下解放卡尔梅克民族”的旗号，这种煽动语言极易在同胞中引起共鸣。他们甚至组织伪军，协助德军，做了一些坏事。这种情况的出现，主要是由于一小撮反动分子煽动的结果，但也不能否认它有一定的社会基础，因为在肃反和集体化运动中，斯大林的极“左”政策曾伤害了广大卡尔梅克人的民族感情，使一些人产生了对苏维埃政权的不满情绪，加上卡尔梅克人曾长期遭受沙俄的压迫和剥削，他们对俄罗斯民族有一种根深蒂固的不信任感。这样，就出现少数人同德国占领当局合作的现象，但通敌者毕竟只是极少数，广大卡尔梅克人民是拥护苏维埃的。

1943年6月12日举行了“联共（布）卡尔梅克组织委员会”，在全体会议上决定迅速消灭拒不放下武器的叛国通敌分子。党和苏维埃组织在群众中加强了政治工作，最大限度地孤立通敌分子，当年秋天他们被基本肃清。当时苏联实行极“左”政策，不分青红皂白，将全体卡尔梅克族人统统扣上“通敌”的罪名。卡尔梅克自治共和国被撤销，整个民族不分老幼皆被流放到中亚、西伯利亚等地。苏共当局又广泛株连，凡是被俘的苏联人，都属通敌，凡与德国合作的人，皆属叛国，或杀、或判、或关。其家属、子女基本上也都被扣上了通敌叛国罪，备受压迫和凌辱。甚至诸多十月革命时期的老红军战士、老布尔什维克都未幸免。

卡尔梅克人不服，成千上万的人冒着杀头的危险起诉、上访、控告，要求平反，恢复他们的名誉。国际社会也纷纷声援，要求苏联澄清事实。在苏联国内，要求予以平反的呼声也长年不断。经过长期的“调查取证”，在斯大林逝世后，苏联政府在1958年5月平反了卡尔梅克人的冤案，卡尔梅克人的民族声誉在全世界人民面前得以恢复，大多数人得以返回伏尔加河两岸的原籍，1958年11月7日，重新建立了卡尔梅克苏维埃社会主义自治共和国。但面积缩小，人口比例

卡尔梅克人被流放纪念碑

卡尔梅克人进入了一个新时代

也有重大变化，卡尔梅克人已不占多数。

过去，卡尔梅克人主要从事游牧或半游牧业，饲养绵羊、马、骆驼等，部分人从事渔业。从19世纪30年代起逐渐定居务农。现在，在国民经济中占主导地位的是农产品、畜产品和鱼产品的加工工业。农业以生产小麦和饲料为主。

到了20世纪90年代，苏联解体，卡尔梅克人的自由度增加，并于1995年经普选产生了自己的总统。目前，卡尔梅克人约有20万人。他们能讲卡尔梅克蒙古语，使用中国的托忒蒙古文，少数人信仰东正教，大部分人信仰藏传佛教，有自己的喇嘛庙，多数人已经不从事畜牧业，而是从事石油、铁路、机器制造业。卡尔梅克人也进入了一个新的时代。

卫拉特蒙古的一支——阿尔泰人

阿尔泰人概况

居住在俄罗斯的阿尔泰人（Altai）与蒙古人有着密切的族源关系，阿尔泰人被学者认为是蒙古族的一支。全俄罗斯共有阿尔泰人67239人（2002年统计），占全俄罗斯联邦总人口的0.02%，他们绝大部分居住在俄罗斯阿尔泰共和国。阿尔泰共和国是俄罗斯联邦西西伯利亚主要行政区之一，面积9.29万平方公里，占俄罗斯联邦领土面积的0.5%。

阿尔泰地区曾长期处于蒙古卫拉特部准噶尔人的统治之下，阿尔泰人旧时一直被称为“阿尔泰卫拉特人”，自称“卫拉特人”，属蒙古准噶尔部。1679年准噶尔部与清朝开战，

俄罗斯阿尔泰人

阿尔泰的老妇人

准噶尔兵败，一部分蒙古准噶尔人退到这里，并融入了一些居住在阿尔泰地区的其他部落，就演变成了今天的阿尔泰人。当清朝胜利后，该地区被清朝管辖，当地的准噶尔人被编入阿拉坦淖尔乌梁海二旗，他们就是现在的阿尔泰人的前辈。1864年，俄强迫清政府签订《中俄勘分西北界约记》，沙俄边防当局迫使阿尔泰人归属俄国，阿尔泰地区遂被并入俄罗斯版图。苏联十月革命后，于1922年6月1日在阿尔泰人的土地上建立了卫拉特自治州，1948年1月7日改为戈尔诺—阿尔泰自治州，1992年改名为俄罗斯联邦阿尔泰共和国。

阿尔泰人早期操卫拉特蒙古语，由于受到突厥人的影响，后来改操阿尔泰语系的突厥语族吉尔吉斯—奇普恰克语，可以和维吾尔人、哈萨克人进行语言交流，但是他们不信仰伊斯兰教，而信奉原始萨满教，但是有部分人在俄罗斯人的影响下，已经改信东正教。

到1938年为止，阿尔泰人一直使用托忒蒙古文，1938年以后开始使用斯拉夫字母拼写本民族语言。从1922年开始用蒙、俄两种文字发行《阿尔泰启明星报》至今。由于长期生

阿尔泰共和国自然风光

活在俄罗斯和哈萨克人中间，语言受其影响很大，但山水地名、畜牧业术语还是保留着蒙古语特点。

阿尔泰人的文化教育事业发展很快，1992年，共有191所普通中学、3所技校、5所专科学校和1所大学。近年来，阿尔泰人民在吸收先进的科学文化的同时，也在为继承和发扬本民族的历史文化传统而进行不懈的努力。

阿尔泰共和国的经济事业也在发展。该共和国拥有丰富的自然资源，其境内有石灰石、水泥原料、黄金、汞、有色金属和稀有金属等矿藏，其中稀有金属和贵金属储量巨大，这在全俄自然资源中占有独一无二的地位。另外木材资源也很丰富，但目前开发和利用程度很低。从长远观点来看，具有资源优势转化为经济增长优势的特点。主要工业部门是有色金属冶炼业、森林采伐和木材加工业、食品加工业、建筑材料工业等。阿尔泰人主要是从事畜牧业和农业生产，畜牧业饲养有羊 、牦牛、马鹿、梅花鹿等品种。

阿尔泰人的古老民俗

阿尔泰人最流行的锥形住宅

阿尔泰人目前虽然只有6万多人，却依然保持着许多古老的传统和风俗。过去，阿尔泰人主要从事畜牧业和狩猎业，过着半定居的生活。因此，他们的住宅多为比较牢固而又可迁移的建筑。阿尔泰人传统住宅种类较多，有四方形的、锥形的、圆柱形的。其中最流行的是锥形住宅。

阿尔泰人的锥形住宅称为“恰迪尔”，是一种窝棚式住宅。按照习俗，这种住宅要由全体家庭成员、近亲及近邻通力合盖。首先，要选择一块空地，平整后画一直径与窝棚构架相等的圆。窝棚架一般为松木结构。首先用两根末端带杈、长约740厘米的圆木从东西两侧斜架在一起，让顶端的树杈互相交叉，再从南北两向各架一根不带杈的圆木，牢牢固定在一起，便构成了窝棚的基架。然后，再用八根圆木等距离架在基架上，窝棚的基础工程就算完成了。这个构架阿尔泰人称为“奥佐克”。由于窝棚内的灶坑经常生火，窝棚内十分干燥，树皮不易腐烂，因而一座窝棚可使用多年。

按照阿尔泰人的传统，这种窝棚内部男女居住面积有严格的规定，一般为男女对半开。阿尔泰人对火敬若神明，因而窝棚内最神圣的地方为位于中央的灶坑。火堆上方通常是一专用隔板，用于放置铁锅。火堆后面与门相对之处树立着一根立柱，上端镶嵌横板。横板上平行伸出两根木杆，和门框上方的横梁相接。它通常用来放置熟好的羊皮及皮制品。在火堆和立柱之间还横有一块隔板，板下是存放家庭神像的木匣。在立柱与主人睡铺之间拉着一根绳，上面悬挂着具有

阿尔泰人的四方形住宅

宗教意义的五颜六色的飘带。后来，飘带逐渐被挡帘所取代。男女床铺之间堆放着食品和各种用具。房架上吊有一些木钩，挂着各式皮口袋，里面装有盐、茶、肉干等食品。供妇女骑乘使用的鞍垫则放在床铺下面。

自19世纪起，阿尔泰人大部分开始定居，他们的住所也逐渐改为木房。其中最常见的是

皮囊酒壶

四方形和六角形的木房。这些木房较“恰迪尔”更为坚固耐用，适合于定居生活，称为“艾额勒”。这种木房房顶为锥形，结构与“恰迪尔”相似，不同的是四面墙用圆木垒成。建造这种木房时，先在选好的松木两端各砍出一道凹槽，将圆木一根根卡在一起，形成木墙。再在圆木之间的缝隙处堵上鲜苔，里面抹上泥。通常还在东、南和西南面的墙上增开三扇不大的窗户，因而室内更加明亮。现在，由于阿尔泰人长期与俄罗斯人生活在一起，其生活习惯和居住环境深受俄罗斯人的影响，在农村普遍居住在俄罗斯式的木格楞房子里。

生活水平的提高，住房的发展，并没有完全改变阿尔泰人的传统习俗，这些木房的内部布置仍和“恰迪尔”一样，男女仍然对半分开而居。所不同的是，里面的摆设要比“恰迪尔”漂亮一些，木墙上通常挂有壁毯，地面上铺有兽皮。此外，在阿尔泰人中还可以见到一些蒙古包。它们和蒙古人、哈萨克人及布里亚特人的蒙古包在结构上极为相似。由于阿尔泰人已大部分过上了定居生活，这种蒙古

民居内部

阿尔泰人最后的蒙古包

包已经不多见，通常用作放牧时的临时性住所。

从前，阿尔泰人有象征性“抢新娘”的风俗。婚礼前的某一天，小伙子的朋友们在夜晚把姑娘“抢”走，并把她“藏”在小伙子的一个亲戚家。当晚媒人和“抢亲者”带着酒、

阿尔泰人的村落

肉来到姑娘家“请罪”。姑娘的父母用煮好的羊胸排和猪胸排招待客人。媒人首先向姑娘的父亲敬一瓶葡萄酒。如果被接受，意味着同意这门亲事；如果不同意这门婚事，姑娘的一个亲戚就把客人带来的葡萄酒倒入自己的酒杯，随后把空酒瓶退给媒人。他们回去后改日又带着酒再去拜访。只要姑娘的家人对这桩婚事未表示同意，这种礼节就要不断重复。婚礼的日期由姑娘的父母和媒人商定。按传统，新娘的父母要在婚礼前请媒人到新娘的亲戚家挨家做客。路再远，媒人也要履行这个礼节，因为亲戚们要分别给新娘准备嫁妆。

古老的民族服装

婚礼从被“抢”的新娘露面开始，人们唱着歌把新娘送到新郎家。在歌声的伴随下，新郎和新娘的两个亲戚解开新娘的一条辫子，然后编成两条，并给她带上婚礼帽。这意味着姑娘已初为人妇。接着开始婚宴。按习惯，新娘的父母和亲戚不参加新郎家的婚宴。婚礼当天，新郎家派人将佳肴、美酒送到新娘的父母家，在那里也举行婚宴。婚礼数日后，新婚夫妇去看望新娘的父母，届时，岳母要送女婿一条腰带。阿尔泰人举行婚礼时还有文娱活动

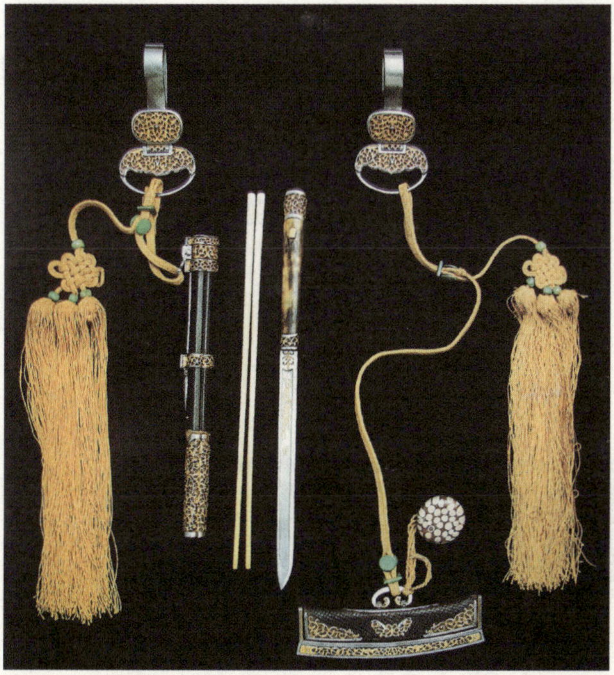

民族刀具

和举行赛跑、摔跤、赛马、射击、举重、从帐篷的烟道里往外扔骨头等体育活动，婚庆活动显示出鲜明的民族特色。

跳舞的阿尔泰人

演唱的阿尔泰人

俄罗斯阿尔泰共和国

阿尔泰共和国是俄罗斯阿尔泰人的主要居住地，面积9.29万平方公里。其前身是卫拉特自治州，1948年易名为戈尔诺阿尔泰自治州，是阿尔泰边疆区的组成部分，1992年作为共和

阿尔泰共和国国旗

国独立出来，戈尔诺阿尔泰斯克是阿尔泰共和国首府。

1993年3月3日阿尔泰共和国议会批准了国旗和国徽。国旗：它是长方形的旗帜，长宽比例为3比2。有四道横向的条纹，最上面是白色的宽条，最下面是天蓝色的宽条，中间有天蓝色和白色的细条，国旗的颜色有着丰富的内涵。白色和天蓝色符合俄罗斯联邦国旗的颜色， 明确阿尔泰共和国是俄罗斯联邦的一个主体。天蓝色代表着宇宙、和平、幸福、纯净的天空、山川、河流和湖泊，白色是哺育着人类的奶的颜色，代表着永恒，反映出阿尔泰共和国各族人民对复兴、爱情与和谐的追求。国徽：是蓝色的圆形徽标，金黄色圈围绕浅蓝色，象征着阿尔泰共和国的天空永远是蔚蓝色的；山形图案代表阿尔泰最高峰，别卢哈、乌奇、苏梅拉山的三个山头，象征着祖国的美丽与强大；国徽的中间部分是一头鸟首鸟翅狮身怪兽，它起源于远古时期，是神圣的太阳鸟的化

阿尔泰共和国国徽

身，守护着祖国土地的安宁、和平、幸福和财富，保护着鸟兽和大自然；国徽下半部的波纹象征着比伊河和卡通河的汇合，两河形成了鄂毕河。两河之间有只三脚炉，它代表着祖国、城堡和家园的永固。三脚炉下面的波纹象征着捷列茨科耶湖。

阿尔泰共和国位于欧亚大陆中心、西西伯利亚南部的阿尔泰山地，东邻图瓦共和国、哈卡斯共和国，南与哈萨克斯坦、中国和蒙古接壤，北与克麦罗沃州搭界，西北是阿尔泰边疆区。它的范围是在东经 84° 00′ —89° 50′ 、北纬49° 05′ —52° 35′ ，中心城市戈尔

诺—阿尔泰斯克距首都莫斯科3641公里，和莫斯科的时间差是3个小时。

该共和国位于阿尔泰山地，地形较为复杂：山峦起伏，山间谷地和山前坡地与山顶地区海拔高度相差较大，主要山脉在东南部，即卡通山脉和库赖山脉；在西北部是较低的切金山脉和巴谢拉克山脉，别卢哈山海拔4506米，是西伯利亚最高的山脉。山间低地是草原，主要有阿拜草原、库赖草原和乔亚草原等，山川众多，湖泊遍地也是该地区的重要地理特点。

共和国总人口 20.4万人。俄罗斯人占60.4%；阿尔泰人为6.7万，占31%；哈萨克人占5.6%；其余为乌克兰人和德意志人。戈尔诺—阿尔泰斯克是阿尔泰共和国首府，设在这里的俄联邦和共和国的行政、立法机关

阿尔泰共和国地图

有：阿尔泰共和国政府、俄联邦总统常驻共和国代表处、国家国有资产管理委员会、阿尔泰共和国统计委员会、俄联邦对外经济联络部驻共和国全权代表管理处。

阿尔泰共和国政府大楼

阿尔泰共和国拥有丰富的土地资源。1998年统计，该共和国农业土地面积为128.06万公顷，其中耕地面积14.05万公顷。阿尔泰共和国高山大河纵横交错，大小湖泊星罗棋布。主要河流有卡通河——鄂毕河左侧支流，全长688公里，流域面积6.09万平方公里。阿尔泰共和国森林资源总面积368.5万公顷，其中森林覆盖面积234万公顷，森林覆盖率为41.5%，木材蓄积量为4.72亿立方米，成熟林和过熟林约占50%。针叶林占绝大多数，主要树种有西伯利亚冷杉和云杉。阿尔泰共和

阿尔泰自然保护区

阿尔泰的有色金属矿

国地下埋藏着许多贵重金属和稀有金属，如金、汞、钼、钴、钽和锂等。据不完全统计，该共和国有60多种哺乳动物，220余种禽鸟和11种爬行动物及其他两栖动物，江河湖泊中有20多种鱼，仅捷列茨科耶湖中的鱼就有13种之多，其中捷列茨科耶白鲑在全俄是绝无仅有的。

在共和国的东部，设有阿尔泰自然保护区，那里的自然资源基本处于原始状态，没有受到人类的破坏，每年有许多俄罗斯和世界各国的游客慕名而来。

食品工业是阿尔泰共和国工业的主要部门之一。大型食品加工企业有阿尔泰肉制品厂、奶油和奶酪制品厂等，主要食品有面包制品、肉肠、奶油、奶酪、蔬菜水果罐头和葡萄酒。大部分产品满足共和国内市场需求，小部分供给毗邻地区。建材工业，是

阿尔泰的有色金属加工厂

木材加工厂

阿尔泰共和国又一个主要工业部门。阿尔泰共和国的建材资源，如大理石、花岗岩和制砖黏土等，储量大并具有工业开发价值。有色冶金业，在阿尔泰共和国工业中占有比较重要的地位。目前，阿尔泰共和国共有3家较大型金矿、一家较大的开采和加工汞和钼的企业。主要产品有：黄金、汞、含钼和钨的精矿石。此外，当地还用地产黄金和白银加工金银首饰。林业和木材加工业在阿尔泰共和国工业中占有一定地位。目前阿尔泰共和国共有10余家林场。主要产品有制材、锯材、木制品、家具和木制小礼物。

农业是阿尔泰共和国的主要经济部门，农产品占共和国社会总产值的60%，重要部门是畜牧业和养鹿业，阿尔泰的养鹿业比较发达，每年生产大量的鹿茸供出口。种植业是阿尔泰农业的主要部门之一，不过它在农业中的比重明显低于畜牧业。当地主要农作物有谷物、马铃薯和蔬菜以及经济作物。阿尔泰人利用山区自然条件养蜂已有数百年历史。今天，养蜂业仍然是该共和国的主要农业活动之一，蜂蜜产量每年高达数千吨，当地养蜂业的优势是蜂蜜品质上乘，明显优于其他地区的同类产品。

到阿尔泰的骑马旅行者

阿尔泰共和国至今没有修建铁路。目前，主要的运输形式是公路运输和航空运输。该共和国硬质路面公路总长2636公里，最长的公路是乔亚公路干线，这条干线是新西伯利

阿尔泰的养鹿业

亚—比斯克—塔尚塔。国家级公路的重要路段，在阿尔泰共和国境内有540公里，通往俄蒙边境附近的塔尚塔。1998年全共和国公路货运量为1.54亿吨公里，客运量为650万人次。戈尔内—阿尔泰航空公司是该共和国主要的航空运输企业。共和国境内共有3个机场，分别设在戈尔诺至阿尔泰斯克、科什至阿加奇和乌斯季科克萨。此外，在共和国一些主要城镇修建了多处直升飞机机场。执行飞行任务的都是小型运输机和直升飞机，以货物运输为主。

首府戈尔诺—阿尔泰斯克市

戈尔诺—阿尔泰斯克是阿尔泰共和国首府，距俄联邦首都莫斯科3641公里，地理坐标为东经84° 55′、北纬51° 55′。戈尔诺—阿尔泰斯克位于阿尔泰山前地带迈马河汇入卡通河的河口附近，距阿尔泰边疆区主要城市比斯克约96公里，距乔亚公路干线7.5公里。

19世纪初，在乌拉拉河河口处，有一个阿尔泰人居民点，后来随着俄国人的涌入变成

群山环抱的戈尔诺—阿尔泰斯克

了乌拉拉村。从1922年6月1日起乌拉拉村成了卫拉特自治州中心，从1928年2月27日起乌拉拉村发展成为城市，从1932年6月23日起易名为奥伊罗特—图拉，1948年1月7日更名为戈尔诺—阿尔泰斯克至今。

戈尔诺—阿尔泰斯克市行政大楼

戈尔诺—阿尔泰斯克的现代建筑

戈尔诺—阿尔泰斯克被海拔400—650米的约尔多山脉环抱，北面是海拔641米的图加亚山，南面是隔城与之相望的海拔427米的共青团山。山上林木丛生，枝繁叶茂，既有高大的松树，也有多姿多彩的桦树，还有低矮灌木。1月份平均气温为零下22℃，7月份平均温度为零上18℃，平均降水量约100毫米。

戈尔诺—阿尔泰斯克是该共和国的政治中心，共和国的立法行政管理机构以及俄联邦驻该共和国的代办机构就设在这里。戈尔诺—阿尔泰斯克同时也是阿尔泰共和国的经济中心。现有常住人口5.06万人。

据1998年统计，该市共有工业企业10家，按现行实际价格计算，1998年实现工业产值2870万卢布，是1997年的143%。主要工业企业有：针织厂、制鞋厂、服装厂、混凝土构件厂、肉联厂、砖厂、茶炊厂和新西伯利亚“电力信号”厂分厂。

该市的建筑工业近年来不太景气。1997年交付使用的社会文化类建筑项目共计0.88万平方米，大大低于1991年的1.6万平方米；1998年虽突破了1.1万平方米，但仅相当于1992年2.2万平方米的50%。

戈尔诺—阿尔泰斯克与西伯利亚地区许多城市相比是

戈尔诺—阿尔泰师范学院

较为落后的，距该市12公里处有戈尔诺—阿尔泰斯克机场，从这里可飞往巴尔瑙尔，也可包租直升飞机运送人员和货物。该市还没有铁路，最近的火车站是阿尔泰边疆区的比斯克车站，距该市96公里，有公路相连。该市与共和国内其他村镇之间的联系主要靠汽车运输。市区内共有5条公共汽车线路，年乘客量为580万人次(1998年统计)。电话是市内主要的通讯工具，1998年电话机总量0.93万台，其中家庭电话0.6万台。

戈尔诺—阿尔泰斯克城镇居民生活水平高于共和国平均水平。1997—1998年月均票面工资分别为1027和1163卢布。同一时期，共和国平均指标分别为622和755卢布。1998年居民人均住房面积为

戈尔诺—阿尔泰斯克俄罗斯风格的东正教堂

16.2平方米，高于共和国人均15.1平方米的水平。医疗卫生条件也明显优于共和国其他镇和村，该市每万人拥有中等医务人员237.7人，大大高于全共和国127人的平均指标。每万人拥有病床278张，超出全共和国平均水平131张的1倍以上。

戈尔诺—阿尔泰斯克也是阿尔泰共和国的教育科技和文化中心。学前儿童(1—6岁)教育机构的覆盖率为39%。国立全日制学校共有15所，其中主要有阿尔泰师范学院、农业专科学校、医学专科学校、中等职业技术学校等；阿尔泰历史、语言和文学研究所也设在该市。戈尔诺—阿尔泰斯克市的文化娱乐场所集中在市区中心，如国家图书馆、儿童图书馆和市图书馆；在共产主义大街有剧院和青年宫；在社会主义路有文化宫。始建于1920年的阿尔泰地方志博物馆陈列有多种多样的历史文物和绘画，全面反映出阿尔泰民族的历史和文化发展沿革。

戈尔诺—阿尔泰斯克建筑物既保留着传

戈尔诺—阿尔泰斯克郊区的别墅区

统的建筑风格，又体现出现代建筑的特点。市内仍然以木制平房为主，但在企业区主要是3—5层的楼房。市内建有俄罗斯风格的东正教堂。此外，还有多处宾馆、饭店、影院、咖啡屋、桑拿浴室，其中阿尔泰饭店和旅游者饭店设备比较齐备，常有外国客人光顾。

阿尔泰人的历史渊源

现在的俄罗斯阿尔泰共和国位于阿尔泰山北麓，是亚洲的腹地，在历史上是蒙古大帝国的领土，曾经被蒙古窝阔台汗国、察合台汗国管辖，因此这一地区历来是蒙古人繁衍生息的土地。

16世纪的准噶尔蒙古人

16世纪中叶，漠西蒙古卫拉特部经过发展变化、迁徙和战争，并吸收漠东蒙古诸部和周围突厥民族成分，在明末清初之际，最后形成了准噶尔、杜尔伯特、和硕特、土尔扈特四大部。卫拉特四部部族形成系统各不一样，其渊源为：准噶尔、杜尔伯特统治家族为元朝大臣孛罕后裔，姓绰罗斯氏；和硕特首领家族为元太祖成吉思汗之弟哈萨尔的后裔，姓孛儿只斤氏；土尔扈特统治家族为克烈部首领王罕后裔。

17世纪初，准噶尔部逐渐强大起来，其他两部遭到了排挤。17世纪20年代末，土尔扈特部到达伏尔加河流域游牧，和硕特部到达青海境内游牧。从此，准噶尔部占据了巴尔喀什湖东南的伊犁河、楚河、塔拉斯河流域。在沙俄入侵前，托木斯克是准噶尔疆域的最北界。俄国势力向南推进后，准噶尔的疆域才被迫南缩。其中，天山北部、阿尔泰地区是准噶尔部的中心地带。

1625年，准噶尔部首领哈喇忽剌对外抗击沙俄，对内与喀尔喀蒙古抗争，并与和硕特争夺盟主地位。1634年，准噶尔部的首领哈喇忽剌去世，其子巴图尔浑台吉继承了他的事业，不断扩大自己的领土，并在1638

蒙古准噶尔部逐渐强大起来

年在和博克塞里（今新疆和布克赛尔蒙古自治县）建成自己的都城。1640年，他组织制定了《蒙古—卫拉特法典》，正式建立了包括卫拉特各部和一些突厥部落在内的准噶尔汗国，他成为准噶尔汗国奠基者。巴图尔浑台吉授命准噶尔大喇嘛扎雅班第，将过去使用的传统蒙古文字改造成托忒蒙古文字，作为准噶尔汗国的统一文字，这一文字在三百多年来一直被各卫拉特蒙古人使用。巴图尔浑台吉是一代英主，他连续两次击退俄国的侵略，迫使俄国承认了准噶尔汗国的独立并与之建立了外交关系，两国互通贸易。清朝是在1644年建立的，准噶尔汗国要比它早立国4年。

1653年，巴图尔浑台吉去世，其第五子僧格继承汗位。1671年，他被自己的两个同父异母哥哥车臣和卓特巴巴图尔暗杀，汗国将要陷入分裂时，正在西藏学习佛学的噶尔丹（僧格的同母弟）征得老师五世达赖喇嘛的同意后还俗，用极快的速度返回汗廷。他在和硕特首领

准噶尔部抵抗沙俄的战争

准噶尔部大汗噶尔丹（1644—1697）

鄂齐尔图车臣汗的援助下，擒杀了车臣，并将卓特巴巴图尔赶往青海，使汗廷恢复安定，他自己成为准噶尔汗国的新一代大汗，称为“博硕克图汗”。

准噶尔部大汗噶尔丹上台之后，1678年，利用叶尔羌汗国统治集团内部宗教教派之间的斗争，以阿帕克和卓为向导，率领大军南下，攻破叶尔羌城，将叶尔羌汗伊司马义掳往伊犁，扶植阿帕克和卓为傀儡，塔里木盆地、天山北部、阿尔泰地区成为准噶尔的势力范围。为了恢复昔日蒙古的辉煌，他与清政府公开对抗。

1690年，噶尔丹追击蒙古喀尔喀部，并深入到内蒙古境内乌兰布通。这里距清朝首都北京七百里，遇到了由清朝康熙皇帝率领亲征的清军，进而与清军发生激烈战斗，噶尔丹兵败退归科布多。1695年，噶尔丹再度进兵喀尔喀，他以3万铁骑对抗康熙的20万大军，最后退败。1697年3月13日准噶尔大汗噶尔丹死在阿尔泰的阿察阿穆塔台。

1698年9月，新的准噶尔大汗策妄阿拉布坦登基。在他与其儿子噶尔丹策零统治时期（1698—1745年），是准噶尔汗国的鼎盛阶段，领土范围包括新疆、青海、蒙古西部、今哈萨克斯坦等广大地区，人口达到五百余万，拥有三十万大军，数次击败来犯的清朝军队。1745年，噶尔丹策零去世，准噶尔汗国进入内讧时代，国势转弱。1757年，清廷趁机派出大军进攻准噶尔汗国，准噶尔汗国军队终因寡不敌众而败，强盛一时的汗国在内外交困中灭亡，准噶尔汗国存世117年。准噶尔汗国土地纳入中国清朝版图。

根据《清实录》记载，在清朝与准噶尔部的连年战争中，准噶尔部损失

清康熙皇帝(1661—1722)

清军与准噶尔部作战图

大量人口和军丁，后来又遭受一次流行病的袭击，使准噶尔部人口大减。留下来的准噶尔人有三种去向：第一部分人为躲避战火和屠杀跑到哈萨克人和维吾尔人那里去了，最后成为这两个民族的成员；第二部分投靠清军，主要是准噶尔二十一昂吉之一的达什达瓦妻子和随从，被清朝安置在内地热河；第三部分为躲避战争和生灵涂炭，跑到阿尔泰山北麓、鄂毕河上游的比伊河和卡通河流域，他们是准噶尔蒙古人幸运的后代，没有遭受太多战争的摧残而生存下来，他们就是现在俄罗斯阿尔泰人的前辈。

清朝与准噶尔汗国的战争结束后，朝廷开始对幸存下来的准噶尔人重新安置。由于原来准噶尔汗国的土地并入清朝版图，这一地区急需恢复战争创伤和加强守边能力。清朝政府采取了以下措施：用专门的资金从维吾尔人、哈萨克人那里赎回了一部分准噶尔人，又从热河迁回了二十一昂吉之一达什达瓦的旧部，把这些准噶尔人还安置在他们的故土伊犁。清朝在伊犁设将军府，在清军中设“厄鲁特营”，后来成为厄鲁特上三旗。

对于逃避战乱，跑到阿尔泰乌梁海那一部分准噶尔人，清政府对其采取了招抚政策。1757年9月（清乾隆二十二年），清朝使臣喀尔喀蒙古部赛音诺颜札萨克贝勒（官职）车木楚克札布，招抚了阿尔泰淖尔乌梁海部。该部宰桑（最高统领）携带所属部众归附。三个月后，清政府设阿尔泰淖尔乌梁海旗，任命该部宰桑特勒伯克为该旗总管。1758年，又把阿尔泰淖尔乌梁海分为两旗，各设总管一名，这些官吏分别由乌里雅苏台将军和科布多参赞大臣提名，皇帝委任，清政府按年发给俸银，征收貂皮作为赋税。他们的游牧范围是：科布多的西北（今蒙古国科布多），东邻唐努乌梁海（现俄罗斯图瓦共和国），南邻阿尔泰乌梁海（现中国新疆阿尔泰地区），西与北均与俄罗斯搭界（这一地区正是现在的俄罗斯阿尔泰共和国）。

官印

《清实录》

清朝政府对阿尔泰淖尔乌梁海的管辖主要体现在以下三个方面：其一是设置旗和佐领，委任旗总管、佐领等官吏；其二是建立系列的防务措施，派兵驻守和设置卡伦，建立巡边制度，并驱逐越界外国人；其三是建立屯田制度。

1761年，清政府根据参赞大臣阿桂的建议，决定每年派兵巡查阿尔泰淖尔乌梁海边境一次，“有越界者照前驱逐”。1764年，经伊犁将军明瑞奏准，伊犁西边一带“每年巡查一

清政府对准噶尔部采取了招抚政策

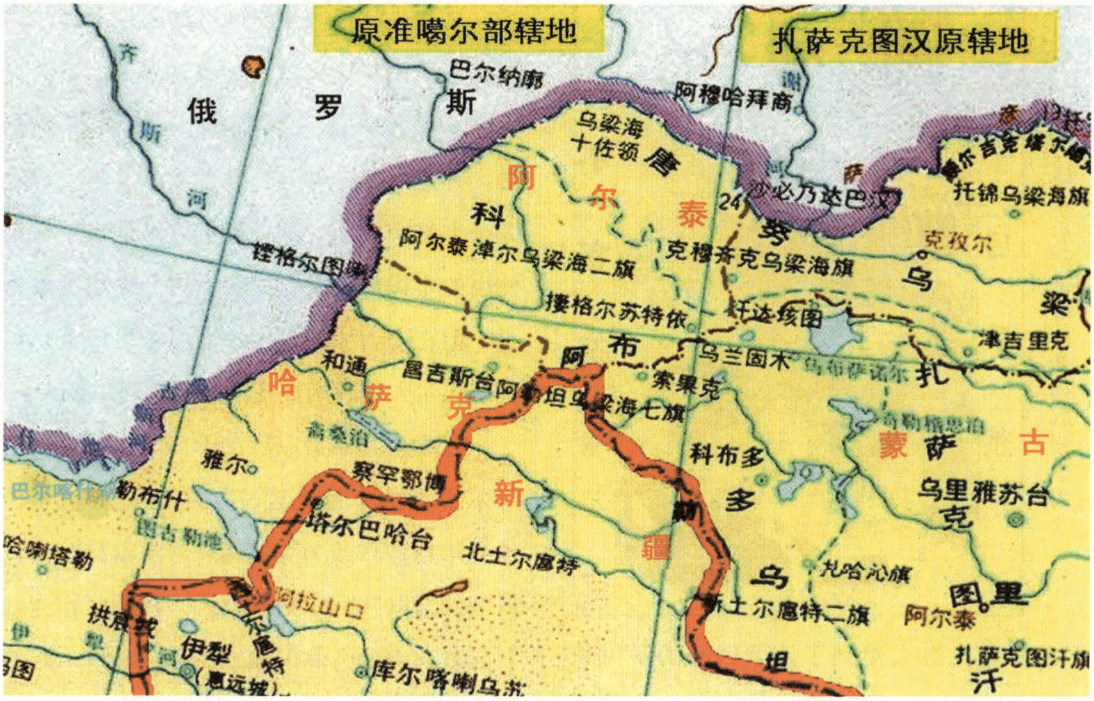

中国清前期西北部地图

次”。从此，巡查塔尔巴哈台和阿尔泰边境作为一项制度固定下来。伊犁巡查队伍至勒布什与塔尔巴哈台巡查队伍会哨，塔尔巴哈台巡边队伍至斋桑湖以北、额尔齐斯河左岸的辉迈拉扈与科布多巡边队伍会哨。清政府还在这一地区设置卡伦、鄂博和界碑。

巡边的清军

1840年鸦片战争爆发以后，列强纷纷开始瓜分中国，清朝国势转弱。到了清朝道光中期，由于实力所限，清廷的边界巡逻往往到达不了这里。沙俄开始在这里修筑城堡、蚕食土地。1864年通过《中俄北京条约》和《中俄勘分西北界约记》，沙俄将中国西北多达44万平方公里的领土占为己有。沙俄边防当局迫使阿尔泰淖尔乌梁海人归属俄国。中国清朝政府结束了对这一地区107年的有效统治。

到苏联十月革命前的50多年里，阿尔

鸦片战争后列强纷纷开始瓜分中国

泰淖尔乌梁海人受到了沙俄残酷的殖民统治，他们在这里收取大量赋税，并通过掠夺性贸易、开采金矿、大量移民等途径向该地区渗透。他们还强迫当地人民信仰东正教。但是阿尔泰淖尔乌梁海人顽强地保持了本民族的传统文化，同沙俄进行了各种抗争。

这些生活在阿尔泰地区的阿尔泰淖尔乌梁海人长期与操突厥语的维吾尔人、哈萨克人、图瓦人杂居，共同生产、生活和长期接触，并融入了一部分当地部族，其语言已经夹杂大量突厥语，这使他们逐渐遗忘了长期使用的本民族的蒙古语言，转而使用突厥语了，但在语言中大量保留着蒙古语成分。这些准噶尔人就逐渐演变成现代的阿尔泰人。

苏联十月革命以后，于1922年6月1日在阿尔泰人的土地上建立了卫拉特自治州，1948年1月7日改为戈尔诺—阿尔泰自治州，属俄罗斯联邦阿尔泰边疆区。1992年作为俄罗斯联邦内的共和国独立出来，享有一定的主权，近年来的经济文化有所发展。今天的阿尔泰人作为卫拉特蒙古人的一支，经过一百多年的独立发展，仍然保留了他们传统的民族习惯和独特性，作为一个古老的民族屹立在世界民族之林。

阿尔泰人屹立在世界民族之林

古老的唐努乌梁海人——图瓦人

图瓦人概况

今图瓦人(Tuva)是俄罗斯的少数民族。他们的居住地域大体上位于西伯利亚南部叶尼塞河上游，具体来说主要是指萨彦岭和唐努山之间的广阔地区，这一地区地处亚洲中部。图瓦地区面积近20万平方公里，清代称为唐努乌梁海，设四十八佐领，隶属外蒙古乌里雅苏台定边左副将军、哲布尊丹巴大活佛及札萨克图、赛音诺颜两部节制。1864年10月，中俄签订

图瓦人

图瓦人生活在叶尼塞河上游

《中俄勘分西北界约记》，被割去唐努乌梁海西北部十佐领的土地。1914年沙俄强占乌梁海。俄国十月革命后，中国收复中东部三十六佐领，但不久又被迫撤退。从此，乌梁海东部九佐领土地属今蒙古国。中部被俄占领二十七佐领的土地。俄国十月革命胜利后，于1921年宣布成立唐努•图瓦人民共和国，1926年改称图瓦人民共和国，1944年加入苏联的俄罗斯苏维埃联邦社会主义共和国，享有自治州的地位，1961年改为图瓦自治共和国，苏联解体后升格为俄罗斯联邦内的自治共和国。

图瓦人信仰藏传佛教

图瓦人从种族学特征来看，是典型的蒙古人种，外观与蒙古人相同，风俗习惯、服饰也与蒙古人基本相同。语言属阿尔泰语系突厥语族东匈语支回纥—乌古斯语组。20世纪30年代以前使用蒙古文，以后改用斯拉夫字母拼写图瓦语。

图瓦人信仰藏传佛教，但萨满教对他们的影响也较深。图瓦人较完整地保留着古老的部落氏族观念和宗教信仰。图瓦人每年举行祭天、祭湖、祭山、祭鱼、祭火等宗教活动。“敖巴节”是每年一次最大的节庆。

今天的俄罗斯联邦图瓦共和国，主要居民就是图瓦人。在俄罗斯境内的图瓦人总人数为243442人（2002年统计）。此外，在蒙古国境内约有3万图瓦人，中国也有几千民族成分为蒙古族的图瓦人，他们居住在中国新疆喀纳斯湖附近。

俄罗斯图瓦共和国

图瓦共和国国旗

图瓦共和国国徽

图瓦共和国是俄罗斯境内图瓦人的自治地方，地处亚洲中部、东西伯利亚南部、叶尼塞河上游。东部为布里亚特共和国，东南部是蒙古国，北部为伊尔库茨克州和克拉斯诺亚尔斯克边疆区，西北为哈卡斯共和国，西部为阿尔泰共和国。南北距离为420公里，东西距离630公里。主要河流有叶尼塞河。国土总面积为17.05万平方公里。

图瓦人居住地区在6—8世纪时属于突厥汗国。13世纪，成吉思汗统一了图瓦，图瓦人成为蒙古人的一支。从13世纪开始就属于蒙元帝国，后来一直被中国的清朝统治。

俄国十月革命后，1918年3月，当地建立起苏维埃政权，但只存在了3个月。1919年4月，爆发了克末齐克哥萨克反对高尔察克军队的武装起义，于1919年8月在克孜勒击败了高尔察克军队，9月中旬又重新建立起苏维埃政权。当时苏维埃政府承认乌梁海以前的现实（属中国领土）。中国北洋政府开始对当地实行直接统治。但是，白俄分子恩琴在第二年2月便率军击溃中国军队，占领外蒙古和唐努乌梁海。于是，苏俄红军

图瓦共和国地图

不得不在当年夏天出兵唐努乌梁海，镇压白匪武装，图瓦就被苏俄红军占领。7月底，图瓦的代表抛开中国政府与俄罗斯代表团就图瓦的完全独立举行了会谈。

1921年8月14日，全图瓦立宪呼拉尔宣布建立唐努•图瓦共和国，并通过第一部宪法，规定图瓦人民革命党为图瓦唯一合法政党。在国际关系上，唐努•图瓦共和国置于俄罗斯苏维埃联邦社会主义共和国的保护之下。1925年7月22日，苏联与唐努•图瓦共和国签订友好条约，双方建立正式外交关系，苏联宣布放弃对图瓦的“保护”。1926年8月，唐努•图瓦共和国和蒙古人民共和国签订友好条约，宣布双方彼此承认独立。

图瓦的第一任总理是冬杜克•库拉。他把藏传佛教定为图瓦的国教，并限制来自苏俄的政治宣传。但是，苏俄把5名毕业于苏联东方大学的共产党人指定为驻图瓦的“特派委员”。他们清洗了图瓦人民革命党大约三分之一的党员。1926年11月24日，唐努•图瓦共和国第四届大呼拉尔宣布改国名为“图瓦人民共和国”，效仿苏联开始在这个传统的畜牧业国家建立集体农庄。由于反对过激的苏维埃化进程，库拉总理在1929年被捕（随后被处决）。新政府开始着手摧毁图瓦的藏传佛教和萨满教传统，图瓦的喇嘛寺院从1929年的25座锐减为1931年的1座，喇嘛和巫师从1929年的4000多名下降为1931年的15名喇嘛和725名巫师。在经济结构转轨方面，新政府遇到了更大的困难，据1931年的图瓦全国人口普查显示，仍然有82.2%的图瓦人从事畜牧业。

1921—1926年图瓦人民革命党党旗（代国旗）

1926—1930年的图瓦国旗

1933—1941年的图瓦国旗

1941—1943年的图瓦国旗

1943—1944年的图瓦国旗

图瓦政府大楼

1932年，5名苏联特派委员之一的萨尔查克·托卡被选为图瓦人民革命党总书记。他担任这一职务一直到1973年逝世。

1941年6月22日，苏德战争爆发。当天，图瓦人民共和国大呼拉尔向克里姆林宫发去电报表示："图瓦人民将挺身参加苏联人民反对法西斯侵略者的斗争，并要为此竭尽一切力量和手段，直到取得最后胜利。"接着，图瓦人民共和国向苏德战场派去了反法西斯志愿兵，并捐款捐物，援助苏联的卫国战争。

1944年8月17日，图瓦人民共和国小呼拉尔非常大会通过了加入苏联的议案。10月11日，苏联最高苏维埃决定接受图瓦。2天后，图瓦作为俄罗斯联邦的一个自治州加入苏联，图瓦人民革命党改组为图瓦共产党，托卡为图瓦共产党第一书记。1961年10月2日，图瓦升格为俄罗斯联邦境内的苏维埃社会主义自治共和国。进入20世纪80年代末90年代初，苏联政局剧烈动荡。1991年苏联解体后，由于图瓦不是加盟共和国，所以仍然被留在俄罗斯联邦之内，尽管它也公布了主权宣言，制定了宪法和各种法律，但最终没有获得完全的独立。图瓦共和国成为俄罗斯联邦的自治共和国。

图瓦共和国的行政区划为16个区、1个共和国直辖市、4个区级市、3个市镇，村级苏维埃管辖的地区为94个。共和国首都克孜勒建于1914年，莫斯科至克孜勒的距离为4668公里。图瓦为主席制共和国，共和国结构于1993年被承认。最高法律机关为上议院，五年选举一次。执行机构为以主席为首的部委员会。

2003年图瓦共和国共有居民336600人。图瓦共和国主要居民是图瓦人。在全俄罗斯的图瓦人总数为243442人（2002年统计），在图瓦共和国内约23.4万人，约占俄罗斯联邦图瓦人总数的96%。此外，在蒙古国境内约有图瓦人3万人。他们主要是藏传佛教徒和萨满教信徒。除图瓦人外，图瓦共和国境内还生活着10万多俄罗斯人，约占图瓦共和国人口总数的32%，约4000哈卡斯人，约2000乌克兰人。图瓦共和国大多数居民集中在山地之间的盆地和河谷中。俄罗斯人及说俄罗斯语的居民居住密集，主要集中在首都克孜勒城（约有51000人）。

图瓦共和国是东西伯利亚经济区的组成部分。它是一个农业国家，同时又蕴含着丰富的矿藏。图瓦共和国分为3个基本经济区：中心工业区，包括克孜勒、阿克多武拉

图瓦的居民除图瓦人外还有俄罗斯等民族

克、柴旦；南部畜牧业区是最重要的农业畜牧业区；东北区为木材加工、狩猎及渔业区。图瓦共和国矿产资源丰富，有有色金属、稀土、煤炭、石棉、铁、金、汞及各种建筑材料。大多数的河流流经高山，所以水力资源丰富（预计达8000兆瓦），此外还有50多个含碳酸盐的温泉。图瓦共和国木材资源也极为丰富，总储量达1亿立方米。

图瓦共和国的主要工业部门有电力工业、食品工业、建材工业、木材及木材加工工业、采矿工业。最重要的工业是矿山开采业，即有色金属、石棉、煤炭、黄金及其它矿产的开采。最大的企业：图瓦“钴”企业（赫乌阿克西市）、图瓦“石棉”企业（阿克多武拉克市）、水银开采开发企业（德尔里克哈雅市）、黄金开采企业（巴伊休克、奥伊娜阿）。发展比较快的食品行业有肉和面粉厂、奶和啤酒酿造厂。

图瓦共和国是一个专业生产畜产品的农业国，80%多的产品为畜产品。主要有养马业、养鹿业、养驼业、养细毛绵羊业和肉、奶牛生产业。农业经营用地约500万公顷，占共和国领土的三分之二。其中耕地为50万公顷，草场为10万公顷，牧场为400多万公顷。

图瓦共和国的主要交通方式是汽车运输。主要公路干线有阿克多武拉克—克孜勒—阿巴干—克拉斯诺亚尔斯克，另外几个中心城市通民航飞机。

图瓦的矿山开采业

首府克孜勒市

克孜勒市是图瓦共和国的首府，该市距莫斯科4668公里。它位于图瓦盆地的东部地区，在大叶尼塞河(比赫姆河)与小叶尼塞河(卡赫姆河)的汇合处。该市属于大陆性气候，1月平均气温为零下28—35℃，7月为15—20℃。年降水量为150—400毫米。

图瓦议会大楼

1914—1918年，该市曾叫别洛察尔斯克，从1918年起改为赫姆别尔特尔，1926年更名为克孜勒。自1921年起，该市成为图瓦人民共和国的首都；1944年图瓦加入俄罗斯苏维埃联邦社会主义共和国后，它成为图瓦自治州的首府；1961—1991年为图瓦苏维埃社会主义自治共和国的首府。

克孜勒是图瓦共和国最大的城市。该市常住人口一直呈上升趋势：1939年为1万人，1959年为3.4万人，1979年为6.61万人，1985年为7.68万人，1992年为9.03万人，1998年为9.87万人。

1944年前，克孜勒市只有一些小企业。目前，该市已建有汽车专用设备加工厂、机械厂、锯木厂、乳品厂、建筑材料联合企业、服装联合加工厂及家具厂等。工业企业的数量由1991年的26家增加到1996年109家，1997年为73家，1998年为75家。工业产值由1991年2.5亿卢布上升到1997年的2.875亿卢布，1998年为2.967亿卢布(新卢布)。

克孜勒市中心广场

居民就业状况严峻，近年来一直呈下降趋势。1991—1998年就业人数分别为：4.48万、4.10万、4.01万、4.09万、3.82万、3.47万、3.23万、3.22万人。退休人数逐年增加，1992—1998年在国家居民保障机构登记注册的退休人员数量为：1.33万、1.38万、1.66万、1.79万、1.91万、2.02万、2.12万人。现在这种趋势有所缓解。

克孜勒市交付使用的居民住宅面积几乎一直呈现下滑的趋势。1990年，交付使用的住宅面积为4.99万平方米；1991年下降到3.90万平方米。此后持续下降，1996年降到5100平方米；1997年略有回升，达到1.24万平方米；1998年下降到1.12万平方米。近年来，该市居民住房面积变动不大。1991年，人均住房面积为14.3平方

克孜勒市国家歌剧院

米，此后呈现出下降的趋势。1993年下降到13.4平方米；1994年有所增加，达到14.5平方米。此后一直呈下降的趋势，到1998年下降到13.2平方米。近年来，该市的医疗机构总数变动不大，从1991年的12家下降到1998年的11家。医生的数量由1991年的534人上升到1998年的638人。每千名居民拥有医生的数量从1991年的59.7人上升到1994年的73.2人，此后开始下降，到1998年下降到64.4人。中级医务人员数量基本呈上升趋势，从1991年的1378人上升到1998年的1537人。每万人拥有中等医务人员的数量从1991年的154.0人上升到1998年的155.7人。

该市的社会治安状况逐年好转，发案率逐年下降。案件的发生由1992年的5147起下降到1998年的2235起。

公路仍是该市主要的交通手段。拥有公共汽车的线路近年来有所下降，由1991年的16条下降到1998年的12条。电讯方面，该市拥有电话数量由1991年的1.64万部上升到1997年的1.74万部，1998年下降到1.69万部。其中，居民住宅电话数量由1991年的1.03万部上升到1998年的1.33万部。

图瓦国家博物馆

克孜勒是图瓦共和国的文化及科研中心。这里有师范学院、克拉斯诺亚尔斯克农业大学克孜勒分校和克拉斯诺亚尔斯克工学院克孜勒分院。科研机构有图瓦语言与语言文学史研究

图瓦师范学院

所以及俄罗斯科学院西伯利亚分院的研究所。

目前，在克孜勒市中心有列宁广场，广场中心有喷泉，周围的建筑结构整齐，有歌剧院、蒙古列克宾馆、艺术馆、市邮政总局大楼、奈厄拉尔电影院及一些居民住宅楼。该市的西部新建了一些住宅区和文化福利机关。在加斯捷洛文化公园中，有体育休闲大厅和其他一些文化建筑设施。为纪念在伟大卫国战争中牺牲的烈士，该市还建有纪念碑。此外，该市还建有剧院、音乐爱好者协会及以60勇士命名的地方志博物馆(建于1928年)等。

由于克孜勒市所处的地理位置是亚洲的中心，因此，1964年在乌卢格赫姆河岸边修建了一座三棱形方尖纪念碑，该纪念碑的底部是带有地球模型的大理石台座。该方尖碑的碑文是“亚洲中心”，分别用图瓦文、俄文和英文三种文字撰写而成。此外，克孜勒市的附近，即乌卢格赫姆河右岸还有许多古代的石刻铭文、图画及历史文物。该市旅游资源极其丰富，在旅游季节，很多游客来此参观游览。

“亚洲中心”纪念碑

图瓦人的民俗

火枪配件

图瓦人在冬季狩猎

畜牧业是图瓦人维持生计的重要手段

图瓦人的传统经济形态主要以畜牧为主，其次是狩猎，后来开始了农业耕种。历史上，图瓦人一直过着以狩猎、捕鱼为主要生产手段的部落群体生活。从狩猎转到游牧生活只是近几个世纪的事情。

狩猎一般在冬、春、秋三个季节。冬季狩猎以滑雪板为交通工具，滑雪板为木制的运载工具，小的一人使用，在冰雪上滑行，速度极快，用以追捕猎物；大的用驯鹿拖拉，除载人外，还可运输用品和猎获物。春、秋季则骑马去狩猎。可一两个人单独行动，也可三五人结伴而行。出去的时间大约在10天至一个月左右。需要带上炒面、奶食品和皮大衣、小帐篷等。猎取对象主要有狗熊、狐狸、旱獭、野山羊、黄羊、野猪、鹿、狼等。狩猎工具有猎枪、弓箭、铁夹、套索等。狩猎方法为偷袭、围猎、追踪等手段。

畜牧业是图瓦人维持生计的重要手段，萨彦岭和唐努山地区是水草丰美的自然牧场。图

萨满教巫师的法器

瓦人饲养的牲畜主要是牛、马、绵羊、山羊，还有少量的骆驼和马鹿。牛为图瓦人的生活提供牛奶、黄油、奶豆腐、酸奶、奶酒、牛肉等食品，每家至少都有三五头奶牛，多者七八头。每年6—8月，男劳力都要赶着大小牲畜到较远的牧场放牧。6、7、8月是盛产马奶、驼奶的季节，图瓦人在盛夏以饮马奶、驼奶为一种享受。在产奶旺季，每头奶牛日产奶达4—8公斤，这是制作黄油、

图瓦人仍然保留的蒙古包

奶酪和其它奶食品的季节。家庭主妇整日忙碌烧晾奶制品，以储备冬用。牧业产品是图瓦人的一大财富，每年都可交换不少物资，满足生活需要。

从18世纪起，农业经济在图瓦的传统畜牧者中也得到推广。这些转变也使民族的物质生活方式相应地起了变化。稳固的定居点产生了，游牧人的蒙古包改换成木格楞房。当地图瓦人现在居住木格楞房是从俄罗斯人那里学会的。

藏传佛教佛龛

图瓦的萨满教巫师在做法事

图瓦人原先信奉萨满教。萨满教在东北亚许多地方，特别是蒙古高原一带流行。通古斯人称它的巫师为萨满，故名为萨满教。萨满教没有经典，只有巫师念的符咒。巫师被认为是人类与天神之间的桥梁。只有通过他，才能求得天神和大自然的恩惠，达到去病消灾、益寿延年的目的。这就是巫师受到人们尊敬的原因，所以巫师在图瓦人中享有特殊的地位。一般宗教活动都在他的带领下进行。巫师为人驱鬼治病时身着法衣，手持棍棒，口中念念有词，一面击鼓，一面手舞足蹈，俨然神仙附体，在和魔鬼进行斗争。随着藏传佛教（喇嘛教）在蒙古高原上的传播，图瓦人也由笃信萨满教转而兼信了藏传佛教。在很多地方修建了喇嘛庙，历史上图瓦的喇嘛寺庙多达25座，有喇嘛4000多名，他们的宗教活动由喇嘛主持，生病时也由喇嘛前来祈祷和诊治。只有在没有喇嘛的地方，才由巫师来代行。

图瓦人的婚姻多由父亲母亲包办，子

图瓦人举行祭天等宗教活动

女都很顺从。现在，已逐步转变为父母协助和自由恋爱相结合。通常，男方父母看中女方以后，便送些礼物（一般为茶叶）表明心意，然后双方相会和订婚。结婚时，双方交换衣服、牛、羊等礼物，有的还要献上哈达。他们的婚事与蒙古人相似，但比较简单。结婚后妇女生孩子的时候，多请接生婆或有经验的年长妇女前来帮助接生。他们的殡葬习惯是人死后，将尸体弃于原野，或就地掩埋，没有集中的墓地。这些都是他们的生活条件决定的。

图瓦人每年举行祭天、祭湖、祭山、祭鱼、祭火等宗教活动。"敖巴节"是每年一次最大的节庆。在节日期间，他们宰牲、喝酒、吃肉，祭奠先人，并与亲友们互相往来，共度良辰佳节，他们还会在房屋内外点灯，请喇嘛念经，并在屋外叩头祈祷，祝藏传佛教圣人宗喀巴等安息，保佑大家

节日献哈达

图瓦服装

人财两旺，大小平安。由于点灯多，所以这个节又名灯节。此外，图瓦人还常在夏天举行鄂博节。这时，他们在鄂博旁欢聚，宰羊、吃肉、喝酒，并在鄂博上献些食品，系上红、蓝、白三种颜色的布条，绕行三圈，默祝神灵保佑。

图瓦人在音乐上保留了古老蒙古声乐的唱法，那就是“呼麦”。“呼麦”，又名“浩林潮尔”，是蒙古族复音唱法“浩林潮尔”的高超演唱形式，是一种“喉音”艺术。“呼麦”是图瓦文“xoomei”的中文音译，原义指喉音唱法，是一种借由喉咙紧缩而唱出双声的泛音咏唱技法，在演唱时一个人能同时发出两个高低不同的声音。据说，呼麦已经有千年历史，该艺术在其他蒙古地区几乎失传，由于图瓦人的传承，使蒙古人的这一历史瑰宝能够保留下来，并又重新传回其他蒙古地区。而今已被联合国授予世界级的文化遗产，在全世界独一无二，在其他蒙古族集聚地区广为传唱。

图瓦靴子

现在的图瓦人经过历史上无数次复杂的部族间的大融合和多种民族的大杂居，语言也发生了相应的变化。图瓦人的历史和蒙古人的历

史联系紧密。但是图瓦人的语言却是属于阿尔泰语系突厥语族东匈语支回纥—乌古斯语组的语言。今天图瓦人的语言中保留的古代突厥语词比较多，还因所处环境和生活的特点，有关畜牧和狩猎方面的词汇比较丰富，另外因长期与蒙古人和哈萨克人杂居，现代图瓦语中借用他们语言的词汇较多。

文艺表演——呼麦表演

文艺表演——男子乐队1

文艺表演——男子乐队2

文艺表演——女子乐队

图瓦的历史渊源和与中国的关系

图瓦地区也叫唐努乌梁海，地处漠北草原边陲。公元6—8世纪，图瓦地区成了突厥汗国的一部分。1206年，成吉思汗统一蒙古各部后，次年，派遣他的长子术赤率领蒙古大军征服了图瓦地区的“林木中百姓”，并设置了4个千户，该地区的各部族就被蒙古人统一了。后来成为元朝岭北行省的重要组成部分。从此图瓦先民成为蒙古人的一支。为了加强对这一地区的统治，元朝皇帝忽必烈对唐努乌梁海地区进行了苦心经营：派遣得力亲信出任该地区最高长官，派遣大量军队驻守屯田，征收赋税等，使该地区成为元朝岭北行省比较繁荣的地区之一。

突厥汗国时期的石人

1206年成吉思汗统一蒙古各部（《蒙古历史油画长卷》，王延青等创作）

元朝崩溃后，图瓦地区归西蒙古瓦剌部（卫拉特部）控制。15世纪后期，北元达延汗中兴蒙古黄金家族在广大蒙古地区的统治，将瓦剌部驱逐到科布多以西，从而将唐努乌梁海地区纳入到自己的统治之下。到明末清初，图瓦地区属于喀尔喀蒙古札萨克图汗部和托辉特首领管辖。该地区原来就有大量操突厥语的部族，随着各地蒙古人大量流入该地区，图瓦地区形成了民族大融合的局面。进入该突厥地区较早的蒙古部落语言也渐渐地突厥化了，成了图瓦人的组成部分。

清朝对图瓦的治理：1655年，清朝册封了喀尔喀蒙古札萨克图汗部和托辉特首领俄木布额尔德尼为札萨克（最高行政长官），唐努乌梁海地区划入到了清朝的版图之中，清朝从此开始对该地区实施了有效的统治。1727年，清朝和俄国签订了《布连斯奇界约》，划定了双方在唐努乌梁海地区的边界线。但其对唐努乌梁海地区的统治方式在1756年之前仍然沿用了当地原有的统治形式。

1756年，由于该地区札萨克青滚杂卜反叛清朝，清朝开始调整对唐努乌梁海地区的管理方式。1758年清朝在该地设置唐努、萨拉吉克、托锦、库苏古尔四旗，1762年设置唐努乌梁海四旗总管，颁发了“唐努乌梁海四旗总管之印”，1764年又编成克穆齐克旗，统归定边左副将军节制。清朝由此完善了对唐努乌梁海地区的统治。

清朝完善了对唐努乌梁海地区的统治

早在1726年清朝就派遣大臣隆科多等勘查过唐努乌梁海地区的中俄边界，1727年中俄两国签订了《布连斯奇界约》，划定了唐努乌梁海北部地区的中俄国界。1772年清朝批准了由朝庭派出官员测绘的唐努乌梁海地区地图。唐努乌梁海地区与俄国接壤，日常守卫防御的重任由定边左副将军负责，并派出大量军队屯田，巡查中俄边界、驻守卡伦、防范外敌进犯。为确保唐努乌梁海地区的社会安定，清朝制定了严格的边境管理制度和封禁政策。

中国清朝北部地图

17世纪，沙俄武装侵入西伯利亚地区，首批俄罗斯移民开始进入阿尔泰和萨彦岭地区。俄国多次派遣使者进入唐努乌梁海地区，试图引诱和托辉特部降俄，由于清朝和俄国已经签订了《布连斯奇界约》，划定了唐努乌梁海地区的中俄国界。1860年俄国利用第二次鸦片战争之机，在清同治三年，迫使清朝签订了《中俄勘分西北界约记》，侵占了唐努乌梁海地区西部的阿穆哈河地区。1869年，中俄两国的代表在唐努乌梁海地区西部建立八处分界碑，并签订了《乌里雅苏台界约》，完全划定了中俄两国在该地区的国界。虽然已经划界，但俄国通过掠夺性贸易、非法开采金矿、非法移民等途径向唐努乌梁海地区渗透。至清朝灭亡的1911年，俄国在唐努乌梁海地区的工商业和矿业达到了80家，居民点多达166个，移民多达5000余人。

帝国主义瓜分中国图

1911年中国发生了辛亥革命，外蒙古王公们在1911年12月28日悍然宣布独立，并且驱逐了清廷在外蒙古的将军。地处蒙古草原边陲的图瓦也没有逃脱混乱。1912年2月，在俄国怂恿和支持下，唐努旗副都统贡布多尔济宣布属下的三旗在俄国的保护下“独立”，并请求俄国出兵占领唐努乌梁海地区各要地。贡布多尔济的卖国行径并没有得到属下的赞同，萨拉吉克、托锦两旗即表现出强烈反对。1913年，俄国派遣官员加紧实施移民计划，试图达到事实上占有唐努乌梁海地区的目的。到1917年移民已经高达10000人。而同一个时期，北洋政府统治下的中国军阀混战，无力顾及边陲，更谈不上图瓦了。1915年，中华民国、俄国和外蒙古伪政权签订了恰克图协约，在这个协约里面，外蒙古宣布取消独立而“自治”。当确定自治外蒙古的范围时，俄国的首席代表密勒尔竟然拒绝讨论它的北部边界，拒绝承认图瓦属于外蒙古，外蒙古在会后向俄国提出抗议。150年来，乌梁海人一直受札萨克图汗部、塞音诺颜汗部4个蒙旗以及中国政府任命的乌里雅苏台将军管辖。1911年蒙古宣布独立之后，乌梁海4旗（唐努、萨拉吉克、托锦、库苏古尔）大总管和总管们自愿归服外蒙古博克多汗。俄国蛮横地狡辩称图瓦不属于中国，并于1916年7月，派哥萨克骑兵进入了图瓦。

图瓦一些封建上层试图在沙俄保护下“独立”

1917年，庞大的沙俄帝国被第一次世界大战拖垮。图瓦也陷入了红军和白军争夺的混乱中。1917年10月，俄国临时政府的人马乌梁海地方专员图尔恰尼诺夫逃跑，哥萨克部队也溃散了。次年3月，布尔什维克政权（工农苏维埃）在图瓦的俄国移民中建立，1918年6月18日，他们与图瓦各旗代表签订了《脱离保护条约》，宣布停止俄国对图瓦的“保护”，但是到下个月，高尔察克的西伯利亚临时政府的白军即打败了苏维埃。俄国移民中的商人和富裕农民再次宣布图瓦处于俄国保护之下。

当时的中国北洋政府虽然有诸多劣政，但对北疆却始终没有放弃。俄国的自我崩溃在地缘政治上对中国可谓是天赐良机。1918年，中国政府派遣官员严式超等率兵进入唐努乌梁海地区，中国军队得到了外蒙古政权和当地人民的热烈支持。比如，外蒙古向俄国表示：占领乌梁海乃中国政府之事，而管理乌梁海则为自治外蒙古之事。图瓦人各旗代表假装拜佛，在庙里聚会，为中国军队征用200匹马；在1919年6月，图瓦当地200多人自愿参战，协助中国军队与俄国哥萨克骑兵作战，而中国军队仅仅130人。1919年，严式超出任驻唐努乌梁海佐理专员，唐努乌梁海全境又纳入到了中国政府的直接管辖之下，此时，外蒙古自治也宣告取消，中华民国政府控制的领土达到了它38年历史中的最高点。

但是到了1920年的春天，苏俄红军约500人兵临萨彦岭，扬言要进攻图瓦。中国驻唐努乌梁海佐理专员严式超和苏俄政权代表举行了会晤，但双方在有关该地区主权问题上意见根本对立，苏俄居然认为图瓦只能由俄蒙官员共同组织人员管理。而中国在唐努乌梁海地区的驻军很少，面对苏俄的大军压境不敢据理力争，俄国移民趁机作乱，形势十分严峻。所幸1921年初，由于战事需要，苏俄红军陆续撤走，唐努乌梁海地区局势暂时得到平静。局势的趋缓应该说为中国增兵唐努乌梁海地区，巩固边防提供了可能，但是中国驻外蒙古官员过于乐观地估计了形势，暂缓了拨兵驻防的计划，失掉了巩固在该地区统治的机会。

1921年2月3日，俄国殖民主义分子恩琴率匪军攻陷外蒙古首府库伦，中国中央政府军溃退库伦以北。恩琴在库伦得手以后，便派匪军向西进攻乌里雅苏台、科布多、唐努乌梁海。1921年3月初，恩琴匪军向驻唐努乌梁海的中国官员和军队下了毒手。唐努乌梁海参赞公署秘书长以下官员全部遇难，公署卫队官兵大多被枪毙。一时间图瓦又成为旧俄白党的天下。同年夏，苏俄红军以支援东方被压迫人民解放斗争的名义进入唐努乌梁海地区，盘踞该地区的白匪遭到毁灭性打击，但唐努乌梁海地区的历史发展方向也由此而改变了，开始按照苏俄设计的轨道发展了。从此中国政府再也没有控制过外蒙古，包括唐努乌梁海地区。

1921年8月13日，仅仅在库伦的“蒙古人民共和国”成立34天以后，苏俄西伯利亚革命委员会召集图瓦各旗代表在克木毕齐尔开会，宣布唐努乌梁海独立。同年12月12

白俄匪军侵略图瓦

苏联时期图瓦自治共和国国旗

日，“唐努图瓦共和国”作为一个“人民的国家”宣布成立。它的政治体制和孪生兄长“蒙古人民共和国”基本一样。这个独立国家的宪法明确宣布该国在国际关系方面处于苏维埃俄国保护之下。苏联对于一直有意统治图瓦的外蒙古当局毫不让步，1926年8月，迫使“唐努图瓦共和国”和“蒙古人民共和国”签订了所谓友好条约，宣布双方彼此承认独立。这样，图瓦就消除了和外蒙合并的一切可能性。

1931年，老蒙古文在图瓦停止使用，被斯拉夫字母文字取代，这比在外蒙古发生的事情早了10年。1944年8月17日，“图瓦人民共和国”小呼拉尔非常大会“请求”加入苏联。10月11日，苏联最高苏维埃决定接受请求。10月13日，图瓦作为俄罗斯的一个自治省被并入苏联，20年后升格为自治共和国。

现代图瓦人

至于中国政府，居然是在1945年10月11日苏联苏维埃选举公布选区划分（图瓦为第299选区）的时候才知道这个合并。此时外蒙古的独立也是木已成舟，中华民国政府对图瓦更加是鞭长莫及了。1948年3月17日，苏联的电台向全世界宣布：图瓦人民共和国并入俄罗斯社会主义联邦共和国，成为图瓦自治州。事情到了这个地步，国民政府终于想起来向苏联提出严重抗议（1948年5月7日），声称保留对唐努乌梁海地区的一切权力，当然和中国近现代外交史上经常发生的的情况一样，这句义正词严的抗议往往是整个外交努力的结束，也只是杯水车薪而已。

20世纪90年代，苏联从内部崩溃了，由于图瓦不是加盟共和国之一，它仍然被留在俄罗斯联邦之内，尽管它也公布了主权宣言，最终还是没有获得完全的独立。

贝加尔湖林木中的百姓——布里亚特人

布里亚特人概况

布里亚特人（Buryatia）是俄罗斯的少数民族之一，现有人口为445175人(俄罗斯境内，2002年统计），主要分布在俄罗斯联邦布里亚特自治共和国、伊尔库茨克州乌斯季奥尔登斯基布里亚特自治区、赤塔州阿金布里亚特自治区以及俄罗斯其他远东地区，少量分布在蒙古国和中国的呼伦贝尔地区。布里亚特人是13—14世纪进入贝加尔湖地区的蒙古部落与当地居民融合而成的，其后该地区成为蒙古大帝国的主要组成部分。布里亚特的民族形成过程

俄罗斯布里亚特人

布里亚特人生活在贝加尔湖畔

在17世纪基本完成。18世纪初期布里亚特地区并入俄国。在并入俄国前，曾与清廷保持宗藩关系。1921年4月27日和1922年1月9日分别成立了布里亚特—蒙古自治州和蒙古—布里亚特自治州。1923年5月30日将上述两州合并为布里亚特—蒙古自治共和国，隶属俄罗斯联邦。1958年改名为布里亚特自治共和国。

布里亚特人历史上以畜牧业为主，狩猎和捕鱼业也很重要，18世纪开始经营农业，19世纪以后受到俄罗斯人的影响，也有了近代工业和手工业。

布里亚特民族从种族上是厄鲁特蒙古人的近支。其祖先原游牧于外贝加尔地区，后来向北发展到叶尼塞河与勒拿河之间地区，与当地居民混合而形成现代的布里亚特人，其民族形成过程经历了几个世纪。1631年，俄国人到达叶尼塞河支流通古斯卡河上游，立即与布里亚特人发生武装冲突。经过25年的战争，布里亚特人被完全压服，才臣服于俄国。但其中一

民俗博物馆的藏文蒙古文石碑

部分布里亚特人一直反抗俄国人，他们向南移入喀尔喀蒙古领地。另外一部分布里亚特人，当清军在黑龙江以西与俄国殖民军作战时投向中国，被赐名巴尔虎人，编入八旗，并安置在呼伦贝尔地区。目前居住在俄罗斯的布里亚特人，至今仍保留着完全蒙古式生活的村寨部落，有的已被辟为“民俗文化村” 供人参观，其民族语言、风俗习惯等与现在的蒙古族相近，建筑也表现出不同于俄罗斯其他城市的风格。

他们使用布里亚特语，分东西两大方言区，语言属于阿尔泰语系蒙古语族，与其他地区的蒙古人语言相通。18世纪起使用老蒙古文，1931年创造以拉丁字母为基础的新拼音文字，1938年改用斯拉夫字母拼写布里亚特语。

布里亚特人在历史上曾经信奉传统的萨满教，从近代转信藏传佛教，在布里亚特地区建有很多喇嘛寺庙，但是现在仍然保留一些萨满教残余。

布里亚特的近代建筑

俄罗斯布里亚特共和国

布里亚特共和国位于东西伯利亚南部，东经98° 40′ —116° 55′ 、北纬57° 15′ —49° 55′ 之间。南邻蒙古国，西邻图瓦共和国，而北部与西北部与伊尔库茨克州接壤，东邻赤塔州，由北至南距离长600公里，由西至东420公里。

布里亚特共和国国旗

布里亚特共和国国徽

布里亚特共和国的国旗和国徽上都有布里亚特的传统标志——金色的索燕伯。索燕伯标志由三部分组成：由下至上是月亮、太阳和火焰。火焰代表温暖、生命、光明、重生和家园，它是纯洁的象征和家的守护神。第一个火舌代表过去，第二个代表现在，第三个代表将来。三个火舌在一起表明布里亚特人生生不息、绵延不绝的历史。太阳代表生命之源、生命的力量、光明和财富。布里亚特人把月亮看做天上一个主要星辰，将对月亮的祭祀视为圣事，因为它是夜的主宰。人们在月亮活动周期的基础上建立了东方纪元体系，发明了阴历。

布里亚特共和国国旗是由蓝色、白色和黄色三个彩色横条组成的长方形。在上方蓝条靠近旗杆的位置是黄色索燕伯标志。色条大小的比例是：蓝条占旗宽的四分之二，白条占四分之一，黄条占四分之一。国旗的长宽比例为2比1。蓝色是布里亚特人的民族颜色，代表各民族的历史渊源和文化联系。白色象征道德高尚、幸福、安宁、祥和、团结和圆满。蓝白结合表明布里亚特是俄罗斯联邦的一部分。黄色突出的是宗教性，表示布里亚特人信奉藏传佛教，黄色还象征仁慈、人与自然的和谐以及精神世界的完善。

美丽的贝加尔湖风光

布里亚特共和国的国徽是由蓝白黄三色圆形盾牌组成的。上半部分是金色的索燕伯。中间是等宽的蓝色和白色贝加尔湖波纹带，背景是绿色的山峰。下半部分以天蓝色哈达作边饰——象征布里亚特人民热情好客。哈达的中间部分是国徽的核心所在，分别用国语——布里亚特语和俄语书写的共和国名称：布里亚特共和国。

布里亚特共和国是典型的山地地形，平原少，海拔为500—700米。在布里亚特共和国领域内有一闻名世界的大湖——贝加尔湖。共和国境内水域系统发达，许多河流流入贝加尔湖。重要的河流有色楞格河和巴尔古津河。灰化土壤、沼泽地区区域占据了大面积的山间盆地。共和国有五分之四的面积被森林覆盖，南部是草原和半森林半草原地带。树木种类主要是红松和冷杉林，木材储备量达20亿立方米。布里亚特共和国内有许多动物资源，如：紫貂、松鼠、雪兔、狼獾、猞猁、熊、驼鹿、马鹿、野猪、山羊、狍子等，其中贝加尔湖上的紫貂闻名于世。

布里亚特共和国有丰富的稀有金属、有色金属。地下矿产资源有钨、钼、金等多种金属，石炭、褐煤、铁矿、霞石正长岩、石墨、石棉、石灰岩。水利资源潜能平均功率约为1500万千瓦。此外，布里亚特共和国还有丰富的森林资源。

布里亚特共和国领土面积为35.13万平方公里，2003年布里亚特共和国人口为1003300人，其中布里亚特人约占38%。

行政机关与单位有21个，共和国附属城市3个，附属区的城市有3个，市区3个，城镇29个，农业机构225个。

布里亚特共和国主要行政区如下所述：

巴尔古津区：巴尔古津区是贝加尔湖东岸的居民点之一，其面积为185.53万公顷，占布里亚特共和国土地面积的8.8%，由乌兰乌德市至巴尔古津镇的公路长度为315公里，其人口最低密度为0.9—1.8人/平方公里。

色楞格河

比丘斯克区：区内总面积62.01万公顷，其中126196公顷为农庄、农户占用面积。区内有20多个集体农庄、10个工业企业、8个服务企业、3个建筑机构、395个农业户、475个私有企业。这些机构中从事农业的有222个，经商的有308个，从事木材加工的有220个，提供服务的企业有17个。区内有6个医院，共243个床位，29个医疗点。区内有33个学校、506位教

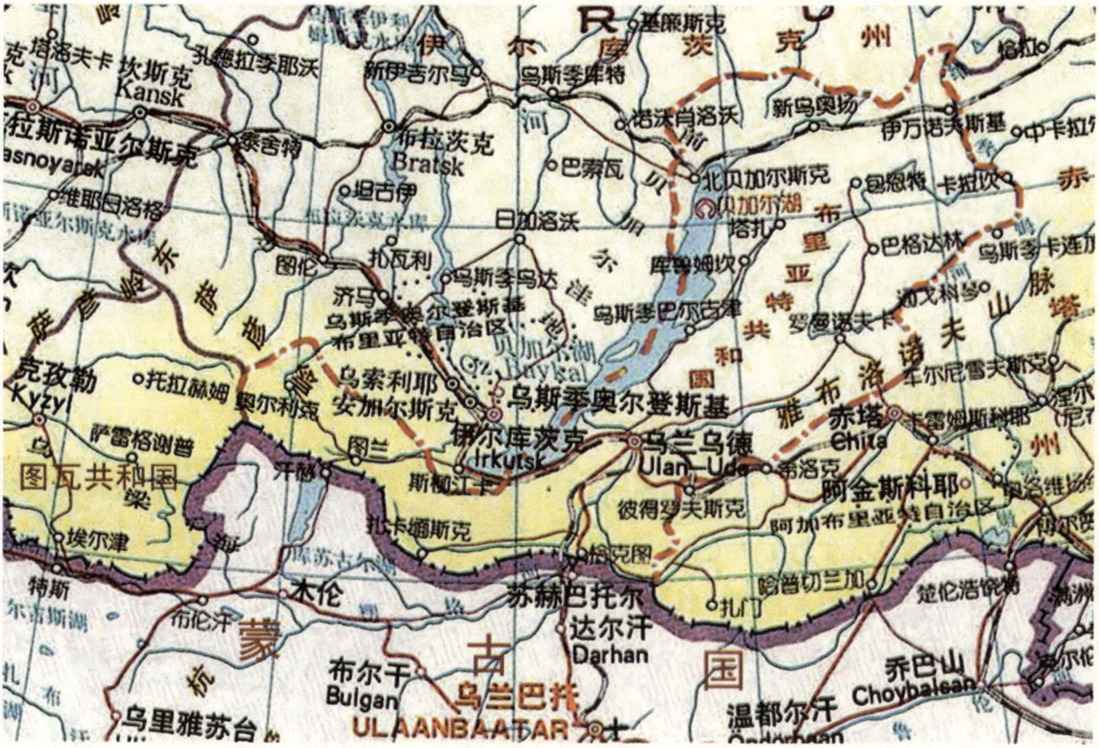

布里亚特共和国地图

师、6282名学生。10个育儿机构培养着437名儿童。区内有28个文艺室、俱乐部，29个图书馆，却没有电影院。区内有29个贸易点、67个私人商店和摊点、16个商店及其它商业网点(2002年统计)。

叶拉夫尼斯克区：区中心是索斯诺沃奥焦尔斯科耶镇，土地面积2.56万平方公里，人口有2.03万人。由索斯诺沃奥焦尔斯科耶镇至乌兰乌德距离为297公里。在叶拉夫尼斯克区有13个农业机构、14个农庄、3个工业企业、2个消费合作社、3个国有木材企业、80个私有企业。2000年1月1日统计，区内有22个居民点，生活着2万人。叶拉夫尼斯克区内有丰富的自然资源，年木材采伐量为74万立方米。区内有丰富的地下矿产资源，在维季姆斯克高原上发现了金，在东部地区开采出大量的铁矿。在叶拉夫尼斯克区还有建筑材料（卵石、砂砾），区内还遍布着红色黏土。区内的矿产有多种金属，包括铅、锌、银、镉、铟、金。区内的埃基金斯克萤石产地生产含碳酸盐的萤石矿。用于生产铝的原料储备有400万吨。达巴恩戈尔霍斯克是褐煤产地，那里的褐煤储量达3300万吨。叶拉夫尼斯克区农业用地42.834万公顷，其中耕地面积8.01万公顷、饲料用地33.16万公顷、木材储备占地15.07万公顷。

叶拉夫尼斯克区自然气候条件有利于畜牧业的发展。这里有养马业、养羊业和肉、奶畜牧业。近期在区内正在进行牲畜品种改良工作，特别是马和奶牛类家畜的品种改良工作。叶拉夫尼斯克区的土壤也是多种多样的，发现的土壤有草地森林冻土、草地冻土、草地黑土冻土。在区东部种植有燕麦、大麦和小麦。区内还成功地种植了橄榄、土豆、甜菜、胡萝卜、西红柿。叶拉夫尼斯克区工业企业年产值为1300万卢布，各种农业经济作物年产值为1.23亿卢布。区内渔猎业“湿波杜恩”股份责任公司每年捕捞各种鱼540—750吨。

紫 貂

马 鹿

扎卡缅斯克区：扎卡缅斯克区位于布里亚特共和国的西南部，区中心是扎卡缅斯克市。扎卡缅斯克离乌兰乌德市450公里，离最近的铁路车站德日多站250公里。区内土地面积152.73万公顷，60%的土地面积被森林覆盖。农用面积84000公顷，其中耕地面积11000公顷，草场面积73000公顷。扎卡缅斯克区内包括扎卡缅斯克市、霍尔多孙镇、哈苏拉镇、巴亚果尔镇和23个农庄。区内总人口3.38万人，其中城市与城镇工业人口1.76万人，

布里亚特村落

农庄人口1.62万人。扎卡缅斯克区气候为明显大陆性气候，只能种植早熟农作物，如谷物、土豆、蔬菜等。区内木材储量达1.518亿立方米，主要树种为落叶松，占67.1%；红松占25.5%；其他品种（白桦树、樟子松、云杉、山杨树）占7.4%。

布里亚特共和国附属城市有：古西诺奥泽尔斯克（于1953年建立）和北贝加尔斯克市（1980年建立）。附属区的城市有：巴布什金市（1941年建立）、扎卡缅斯克（1944年建立）、恰克图（1728年建立）。

主要城市：乌兰乌德市、古西诺奥泽尔斯克市、北贝加尔斯克市。乌兰乌德市是共和国的首府，也是布里亚特共和国的政治、经济和文化的中心，是远东地区和西伯利亚地区古老的大城市之一。乌兰乌德市距莫斯科5532公里，市内有3个区，分别为铁路区、十月区和苏维埃区。

布里亚特共和国的大型工业企业有：机车车辆厂、飞机制造厂、玻璃厂、肉联厂、毛纺织厂（以上厂址在乌兰乌德），基金斯克钨铂厂、古西诺奥泽尔斯克煤矿、季姆柳伊斯克水泥厂、电机厂、电工仪器厂、仪表厂、造船厂、色楞格纸浆造纸联合企业、布里亚特机械厂等。其中乌兰

布里亚特共和国有丰富的天然牧场

布里亚特共和国的木材采伐业

贝加尔湖上的渔船和码头

乌德飞机制造厂具有相当规模，拥有5万名职工，组织军用直升飞机及民用型飞机的生产，年产直升飞机100架，面向国内外市场。

布里亚特共和国属东西伯利亚经济区，区内经济兼具工业和农业。共和国内有大型的采矿和木材工业区以及机械制造业。在布里亚特共和国有4个主要经济区：布里色楞金斯克经济区，是布里亚特共和国的主要经济发展中心，位于色楞格河岸边，中心是共和国首府乌兰乌德市，该经济区主要进行有色金属与稀有金属开采（钨、钼），还有机械制造业、木材工业、建筑材料工业，畜牧业有细毛羊羊毛产品和肉类产品；布里贝加尔斯克经济区位于贝加尔湖畔，以木材工业、渔业和毛皮捕猎业而著名；奥金斯克杜金斯克经济区位于萨彦岭东端，伊尔库特河沿岸，主要以肉奶畜牧业、谷物种植业为主，区内矿产丰富，有霞石正长岩、铝土矿、石墨、石棉、石灰岩、稀有金属、有色金属等；巴乌多夫斯克经济区，位于维季姆河畔，主要有黄金开采业和捕猎业，并有多种矿产，主要是稀有金属和有色金属、纤维

乌兰乌德飞机制造厂生产的米-8直升飞机

石棉等。

布里亚特共和国的能源工业主要以煤炭为基础。煤炭主要供应乌兰乌德、基姆柳伊斯克、巴扬戈里斯克、古西诺奥泽尔斯克几个综合供暖发电站及其他综合供暖发电站。重要的钨、钼开采及精加工地在德日金斯克，那里有大型的钨钼加工厂。在维季河畔可进行黄金开采。木材工业在布里亚特共和国的工业中也占有很重要的地位。木材的主要储备地在乌达河畔和贝加尔湖东岸地带，大量的未经加工的木材被运往乌拉尔、哈萨克斯坦和中亚地区。

布里亚特共和国内的交通主要依靠铁路，途经布

贝加尔湖边上的西伯利亚大铁路

里亚特共和国的铁路干线有莫斯科至符拉迪沃斯托克（海参崴）的西伯利亚干线。在布里亚特共和国内部邻近地区主要以公路交通为主，主要的公路干线有乌兰乌德—恰克图—扎卡缅斯克，乌兰乌德—霍林斯克—巴格达林和乌兰乌德—哥列米金斯克—巴尔古津—乌柳恩汗这三条。此外还有沿色楞格河和奇卡河、贝加尔湖的水域交通。

布里亚特共和国的进口物资主要来自中国、蒙古和越南，生产产品销往25个国家。布里亚特共和国的对外经济活动几乎有一多半是与中国进行的边境贸易，另外一些贸易伙伴国家是乌克兰、哈萨克斯坦、白俄罗斯。

在国民经济建设投资结构中22.3%为联邦预算投资，17%为地方预算投资，60.7%为私有企业投资。由于投资项目的逐年增加，投资结构的多样化，近些年来基本建设项目竣工数目增多，共和国的发展比前些年显著增快。

从20世纪90年代开始，中俄开展边境贸易，两个国家加强了人员来往。到布里亚特共和国进行劳务输出的中国人有很多，他们主要从事蔬菜种植和建筑业。由于该地区劳动人口逐年减少，很需要这方面的劳动力。中国劳务人员具有精湛的蔬菜种植和建筑方面的技术，很受当地人欢迎。这些中国劳务人员与当地的集体农庄和企业建立了良好的关系，满足了当地的需要。

首府乌兰乌德市

乌兰乌德市是俄罗斯联邦布里亚特共和国的首府，也是布里亚特共和国的政治、经济和文化的中心，是东西伯利亚地区第三大城市。它位于色楞格河河谷地带，在河的右岸，有西伯利亚大铁路与俄—蒙铁路交汇处。该市在1666年由哥萨克人建立。市区位于贝加尔

远眺乌兰乌德市

湖东南，距贝加尔湖75公里，距莫斯科5532公里，市区面积35.13万平方公里，内有3个区，分别为铁路区、十月区、苏维埃区。

乌兰乌德城市风貌富有地区和民族特征。市区建筑中有东方的喇嘛寺庙，表现着一种不同于俄罗斯其他城市的文化。市内有歌舞剧院、戏剧院、博物馆等建筑，都具有布里亚特和俄罗斯综合风格。

1999年1月，乌兰乌德常住居民人口为37.07万人，人口比1990年增长9000人。80年代人口增长曾达两位数，20世纪90年代初下降到5％以下，自1993年起一直保持负增长。苏联解体后，生活条件恶化是出生率下降和死亡率上升的主要原因。国民经济各部门就业人数不断减少，退休者的数目有所增加。尽管经济滑坡，居民住宅条件仍有所改

善。1990年人均居住面积为13.5平方米，1993年为13.8平方米，1998年达到15.9平方米。市内居民住宅总面积达571.2万平方米。近年来，乌兰乌德全日制普通学校的数目有所增长，1990年拥有学校68所，1995年为79所，1998年为80所。在校学生1990年为5.79万，1995年为5.8万，1998年为6.25万。到1998年，市内拥有医院23家、医生2495人、病床4800张，相应每万名居民拥有的病床数为121.6张。

在自然资源上，有各种矿产，包括：金、钨、钼、镍、铝、铁、锰和煤。工业有采矿、冶金、机械、木材加工等，畜牧业在沿色楞格河流域比较发达，但主要还是养羊和肉奶业。

乌兰乌德市主要工业企业有大型机车车辆修理、大型玻璃厂、飞机制造厂。城市主要产业以农业、林业、牧业和旅游业为主。

布里亚特共和国政府大楼

此外，机器制造、金属加工、轻工、食品加工、毛皮、建筑材料、电子设备等也比较发达，森林资源、矿产资源丰富。

乌兰乌德城市风貌也富有民族特征。歌舞剧院、戏剧院、博物馆等建筑，都综合着蒙古—布里亚特风情和俄罗斯风格。民俗博物馆位于贝加尔湖的东岸，离湖边60公里，驱车可前往。民俗博物馆坐落在一片林中空地上，为露天式。馆内有许多东方游牧民族的生活设施：埃文基人（在中国被称为鄂温克）的兽皮、桦皮帐篷，布里亚特民族的蒙古包，古布里亚特民族的木制小屋以及草棚、粮仓、澡堂、鸡舍等。它们在此已保留了一个世纪，不论是窗棂上、大门上、护窗板上的彩绘或木雕，还是屋内门前的各种用具都表现出强烈的民族风格，加上居民别具风情的民族服装、服饰、佩挂精美鞍具的骏马，这一切在大森林的衬托下，形成一幅美丽的天然风景画。乌兰乌德其他旅游参观点还有喇嘛寺庙、东正教堂、自然博物馆等。

布里亚特不仅有贝加尔湖那赏心悦目的湖光山色，还有无数历史文化景观，使乌兰乌德享有文化旅游名城的盛誉。出乌兰乌德南行，在阿纳古斯泰村和阿尔泰村之间，齐果耶河右岸有一个戈罗达沃崖岩

乌兰乌德市中心广场上俄罗斯最大的列宁头像

乌兰乌德市街景

乌兰乌德市的布里亚特歌舞剧院

洞，洞中有一大一小两个岩穴，洞壁和洞顶用红色的赭石画有许多新石器或青铜时代的岩画，画面保存比较完好。早年哥萨克兵借住此洞时，点起的篝火曾毁坏了一些岩画。另外，有岩画的还有位于伊切图伊河河口的萨尔巴图伊山洞，位于布里亚特南部的乌斯季—恰克图

乌兰乌德市的布里亚特武士纪念碑

古老的东正教堂

乌兰乌德市的布里亚特宾馆

乌兰乌德市伊沃尔金喇嘛寺

山洞等。在布里亚特其他一些地区，仍然保留着完全蒙古式生活方式的村寨部落，现在已被辟为“民俗文化村”，供人参观。多种宗教、多种文化的汇集，使远离莫斯科5532公里的乌兰乌德成为声名远扬的文化旅游名城。该市分别与中国呼和浩特市和长春市结为友好城市，与中国的内蒙古自治区和东北三省的经济贸易和人员来往十分密切。

教育设施也较为齐全，有国立大学、中等专业学校和各类中小学，特别是人文自然博物馆在全俄较为有名，交通便利，有机场和直飞国内外的航线。

乌兰乌德的历史几乎与其他西伯利亚古老的城市历史一样，最初起源于草原上的小村庄、城堡。1666年俄罗斯的哥萨克部落移居至乌德河河口处时，这里早已是布里亚特人的居住地了。他们驱赶走布里亚特人，建立了上乌金斯克城堡。17世纪80年代，上乌金斯克市在行政上划归于伊尔库茨克省。上乌金斯克正处在由俄罗斯通往中国、蒙古的“北方丝绸之路”的有利地理位置上，因此迅速地发展成为俄罗斯东部主要商贸中心之一。城市的工业发展与铺设的西伯利亚交通干线有着密切的关系，此交通干线与两个国家相连，由东至西费时13年。1899年8月15日，在上乌金斯克开通了第一列火车，西伯利亚交通干线把上乌金斯克与世界各国相联起来。

阿金布里亚特自治区

阿金布里亚特自治区原为布里亚特—蒙古共和国的一部分，区内的布里亚特人很多仍然保留着古老布里亚特蒙古人的习惯，他们仍然信奉藏传佛教。1937年按联共（布）政治局的

首府阿金斯科耶具有民族特色的纪念碑

命令将东西伯利亚州划成伊尔库茨克州和赤塔州时，将该自治区划归赤塔州，是赤塔州内布里亚特人主要居住地和行使自治的地方。

自治区位于后贝加尔地区东南部，面积1.9万平方公里，占赤塔州总面积的4.4%。自治区有人口7.91万人。区内居住着30多个民族，自治主体民族布里亚特人占54.9%、俄罗斯人占40.8%、埃文克人占0.2%、其他民族总共占4.1%。

首府阿金斯科耶，该市建成于1959年，有居民9300人，建筑物具有布里亚特民族特色。自治区内行政区数量为3个（阿金斯克、杜里杜尔加、英戈伊图克斯克）、4个镇、34个行政村，距莫斯科6286公里。

阿金布里亚特自治区内的高山区是灰化的冻土和灰色森林土壤，而平原是含碳酸盐的棕土和黑土。草原资源比较丰富，有着蒙古草原的特色，有利于发展畜牧业。植被为

畜牧业是区内最主要的产业

草原、高山、阔叶林，约1/3的土地覆盖着森林。主要河流有鄂嫩河。

区内多山，拥有多种矿产资源，但规模都比较小，品位不高，影响了开采效益。主要有新奥尔洛夫斯克镇的钨钼多金属矿和沙金矿等。森林覆盖率较低，仅30.9%，低于全俄平均数（44.7%）。为西伯利亚少林区之一。木材蓄积量为6100万立方米。

区内有22万多公顷耕地，还有山间牧场和草场，限于严酷的自然气候条件，种植业的发展受到一定制约。主要是由于许多地区水资源缺乏，缺少地表水，加之降水又少，仅在南部和东部边境有河流，南部还有些小湖泊可利用。

这里属典型大陆性气候，冷热反差极大，春季和夏初干旱，夏季炎热，冬季奇寒。这里的牧场水草肥美，草药资源丰富，还有野生动物资源及矿泉等，可供组织旅游和疗养。

在国民经济发展中，工业是区内发展薄弱的部门，产值为农业的1／8强，从业人口占就业人员的8%。 阿金布里亚特自治区主要工业部门有有色金属冶金业、木材及木材加工工业、食品工业以及机械制造、金属加工、建材工业等。

在阿金布里亚特自治区内没有大型工业中心。据1993年统计，主要企业有位于诺沃奥尔洛夫斯克镇的奥尔洛夫斯克矿山开采联合企业，位于杜里杜尔金斯克农庄的杜里杜尔金斯克森林工业联合企业（职工100人），位于阿金斯科耶镇的阿金斯克肉联厂。

有色冶金业为区内最主要的工业部门，产值占工业产值的57.8%。未来区内经济的改善和发展在很大程度上仰仗奥尔洛夫斯基采矿联合企业的发展。该厂建于1970年，位于新奥尔洛仁斯克镇，从事钨、钽多金属矿的选矿和开采。

食品工业约占区内工业产值的10.5%，主要是中小型企业。1991年以来建立了肉类联合加工厂，改建了制油厂，在各区中心建立灌肠生产车间，此外还有面包糕点厂。食品工业产品主要是为满足区内的需求。

此外，区内规模较小的还有机械制造和黄金加工业，占10.7%的比重。建材业占9.5%；森林工业占5.1%；电力工业占3%。轻工业生产主要是利用当地生产的畜

阿金布里亚特地区的喇嘛寺庙

产品原料皮革，制作各类羊皮制品，具有典型布里亚特民族特色，很受旅游者的青睐。

农业和畜牧业经济。据1997年1月1日统计，阿金布里亚特自治区共有集体农庄数量398个，每个集体农庄平均面积为215公顷。1998年自治区农业总产值3.496亿卢布，其中畜牧业2.82亿卢布，比重占80%；种植业仅为6760万卢布。农业在固定资产中占37.3%的比重，比工业高10.1%（工业27.2%）。

畜牧业是区内最主要的产业，1998年生产肉8100吨，牛存栏头数为7.1万头，其中奶牛2.72万头，奶产量为3.7万吨。效益较好的养猪业有所发展，猪存栏数1998年为2.18万头。此外，当地还有一定规模的养羊业。为居民副食品供应提供了约3／4的畜产品。

根据1998年的统计，种植业产值仅占农牧业总产值的1／5，种植业主要是为畜牧业提供饲料。当时年播种面积为4.43万公顷。种植结构为：84.1%为粮食作物，11.4%为饲料作物，4.0%为蔬菜和马铃薯，0.4%为经济作物。1998年区内产粮2.95万吨，产马铃薯6800吨，产蔬菜2400吨。在种植业中，国营农场产值占96.5%。

在交通运输经济中，有至中国满洲里的后贝加尔铁路71公里，至后贝加尔斯克的公路大体与铁路并行穿境而过，向南还有从赤塔到俄蒙边界的公路。硬面公路总长903公

阿金布里亚特地区的旅游景点

里，另有近200公里部门所属公路。

在贸易、旅游与投资方面，阿金布里亚特自治区属东西伯利亚经济区范围，是一个比较落后的地区，主要贸易品种依赖俄罗斯其他地区供给。该地区的布里亚特人比其他地区更多地保留了民族的传统习惯，是体验布里亚特民俗的好去处，因此也吸引了更多的国内外游客的光临。由于临近中国，近年来对中国开展了边境贸易，很多生活日用品来自于中国。该地区的布里亚特人有一些人与中国的呼伦贝尔地区的布里亚特人有亲属关系，自苏联解体中俄关系改善以来，他们相互来往比较频繁，也把很多中国商品带到了这里，加强了两国人民之间的友谊和交往。

乌斯季奥尔登斯基布里亚特自治区

乌斯季奥尔登斯基布里亚特自治区位于伊尔库茨克州南部，东部边界距贝加尔湖约40公里。自治区首府为城市型小镇乌斯季奥尔登斯基。自治区面积为2.24万平方公里，区内居住着近40个民族，2003年初人口为140600人，其中自治主体民族布里亚特人占36.3%、俄罗斯人56.5%、鞑靼人3.2%、乌克兰人1.7%，以上四个民族就占全部居民的97.7%。 自治区人口数占伊尔库茨克州总人口的2.9%。

这个自治区是伊尔库茨克州布里亚特人的主要聚居地。这里的布里亚特人是最早与俄罗斯人接触的，与东部布里亚特人

乌斯季奥尔登斯基布里亚特自治区的民俗展览

乌斯季奥尔登斯基的农田

相比，俄罗斯化程度更深，但在语言和生活习惯上仍然保留了布里亚特人的传统习惯。

自治区的土地资源总计2210万公顷，其中农用地70.1万公顷，耕地占农用地的70%。由于建设布拉茨克水电站，曾淹没了1.5万公顷土地。本地区的森林资源木材蓄积量为1.26亿立方米，占伊尔库茨克州的1.4%。区内森林覆盖率比伊尔库茨克州低1/4左右，为51.9%，林地面积为75.5万公顷，占伊尔库茨克州的1.3%。其余地区为草场，可供畜牧业发展。

自治区农业比较发达，这里是伊尔库茨克州内自然气候条件最好的地区，尽管土地面积不到伊尔库茨克州的2.9%，但这里生产了州内1／5以上的农产品(按产值计算)。农业占固定资产总额79%的比重，为西伯利亚之最。

自治区的矿产资源比较丰富，这里为西伯利亚和远东唯一的生产石膏和石膏制品的原料产地。尼库次基石膏矿1958年就已投产。扎林斯拜耶矿储量达3800万吨，为少见的大型矿。

自治区中心城市为乌斯季奥尔登斯基，是一座城市型小镇，1999年初人口为1.3万人。城镇位于安加拉—连斯克干线上库达河河岸上，西北距伊尔库茨克市69公里，市内有粮油加工厂、面包厂、木材产品加工厂等企业，还有博物馆等文化设施。市镇附近有设施良好的煤矿。

区内工业发展较薄弱，土地面积占伊尔库茨克州2.9%，居民人口占5.1%，而工业产值仅占0.3%。区内主要工业部门有食品工业、森林工业、机器制造和金属加工工业和燃料动力工业。食品加工工业为伊尔库茨克州提供了近1／4的肉、奶等畜产品和近1/5的粮食、蔬菜等农产品，利用这些原料生产的食品加工业获得了相应的发展。食品工业占工业总产值23%—30%的比重，而全俄罗斯平均仅为11.84%。面包是城乡居民的主食，区内产量为1200吨。可见食品工业比重比较大。林业和木材加工工业占区内工业总产值的18%—26%，为区内第二大工业部门。机器制造和金属加工工业尽管规模不大，但提供了13.1%的工业产值，而且为农、林、食品和采矿业提供了维修等方面的保障。区内燃料工业主要是采煤业。

交通运输业也比较发达，区内拥有铁路、公路和水运等交通手段。西伯利亚大铁路横穿自治区西南部，总长29公里。公路建设近年得到一定的发展，1990年区内硬面公路总里程为2196公里。公路密度达到到每1000平方公里土地拥有80公里的公路，为西伯利亚之最，从而较好地保证了各种工农产品的运输。此外，南北方向上还有安加拉河的水运，与西伯利亚大铁路并行的还有油气管道，是俄罗斯著名的秋明油田通往安加拉斯克石油化工联合企业的输油管线。

具有布里亚特民族风格的标识物

布里亚特人的习俗

目前在俄罗斯布里亚特共和国有40多万布里亚特人，一些地区至今仍保留着完全蒙古生活方式的村寨部落，有的已被辟为“民俗文化村”供人参观，其民族语言、风俗习惯等与现在的蒙古族相近，建筑也表现出不同于俄罗斯其他城市的风格。

布里亚特木格楞式的蒙古包

在生活上，他们较早地开始定居或半定居，房舍多为砖木或土木结构，但有些地区仍然保留木格楞式的蒙古包。在房舍内还铺设地板、瓷砖或地板革。住屋旁边，是铁盖砖木结构的牲畜棚舍。即使居住蒙古包，包内也是十分清洁，家具齐全，摆放井然有序。几乎家家都有收录机、电视机、电冰箱。他们讲究生活的舒适，在铁床或木床上睡眠。他们使用绞肉机做肉类食品，使用牛奶分离器加工

奶茶壶

布里亚特传统服装

着艳丽民族特色服装的布里亚特人

奶食品；家家有面包烤炉，烤出的面包色鲜味美，松软可口。去布里亚特蒙古人家里做客，好客的主人会以奶食品和面包热情款待您，并在面包上涂抹“希米丹”（稀奶油）和白糖。布里亚特人的奶茶与其它地区不同。用壶将砖茶沏成浓浆，开水装在另一暖瓶中，牛奶单放容器内。喝茶时，将茶浆、开水、牛奶以每个人的习惯兑成不同成色的奶茶，一般不加盐。用羊肉、羊下水和草原上的野韭菜做馅的“布里亚特包子”招待客人，香味扑鼻，成为一道知名的地方风味食品。

布里亚特蒙古人的服饰别具特色，样式美观大方。男人春、夏、秋三季头戴呢子尖顶帽，身着长袍，腰束绸带，足登马靴。女子则头系绸巾，未婚女子多身穿溜肩式长裙，前胸打褶。已婚女子身着肩部打褶的长袍。肩部是否打褶，成为女性已婚、未婚的醒目标志。两种袍服均不系腰带，与常见的蒙古袍样式相比，样式别致，色彩艳丽。冬季，男女均头戴尖顶红缨帽，脚登马靴，身着皮袍或长裙。男子腰束绸带，女子则在长袍之外再罩一件皮、棉坎肩。外地游人置身于布里亚特人中间，无不对其服饰的艺术性和高超、精湛的剪裁、缝制技术发出由衷的赞叹。布里亚特人朴实无华，热情好客。许多布里亚特人仍保

布里亚特蒙古人的服饰别具特色

靴　子

持着较为传统的生活方式，主要食品自给自足，每个家庭都有一个小院，种植蔬菜、水果，养着猪、鸡等畜禽。

一百多年前，布里亚特女孩最小的十三四岁就结婚，现在她们要到18岁以上才能结婚。布里亚特人的婚礼仍保留着北方游牧民族古老的传统风俗。婚礼大致分为订亲、送亲和结亲三个步骤。订亲由男方的使者牵线搭桥。订亲仪式上，女方家长常以假意推辞或一时静默来考验对方的智慧，场面诙谐、风趣。女方家长接过男方使者呈献的“哈达”，即表示应允婚事，男方使者将随身带来的奶食、糖果郑重地放入主人家的果盘内，表示两家已缔结“秦晋之好”。此后，男方双亲择日来女家认亲，两亲家母合用羊皮缝被，以备儿女新婚之用。

婚礼举行的前一天晚上，女方家举行隆重的送亲仪式。亲朋好友在包外毛毡上围圈儿坐定，男性按辈分分长幼坐于东，女性坐于西；两半圈儿衔接处，即将出嫁的姑娘衣饰一新，面南而坐，旁有女伴相陪。她们的面前摆放着盒装的熟羊头和手把羊肉。年长的歌手举杯祝福，用高亢动听的歌声对出嫁的姑娘谆谆叮嘱。歌儿结束的时候，人们燃起篝火，围着火堆翩翩起舞，舞姿奔放，场面热烈。翌日清晨，新娘跨上接亲使者牵来的骏马，由十余名男女青年簇拥着，向男方家驰去，绿野之上荡起阵阵笑语、串串蹄声。以马送亲，是布里亚特人的传统，不论男方家近在咫尺，还是远隔百里，都要乘马相送。伴娘均为已婚妇女。婚礼的第三部曲是举行结婚盛典。新郎家原有的旧房旁，搭起洁白的新蒙古包，上系七色彩条，成为洞房。女方送亲人摆放完嫁妆后，要举行“抢枕头”仪式。女方家四个壮汉，

布里亚特婚礼

骑马的布里亚特少年

抱着枕头蹒跚而来，枕头形状奇特，两头粗细不同，长约一米。男方家四名壮汉迎上前去，将枕头围在中间，双方你拉我拽，互不相让，围观的人们叫好助威，十分热闹。难解难分之际，有长者出面劝解，方能罢手，双方对视一笑，共同将枕头放于新人的婚床上。新娘卸下闺妆，换上妇人装束，头戴圆筒帽，其上珠宝熠熠闪光，足登高筒马靴，乌黑发亮，婚前梳起的七根发辫合为两根，分别装入黑金丝绒缝制的辫套内，其下缀有镶珠银链。袍肩密褶耸起，腰部纤瘦，裙摆四散，犹如孔雀彩屏半开。盛妆的新娘雍容华贵，艳丽中透出几分圣洁。此时新郎还在包外干活，按布里亚特人习俗，新郎被众人请回后，新娘拜见父老尊长，逐一向人们敬酒。酒过三巡，小伙子们跳起“鹰舞”，摔起博克跤，婚礼气氛达到高潮。

今天的布里亚特人的婚礼，受到西方和俄罗斯人的影响，已经西化了，新娘也穿上了婚纱，新郎穿上了西服，举办西方式的婚礼。有些人甚至到当地的东正教堂里举办婚礼。

许多人平日主食一半是本民族的手擀面、各类肉排等，一半是俄罗斯餐。逢年过节时，布里亚特人还要穿上本民族艳丽的布里亚特袍（外形款式与蒙古袍相似）。布里亚特聚居地有自己的学校，传授本民族的语言和风俗知识，但现在年轻人平时已很少用本民族语言交流，在城市里的一些孩子，他们从小受俄罗斯文化的教育，有些已经忘记了自己本民族的语言。

布里亚特人祈求神灵的方式也很独特，继承了萨满教的影响，在一些地区，仍然保留着萨满教巫师并做法事。在村镇附近，人们经常可以看到有许多树上挂着五颜六色的布条，一些萨满巫师正在做法事，他们手舞足蹈，一边喝酒，一边往树上洒酒、挂布条、扔钱币。每逢重大节日以及家庭中有结婚、生子等重要事情时，他们会以这种独特的祭祀方式，来祈求神灵保佑自己和家庭成员平安、健康、幸福。自藏传佛教传入布里亚特地区以后，在人们中间影响也很大。自从苏联解体以后，恢复和重建了许多喇嘛寺庙，许多年轻人也开始信奉佛教，每逢婚丧嫁娶的重大事情，都要请喇嘛做法事念经，很多人家中都摆有佛龛，他们拜佛祈求家庭幸福安康。

布里亚特包子

银碗

佛教用品

佛龛

乌兰乌德市郊区萨满教的法事场地

布里亚特人的历史渊源

在古代，贝加尔湖岸边的安加尔河和巴尔虎金河口处的巴尔汗山附近生活着史书叫做“北狄”的部落，布里亚特蒙古人是“北狄”部落的主要成员，也是蒙古大家庭的一个组

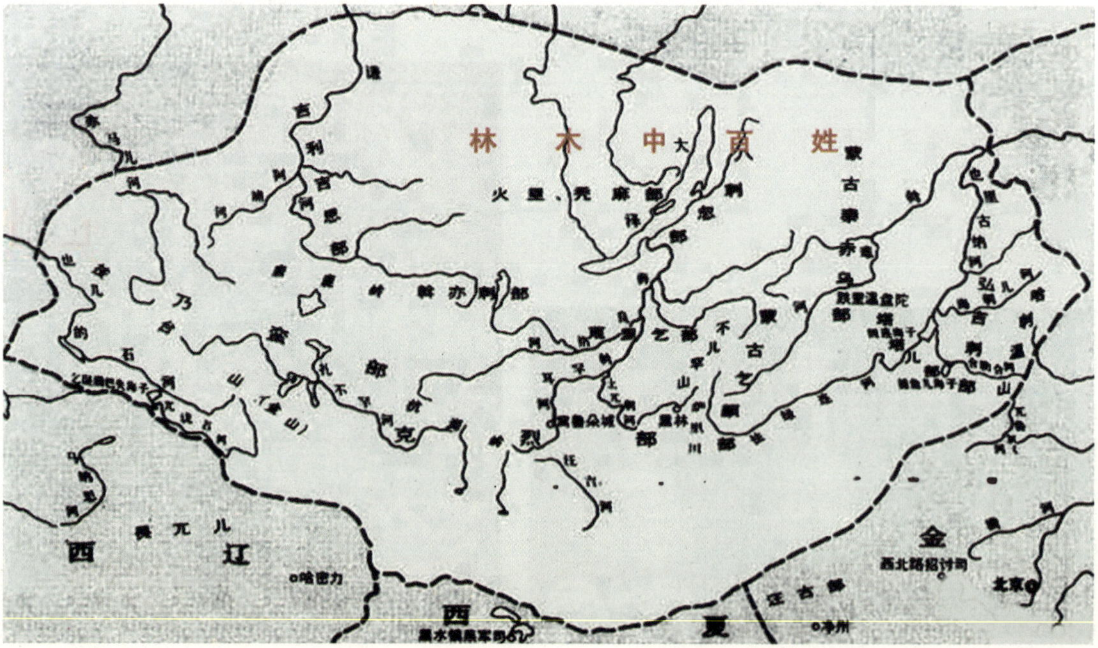

12、13世纪蒙古高原各部落分布图

成部分。关于布里亚特人的历史，早在13世纪的《蒙古秘史》中就有记载。在当时的蒙古林木中的百姓里有个叫“不里牙惕”（布里亚特）的部落。12—13世纪，布里亚特人生活在贝加尔湖附近。在成吉思汗统一蒙古各部时，布里亚特人也被统一到了蒙古帝国中，因此谁也无法把布里亚特的形成同蒙古人分开，布里亚特人是蒙古各部中的一员，这是非常明确的。布里亚特蒙古人自古以来就讲蒙古语，《蒙古秘史》中的不少词汇至今仍然被保留在布里亚特口语中。在宗教信仰方面，布里亚特人自古以来信仰萨满教，后来才信奉藏传佛教。

据《蒙古秘史》记载，在蒙古各部中就

布里亚特的先民

包括不里牙惕（布里亚特）人和巴儿忽真（巴尔虎）人以及豁里秃马惕人。12世纪的布里亚特人居住于贝加尔湖附近，形成了不里牙惕人和巴儿忽真人的部落联盟，这个部落联盟，在古代历史上被称为伯特国。由他们组成了布里亚特人的主体。苏联的费•阿•库德列斯夫在引用汉籍文献时说：“不里牙惕人很早以前就在贝加尔湖附近过着游牧生活。他们与后来迁来的蒙古人融合起来，成为布里亚特蒙古人的基础。”在贝加尔湖及安加尔河流域的森林中还居住着鄂温克人的先民。在布里亚特人中有一个美好的传说：古代的贝加尔湖附近住着一位名叫巴尔虎巴特尔的人，他生了布里亚特、浩里太两个儿子。后来，布里亚特去贝加尔湖北岸的和鲁古河、列拿河附近以狩猎与捕鱼为生，生了两个儿子。两个儿子的后代发展成阿布吉、卢忠、乔淖等伊黑利德八姓和阿拉金、浩日木吉、阿西巴古德等宝拉嘎德七姓之民。这些布里亚特人繁衍起来，融合了一些迁徙来的异族人，走向巴尔虎金和胡图里草原、色楞格河两岸，以伊黑利德八姓与宝拉嘎德七姓之民著称于世。留在贝加尔湖南岸故土上的浩里太的发妻西日勒代生子五人，名曰：嘎拉朱德、华赛、洁布吐德、西来德、古奇德。浩里太第二个妻子那嘎达生子六人，名曰：哈日嘎纳、胡代、宝敦古德、巴达奈、哈拉宾、查岗古德。以上十一个儿子的后代发展成浩里十一姓，归属于蒙古可汗们的统治，游牧于从贝加尔湖东西两岸到黑龙江的广阔地域。以上是公元12世纪以前布里亚特人的基本情况。

术赤收服了“林木中百姓”
（《蒙古历史油画长卷》，王延青等创作）

在公元12世纪成吉思汗时代，布里亚特蒙古人生活的地域正处在成吉思汗最初建立的蒙古帝国范围之内。根据《蒙古秘史》记载，在1207年，成吉思汗长子术赤率领军队首先征服了“林木中百姓”。此时，厄鲁特部首领胡图嘎毕黑带领其百姓前来归附并带领部众迁到了西斯黑德河。术赤收服了厄鲁特、布里亚特、巴尔虎、兀儿速惕、合卜合纳思、康合思、图瓦等部落，来到吉尔吉斯之地，吉尔吉斯的首领黑纳拉•阿拉达亚尔•提根等人带领部属前来归附，带着白骟马、黑貂鼠等礼品来拜见术赤。由于术赤兵不血刃地收服了好多部落，深受成吉思汗的赞赏。这些部落毫无反抗地加入了成吉思汗的大蒙古国。可是布里亚特的一部分人当时却逃进了深山密林之中。成吉思汗派将领孛罗忽勒前去征讨，孛罗忽勒兵败被杀，成

“林木中百姓”加入了成吉思汗的大蒙古国
（《成吉思汗》电视剧剧照）

吉思汗听到这一消息后大为震怒，命令杜尔伯特部的猛将朵儿伯征服了布里亚特部，从此该部被编入成吉思汗的远征军开始四海征战，并为蒙古帝国立下了汗马功劳。1957年，在奥特波尔（布里亚特地区）150公里处发现了一座元代古城，1959年，进一步挖掘出一座面积达2000平方米的元代宫殿。据推算，这可能是元代岭北行省下设的益兰州“五部断书官”的遗址。在此周围又挖掘出一些建筑坚固的房屋遗迹。

在北元阿拉坦汗时期布里亚特部是他的直属臣民，1590年阿拉坦汗把公主巴勒金嫁给苏龙古德部小可汗布贝贝勒的儿子代洪台吉时，陪嫁去的属民就是布里亚特人。代洪台吉结婚后的居住地是离额尔古纳河北岸不太远的乌利仍戈地区，他建造了不少房舍，这个居民点被人们称之为黄代，其旧址至今尚存。从此，十一姓布里亚特人就游牧在额尔古纳河至贝加尔湖、色楞格河的广阔草原上，直至20世纪初。阿拉坦汗于1577年从西藏请来第三世达赖喇嘛苏德那木扎木苏，开始在蒙古地区传播藏传佛教。代洪台吉后来受戒出家当了喇嘛，其属民布里亚特人也逐渐信奉了藏传佛教，但萨满教的影响仍然很深厚。

1634年以后，后金人（满族人）与蒙古科尔沁部

阿拉坦汗（1507—1582）

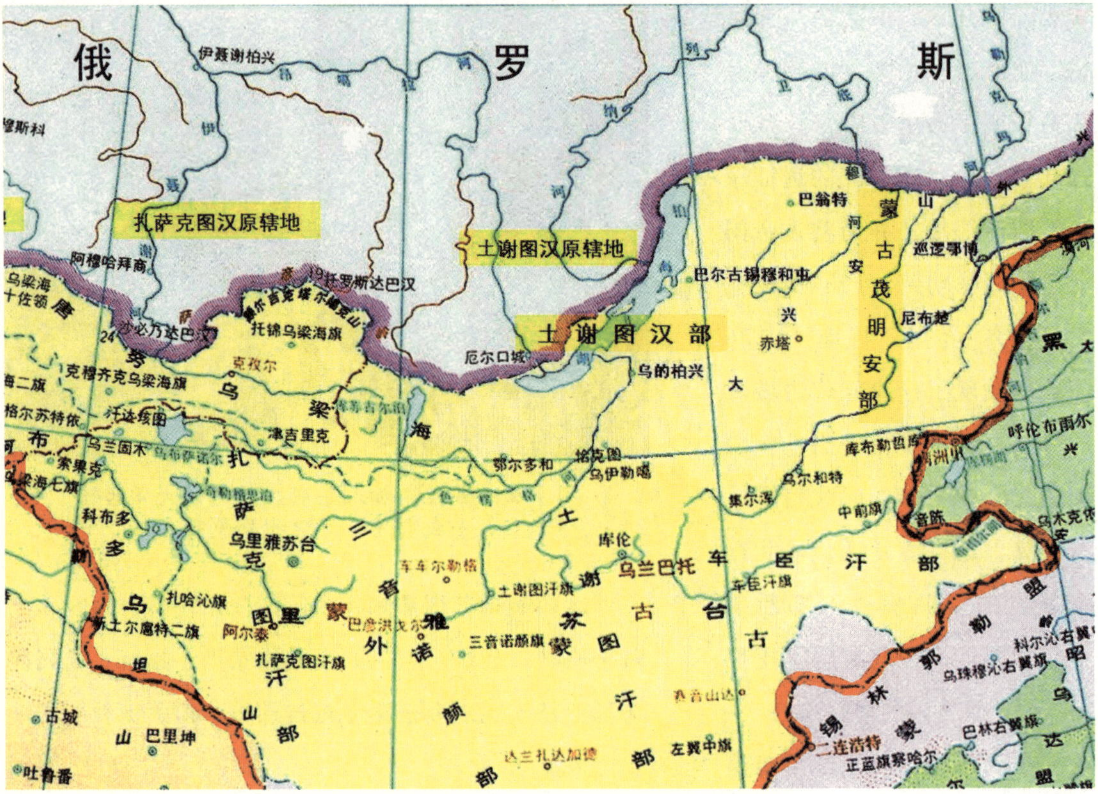

清朝前期中国北方地图

联姻，逐步征服了其他蒙古各部，至此，北元王朝宣告结束。后金人1636年建立大清帝国，1644年进入山海关入驻北京城，在这之后，清朝在蒙古地区建立盟旗制度，布里亚特地区成为大清国的属地。当时进入布里亚特地区的沙俄侵略者，在写给沙皇的报告中也供认“这些台沙（即台吉，即蒙古族部落头人的爵位）甚至还经常得到鄂温克人的毛皮实物税”。1684年（康熙二十三年），当沙俄侵入勒拿河和安加尔河地区，强行向布里亚特人和鄂温克人收税时，这些部落的头人也明确表示：“我们不向任何人纳税，只向蒙古人每年每人交纳一张貂皮，而清人从蒙古人那里收税。”这些都清楚地表明，沙俄入侵布里亚特人所居住的贝加尔湖及其附近广大地区时，清政府已经对这一带进行了有效管理。这时，布里亚特蒙古人召开氏族会议，推举十一姓中的长者嘎勒朱德姓的头人为共同的酋长，每一姓又推选头人一名，以这种组织形式生产和生活。

在这时，沙皇俄国开始了对东北亚的殖民入侵，沙俄远征军越过萨日德格山（现乌拉尔山的蒙古名）后，因俄国人占领此山而发出了喜悦的欢呼“乌拉”声，乌拉尔山由此得名。沙皇俄国入侵布里亚特蒙古地区是1622年。入侵之初，他们遭到了布里亚特蒙古人的激烈反抗。沙俄官员雅库夫•胡拉甫诺夫发出出征远东的命令，并派出哥萨克军官库泽洛夫为特使，到布里亚特蒙古地区，要求他们归附沙皇俄国。特使成员马特维•嘎达诺夫被布里亚特人所杀。1627年，沙俄官员马克西姆•波日斯雅约夫率领40多名士兵闯入布里亚特北部地区，全部被布里亚特人杀死。沙俄哥萨克进入这一地区后，采取了许多野蛮、血腥、惨无人道的行为。不仅任意捕杀、奴役当地人，还使一些村庄、城市变成废墟，使当地人口迅速减少。后来，俄国人于1652—1654年间建成尼布楚要塞，才控制住了布里亚特蒙古地区，此要塞成了俄国人统治贝加尔湖以东地区的据点。俄国人在征服东西伯利亚过程中，不仅遭到了布里亚特人的反抗，也同样遭受了柯尔克孜、鄂温克、达斡尔等其他少数民族部落的有力抵抗。建尼布楚要塞之前，俄国人于1648年建立了乌达要塞，同年又建成了巴尔虎金要塞。1656年在安加尔河畔又新建一座要塞，称为额尔古斯克。1654年建成的尼布楚斯克要塞即为现今的尼布楚城。1656年，在尼布楚设立了军管公署。从此，贝加尔湖附近地区的各要塞、据点均属于这一军管公署管辖。

1658年居住在贝加尔湖北部地区的布里

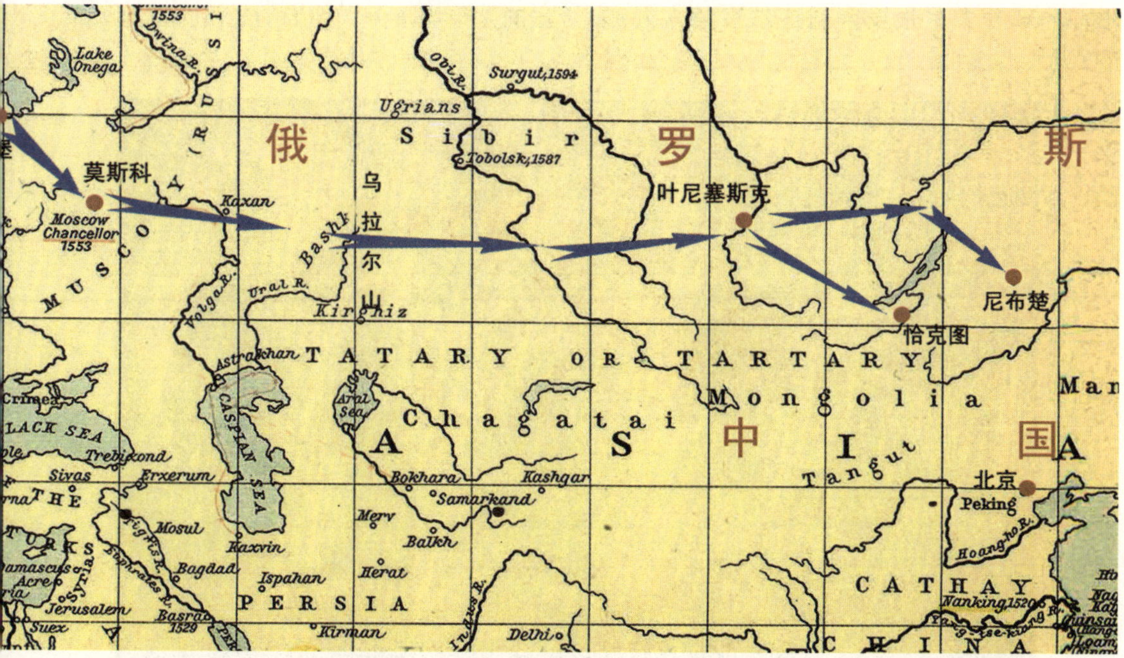

沙俄入侵布里亚特地区形势图

亚特人因不满俄国官员毕哈普夫的残酷压迫而背井离乡，进入喀尔喀蒙古地区。他们到了1666年又与当地蒙古贵族发生矛盾，大部分布里亚特人重新回到了他们的故土。1675年，鄂温克部首领钢特木尔背叛中国清朝投降了俄国。清政府提出的要回钢特木尔等人的要求遭到俄国人拒绝，另外还因为领土争端等原因，清朝将领萨布素于1687年领兵出征，在阿尔巴金与尼布楚附近同俄国人开战。沙俄与清王朝之间发生战争时，布里亚特人召开了氏族头人紧急会议，讨论了如何应付今后时局的问题。会上意见不统一，其中一部分人主张南下归附清朝；另一部分人要回到他们的故乡贝加尔湖附近地区，与生活在那里的布里亚特亲人们汇合；还有一部分人主张投奔到喀尔喀蒙古人那里去。以上三种意见相持不下，时局又很紧迫，必须尽快做出决断。于是，最后商定各奔前程，愿意投奔哪里就投奔哪里，以后看形势的发展再采取相应的对策。由此，第一部分人南下，到了清朝境内的西吉嘎尔（今齐齐哈尔）附近。第二部分人迁往俄国管辖下的故土锡勒格河以北、尼布楚河、巴尔虎金及贝加尔湖地区，并加入了俄国籍，成为俄国臣民，并向俄国人缴纳税金，他们被划入了1657年建立的尼布楚军管公署管辖。第三部分人迁往喀尔喀蒙古，加入了喀尔喀的达赖贝子占齐布道尔吉旗内，成为他们的臣民。

那时候，俄国境内布里亚特人的行政机构按姓氏设立行政负责人，负责俄国政府摊派的杂役等事务。他们的经济生活主要从事

布里亚特人拜见沙皇

畜牧业，也少量种植庄稼。牲畜品种有牛、马、羊、骆驼等，也从事一些狩猎、捕鱼等辅助性生产。从1685年起，布里亚特人开始使用狩猎的兽皮顶替钱币纳税，遇有不能如期缴纳者，俄国官吏就抓去他们的孩子做抵押或抢夺他们的牧场牲畜等生产生活资料。布里亚特人无法忍受种种暴行，便由嘎勒朱德姓杜拉巴登为首，由十一姓若干名代表组成了上告申诉组，骑着马，于1703年到达了莫斯科，同年2月25日拜见了沙皇费德尔•阿列克赛，申诉了他们的苦难。沙皇费德尔•阿列克赛看他们是异地异族之臣民，给予了特赦，于1703年3月22日下令西伯利亚公署，由该署向额日苏、尼布楚公署长官下令，要他们保证这些臣民在所在地区不再遭受压迫与刁难。1706年以后，很多俄罗斯人移民到布里亚特地区，垦荒务农。1711年尼布楚公署下令，把嘎勒朱德姓头人宝勒达力格•沙图任命为首席行政长官。1724年又将其提升为布里亚特十一姓人的首席行政总管。

1727年8月20日，在波尔河河畔举行了中俄两国边界谈判，谈判决定，将布里亚特人的领土全部划给俄国。这个条约历史上叫《布连斯奇条约》。参加谈判的俄国代表是萨瓦•乌拉第恩拉维赤，清政府的代表是克什图。根据这个条约，在蒙古地区的俄罗斯、清王朝两国国界由额尔古纳河流域向西，经恰克图、唐努乌梁海西北

清朝中后期中国北方领土变化地图

角，直至沙宾达岭。

1729年，原迁往喀尔喀蒙古，加入到喀尔喀的达赖贝子占齐布道尔吉旗的布里亚特人想返回贝加尔湖故里，在进入新划定的俄国边界内遭到了俄国哥萨克兵的追捕，并把头领交给了清朝军队。由于此次事件的发生，喀尔喀的达赖贝子占齐布道尔吉旗的封建领主对这部分布里亚特人进行了残酷的镇压，这部分布里亚特人后来称为巴尔虎布里亚特

生活在中国呼伦贝尔草原的巴尔虎布里亚特人

人。巴尔虎人的头领色楞、杜嘎尔、巴达玛等人商议，向驻扎在额尔德尼昭军营的清军大臣扎嘎丹申请并得到批准，于1734年迁至呼伦贝尔草原，被编为巴尔虎旗，居住在海拉尔河、额尔古纳河源、克尔伦河下游，呼伦、贝尔两湖附近等地，生活至今。

由于布里亚特人的首领宝勒达力格•沙图与其部众被迫顺从了沙俄的统治，在沙俄当局的保奏下，沙图于1729年6月4月被俄国政府任命为统治管理布里亚特人十一姓的世袭官，授以“台吉” 爵位。由于台吉是蒙古人世袭贵族的称号，布里亚特人世代生活在台吉的统治下，他们直到近代还属于洪台吉的臣民等原因，俄国人也沿用了蒙古贵族称谓的台吉称号，但沙图原不是台吉出身。沙图台吉死后，他的法定接班人沙图•仁钦 于1732年2月25日受命继承了父亲的台吉职务。但是仁钦年纪还小，因此于同年7月19日任命了哈日嘎纳姓的敖勒布力•达西为副台吉，负责处理政务。

1736年，从清朝乾隆年间开始，清政府在其境内的蒙古民众中大力推行藏传佛教的政策，于是，蒙古地区到处兴建庙宇，蒙古人的子弟大量出家当了喇嘛。于是出现了民族生产力下降，人口锐减，全民族衰落的悲惨局面。这一佛教风也很快刮进了布里亚特蒙古地区。藏族、蒙古族喇嘛们大批地进入了布里亚特蒙

国外绘画里的布里亚特人

现代布里亚特地区的藏传佛教

古地区。从1751年起，按照西藏地区庙宇的规格建造喇嘛寺庙，开始了各种佛事活动。从此布里亚特地区出现了寺庙和喇嘛。沙俄政府也使用宗教手段，用法律保证了佛教的合法性。于是，佛教就在布里亚特蒙古人之中传播，到处兴建喇嘛庙，布里亚特蒙古子弟大批出家当了喇嘛。到1830年，该地区已建成了三十几处较大的喇嘛寺庙。

布里亚特人和鄂温克人

1766年12月14日，沙皇政府做出决定，为了统一管理贝加尔湖南部以及色楞格河流域布里亚特蒙古人的佛教事物，在莫斯科成立了佛教协会常设机构，由班迪达汉布、达日扎·丹巴为该机构正副主事，以统一管理藏传佛教事务。18世纪中叶，在布里亚特蒙古人中出现过三种宗教之间的冲突。其一是大量传播的藏传佛教；其二是沙俄政府派出大批东正教传教士，在东方非俄罗斯民族中传播东正教；其三是布里亚特蒙古人、鄂温克人自古以来所信奉的萨满教。这三种宗教出现了宗教冲突。三者中传播最为成功的还是佛教。萨满教被大大削弱了。东正教只在鄂温克人中得到了传播。

从1765年起，根据沙俄政府的指令，布里亚特人每年要向当局缴纳3个卢布的人头税。这对当时的布里亚特人来说是相当沉重的经济负担。从1792年起，沙俄政府迫使布里亚特人种地，开

移民进入布里亚特地区的俄罗斯农民

始了有了农业生产。根据1795年的人口统计，当时布里亚特人中18岁到55岁的男劳力人数仅为17345人。1801年，沙俄政府命令布里亚特人给新迁入贝加尔湖以南地区的俄罗斯农民拨出耕地。因此，布里亚特人被迫从他们领土中水草最为丰美的英格代河流域草场中腾出了15000俄亩的耕地。原先居住在那里的牧民们便不得不迁往鄂嫩河以南地区。不仅如此，为安置迁进英格代草原的俄国农民，布里亚特人还拿出了马1000匹，乳牛1000头。在俄法战争中，被征用军马1000匹。此外，布里亚特人还担负着修路、架桥等繁重的徭役，在人力、物力上都承受着沉重的负担。沙俄政府为了统治布里亚特人，在布里亚特人中建立了被称为“杜马”的行政机构，该机构设有台吉一名、协理两名、司法官一名、政务官一名，还有几名文秘人员。“杜马”的职责主要是管理人口、畜牧业、农田、草场、农业收成、税收、诉讼、收支、公物、文教、贸易等项事务。

布里亚特人当时使用的语言文字是传统的蒙古语文，一些知识分子也开始学习俄文，与沙俄当局进行沟通。布里亚特知识分子逐渐掌握了俄罗斯及西方文化，在布里亚特地区建立了一些近代学校。到1880年，布里亚特成年男人中占半数的人已经掌握了自己的民族文字。在处理内部事务及法律文书、诉讼活动中都能以本民族的语言文字进行。到1911年，布里亚特地区

布里亚特知识分子撰写的书籍

的民族小学数已达64所，共有学生2083人。1800年以后，布里亚特蒙古人中出现了一批高级知识分子和学者，如阿•帕•萨波夫、班扎尔•道尔吉、色波格•官布扎布、仁钦•额勒波格道尔吉、扎木斯仁•色旺等著名学者，为发展蒙古民族文化科技事业做出了不小的贡献，值得人们纪念。

苏联时期布里亚特自治共和国国旗

沙皇俄国政府自18世纪末叶开始向东西伯利亚地区流放政治犯，一些革命民主主义运动的领导人对西伯利亚地区的革命运动产生了很大的影响。这一革命活动也在广大布里亚特蒙古劳动者及少数知识分子中传播了民主革命的思想。当时，沙俄政府在布里亚特蒙古人的领土上修筑了西伯利亚铁路后，对布里亚特蒙古人的经济、文化、思想方面产生了极大的影响，并直接造就了布里亚特蒙古人的第一代工人阶级队伍的产生。1914年开始的第一次世界大战，促进了俄国的革命变化，沙皇政权摇摇欲坠，革命运动更加迅猛地发展起来。

1917年的俄国十月社会主义革命，解放了俄国工人阶级和广大农民，粉碎了沙俄帝国对国内各非俄罗斯民族的殖民主义统治枷锁。饱经沙皇政权压迫、凌辱的俄国各少数民族人民同布里亚特蒙古人一道获得了自由与解放。但是从1918年起，白匪与日本帝国主义侵略军在西伯利亚等远东地区发动了对苏维埃政权的武装进攻与干涉。在布里亚特蒙古地区，苏维埃工农红军对白匪和外国侵略军进行了英勇的反击。这一战争唤醒了布里亚特广大劳动人民的政治觉悟。反革命的叛乱，日本帝国主义分子的军事支持和直接进行的武装干涉，均遭到了可耻的失败。

俄国十月革命后，1921年4月27日和1922年1月9日分别成立了布里亚特—蒙古自治州和蒙古—布里亚特自治州。1923年5月30日将上述两州合并为布里亚特—蒙古自治共和国，属俄罗斯联邦。上世纪90年代初，

布里亚特人雕像

苏联政局剧烈动荡，苏联全面解体。1990年10月8日，布里亚特共和国发表主权宣言，成为俄联邦的一个主体共和国，1992年更名为布里亚特共和国。

留在漠北故土上的蒙古人——喀尔喀蒙古人

喀尔喀蒙古人概况

蒙古国是以喀尔喀蒙古人（Mongolia）为主的国家，占全国人口的80%，约有220万人(2005年统计)。喀尔喀蒙古人属蒙古人种北方类型,与中国蒙古族同源。使用蒙古语,属阿尔泰语系蒙古语族。原有文字创造于13世纪，由于受到苏联的影响，在20世纪40年代改用以斯拉夫字母为基础的拼音文字。词汇中有大量俄语借词。在蒙古国与喀尔喀蒙古人习惯上相近的还有杜尔伯特人、土尔扈特人、厄鲁特人、扎哈沁人、明阿特人、浩托戈特人、布里亚特

喀尔喀蒙古人

人。他们都属于蒙古族的分支，因历史上驻地的不同而单独成为部落。但喀尔喀蒙古人是蒙古国的代表族群。

15世纪，成吉思汗十五世孙达延汗重新统一蒙古，并把各部分封给自己的几个儿子。其中将喀尔喀蒙古部封授给幼子格埒森扎•札赉尔珲，喀尔喀蒙古部以分布于喀尔喀河得名。1638年喀尔喀部开始向清朝纳贡。康熙二十七年（1688年）喀尔喀部首领率众归清。 雍正三年(1725)，朝廷把喀尔喀部分为4部86旗,属外札萨克，仍袭用喀尔喀蒙古称呼，隶属清朝理藩院，归乌里雅苏台定边左副将军节制。1911年其封建主在沙俄策动下宣布“自治”。1915年中俄蒙三方缔约,外蒙古地方政府承认主权属于中国。1919年放弃“自治”。1921年发生人民革命，同年7月11日成立君主立宪政府。1924年11月废除君主立宪制，成立人民共和国，实行社会主义制度。1945年2月，英、美、苏三国首脑在雅尔塔会议上规定，“外蒙古（蒙古人民共和国）的现状须予维持”，并以此作为苏联参加对日作战的条件之一。1946年1月5日，当时的中国政府承认外蒙古独立。中华人民共和国成立后，同蒙古人民共和国建立了外交关系。蒙古人民共和国在1992年2月改国名为“蒙古国”。

蒙古人在很长的历史时期内一直信奉萨满教。元朝以后，忽必烈皇帝封西藏喇嘛八思巴为国师，藏传佛教在宫廷内逐渐盛行起来。但是，广大蒙古族人民仍信奉萨满教。直到16世纪，格鲁派藏传佛教传入蒙古，蒙古各部首领先后皈依藏传佛教，并大量兴建寺庙。这样，藏传佛教渗入蒙古社会每一角落，成为支配蒙古人民精神世界和世俗生活

蒙古国大草原

的唯一宗教。在蒙古革命以后，藏传佛教被部分禁止，20世纪90年代以后，蒙古又在全国范围内恢复宗教信仰自由。

喀尔喀蒙古人传统上主要从事畜牧业，饲养绵羊、山羊、牛、马和骆驼，号称“马背民族”。20世纪以来，有的地区开始从事农业，种植小麦和土豆，手工业、采矿业和畜产品加工业亦有所发展。近年来，近代工业、交通运输业、文化教育事业有了一定的发展，喀尔喀蒙古人已经融入了现代民族的行列。

蒙古国

蒙古国地处蒙古高原，是亚洲中部的内陆国家，北邻俄罗斯联邦，国界线长3485公里，南部与中华人民共和国接壤，边境线长4676公里。领土总面积为156.65万平方公里，居亚洲第6位、全世界第18位。

蒙古国家宫的成吉思汗雕像

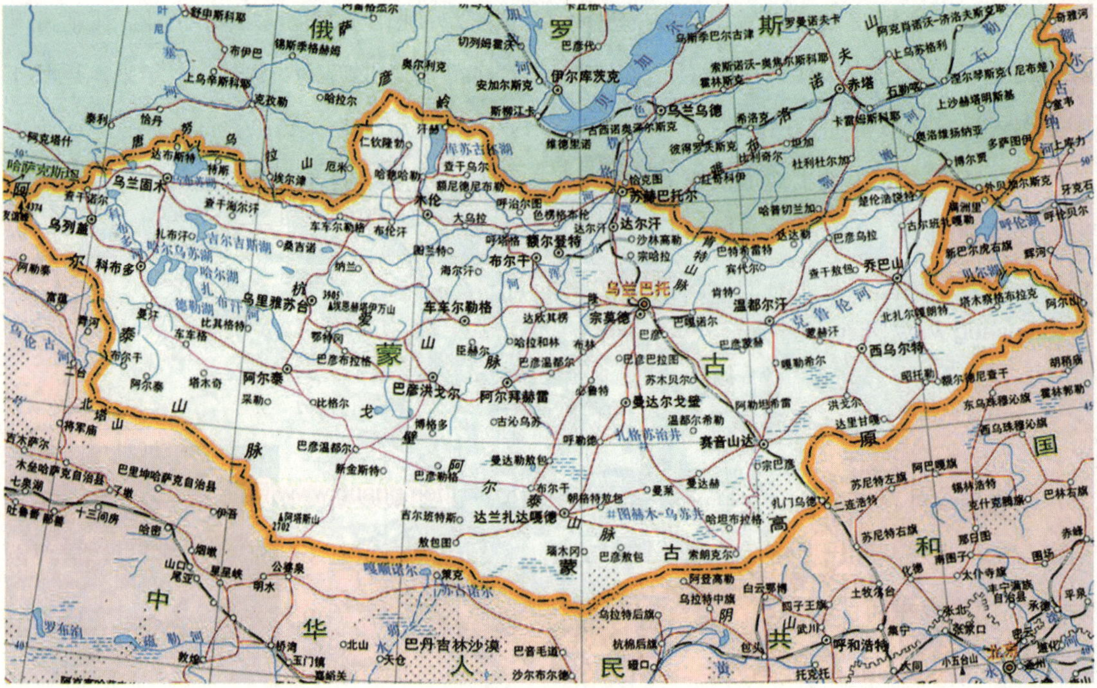

蒙古国地图

全国有人口279.1万（2005年9月统计），是一个地广人稀的草原之国，平均人口密度为每平方公里1.78人。过去大约40%的人口居住在乡下，20世纪90年代以来，城市居民已占总人口的80%，其中生活在首都乌兰巴托的居民占全国居民总数的四分之一。

蒙古国是一个以蒙古族为主的国家，而蒙古族又分为多支。绝大部分蒙古国人属喀尔喀人(也称哈拉哈族)，他们在很大程度上保留了蒙古族的语言和蒙古族的风俗习惯。目前，喀尔喀人占全蒙古国人口的80%。在语言和习惯上相近的还有杜尔伯特人、土尔扈特人、厄鲁特人、扎哈沁人、明阿特人、浩托戈特人、布里亚特人。他们都属于蒙古族的分支，因历史上驻地的不同而单独成为部落。其中以杜尔伯特人最多，大部分聚居在乌布苏省，少数居住在毗邻的巴彦乌列盖省和科布多省。布里亚特人大部分散居在库苏古尔、布尔根、色楞格、中央、肯特、东方等省的北部各县。土尔扈特人、厄鲁特人和明阿特人主要聚居在科布多省。浩托戈特人聚居在苏古尔省和扎布汗省。除蒙古族外，蒙古国还有哈萨克族(占全国人口的5.2%，几乎全部聚居在最西端紧靠中国新疆的巴彦乌列盖省)。还有为数不多的俄罗斯人，散居在中、东部各省。在乌兰巴托和一些其他城市还有为数不多的华侨。

蒙古国的奠基人苏赫巴托纪念碑

国家法定语言为喀尔喀蒙古语，文字使用斯拉夫字母拼写的蒙古文。自上世纪90年代以后，部分恢复了历史上使用的传统蒙古文字。居民主要信奉藏传佛教，蒙古国现在有2500名喇嘛，180名是主持喇嘛，佛教协会会所达十几处。还有一些居民信奉萨满教。哈萨克族信奉伊斯兰教。

蒙古国国旗

蒙古国国徽

蒙古国国旗呈横长方形，长与宽之比为2∶1，旗面由三个垂直相等的竖长方形组成，两边为红色，中间为蓝色。左边的红色长方形中有黄色的火、太阳、月亮、长方形、三角形和阴阳图案。旗面上的红色和蓝色是蒙古人民喜爱的传统颜色，红色象征快乐和胜利，蓝色象征忠于祖国，黄色是民族自由和独立的象征。火、太阳、月亮表示人民世代兴隆。三角形、长方形代表人民的智慧、正直和忠于职责。阴阳图案象征和谐与协作。两个垂直的长方形象征国家坚固的屏障。

蒙古国国徽呈圆形。圆面为蓝色，中间是一匹飞奔的骏马，马中间的图案与国旗上的相同，马之下是一个法轮。圆周由褐色和金黄色的花纹装饰，下方饰以白色的荷花花瓣，顶端是三颗宝石。

首都是乌兰巴托，常住人口94.2万（2004年底统计）。全国划有21个省：后杭爱省（省会策尔勒格）、巴彦乌列盖省（省会乌列盖）、巴彦洪戈尔省（省会巴彦洪戈尔）、布尔干省（省会布尔干）、戈壁阿尔泰省（省会阿尔泰）、东戈壁省（省会赛音山达）、中戈壁省（省会曼德勒戈壁）、东方省（省会乔巴山）、扎布汗省（省会乌里雅苏台）、前杭爱省（省会阿尔拜赫雷）、南戈壁省（省会达兰扎达嘎德）、中央省（省会宗莫德）、苏赫巴托尔省（省会西乌尔特）、乌布苏省（省会乌兰固木）、库苏古尔省（省会木伦）、肯特省（省会温都尔汗）、科布多省（省会科布多）、色楞格省（省会苏赫巴托）、鄂尔浑省（省会鄂尔登）、达尔汗乌勒省（省会达尔汗）、戈壁松布尔省（省会乔伊尔）。

蒙古民族有悠久的历史

蒙古国原称外蒙古或喀尔喀蒙古。蒙古民族有悠久的历史。公元13世纪初，成吉思汗统一大漠南北蒙古各部落，建立统一的蒙古大帝国。1279年至1388年元朝建立。清朝建立后一直属于中国的北疆。1911年12月蒙古王公在沙俄支持下宣布“自治”。1919年放弃“自治”。1921年蒙古人民革命成功，同年7月11日成立了君主立宪政府。1924年11月26日废除君主立宪，成立蒙古人民共和国。1945年2月，英、美、苏三国首脑在雅尔塔会议上背着中国政府签署了《雅尔塔密约》，确定外蒙古独立。1946年1月5日，当时的中国国民政府迫于压力承认外蒙古独立。国民党政权退到台湾后，对斯大林没有遵守《中苏友好同盟条约》的条款感到愤慨，并以苏联违约为由，在联合国状告苏联，宣布《中苏友好同盟条约》失效，从而不承认外蒙古的独立。苏联解体以后，蒙古实行资本主义制度，1992年2月由“蒙古人民共和国”改名为“蒙古国”。

蒙古国是一个内陆高原国家，所在的位置为亚洲中部的蒙古高原。全国平均海拔为1580米，最高的山是友谊峰，海拔4653米。它的西部、北部和中部多为山地，东部为丘陵和平原，有一马平川的天然牧场，南部是戈壁沙漠。山地间多溪流、湖泊，主要河流

蒙古高原的牧场

为色楞格河及其支流鄂尔浑河。境内有大小湖泊3000多个，总面积达1.5万余平方公里。属典型的大陆型气候。其地质结构复杂，山脉多系火山岩构成，土层较厚，基岩裸露，土壤种类以栗钙土和盐碱土为主，北部有冻土层，从北至南大体为高山草地、原始森林草原、草原和戈壁荒漠等6大植被带。蒙古国可利用土地面积为15646.64万公顷，其中，农牧业用地面

额尔登特铜钼矿

积占80%，森林面积占10%，水域面积占1%。

气候条件比较恶劣，冬季长、夏季短、春秋两季短促，全年干旱少雨。季温差和日温差均很大，冬季最低气温可至零下40℃，夏季最高气温可至40℃以上，年平均气温零下2.7℃。阿尔泰、杭盖、库苏古尔和肯特等山区夏季的平均气温为14℃—15℃；南部戈壁和东部平原地区最高气温达40℃以上。西北部山区冬季的平均气温为零下25℃至零下30℃，最低气温达零下40℃；戈壁地区冬季平均气温为零下15℃至零下30℃，最低气温达零下38℃。

蒙古国矿产资源十分丰富。现已探明的有煤、铜、钨、萤石、金、银、钼、铝、锡、铁、铅、锌、铀、锰、磷、盐、石油等80多种，其中煤炭蕴藏量约500亿－1520亿吨。此外，萤石蕴藏量约为1800万吨，铁为20亿吨，磷为2亿吨，铜为800万吨，钼为24万吨，锌为8万吨，金为3100吨，银为7000吨，石油为15亿桶。额尔登特铜钼矿已列入世界十大铜钼矿之一，位居亚洲同类储量之首。在上述矿藏中，铜、黄金、煤炭、萤

蒙古国的森林资源

石、石油在国家经济中占有突出地位。

水资源也较丰富，全国共有河流3800条，总长度达6.7万公里，有3500个湖泊，7000多处泉眼。主要河流有色楞格河、鄂尔浑河、克鲁伦河和科布多河等50多条，大部分分布在北部、中部地区。湖泊大多分布在西北地区，主要湖泊有乌布苏湖、库苏古尔湖、吉尔吉斯湖和哈拉乌苏湖。南部则河流、湖泊很少。蒙古国水资源总量为1920亿立方米，其中河湖水资源为1800亿立方米，地下水资源为120亿立方米。人均水资源8万立方米。

森林资源丰富，总面积为1530万公顷，森林覆盖率为10%。木材总蓄积量为12.7亿立方米，其中落叶松占72%，雪松占11%，红松占6%，其余为桦树、杨树、红杨树等。森林主要分布在乌兰巴托以北、以西和东部的肯特、库苏古尔、杭盖、阿尔泰等省区的山区地带。由于蒙古森林保护措施得力，采取部分标伐措施，森林面积仍在不断增加。森林中长有大量的野果、松子、蘑菇、木耳和药用植物，有300多种植物和灌木。蒙古野生动物资源也较丰富，有150多种野生动物。有世界濒临绝迹的一级保护动物野驴、野驼、戈壁熊、盘羊、羚羊，以及麋鹿、麝香、旱獭、狐狸、猞猁等。还有100多种鸟类。

蒙古政府非常注重保护自然资源，采取各种措施拯救濒危野生动物。截至1999年底，先后建立49个自然保护区，总面积达1800多万公顷，占国土面积12%。自然保护区为保护野生动物，特别是戈壁熊、野马和野骆驼等濒危野生动物创造了条件。野马绝迹后又从国外引进，已繁殖到130多匹，成为世界上拥有野马最多的国家。野骆驼的数量增加到600多峰。被列入世界红皮书的野驴在蒙古已大量繁

蒙古国自然保护区的野驴

蒙古国的煤炭工业

殖，在戈壁地区上千头野驴经常成群出没。蒙古野生动物中数量最多的是黄羊，达到80多万只。辽阔的蒙古草原已成为野生动物的乐园。

蒙古国工业起步于20世纪50年代，发展到80年代，已成为国民经济的主要部门。蒙古国工业以轻工、食品、采矿和燃料动力为主。其中，采矿和燃料动力工业是蒙古的支柱产业。轻工业和食品工业在蒙古工业部门中占优势地位，主体产品以加工畜产品为主。2005年，工业总产值同比增长的有矿产业、水、电、供暖业。其中矿产业增长了34.5%。2005年，118种主要工业产品生产有所增长，增长的主要产品有黄金、煤炭、电力、热力、电解铜、水泥、石灰、面粉、饮料、酒精、药品等。2005年，蒙古国工业产品销售额为14633亿图，其中国外市场销售7713亿图，销售的工业产品中，矿产占66.4%，加工业产品占19.5%，电力、热力、水供应占14.1%。

畜牧业是蒙古的传统产业，也是国民经济的基础产业。目前，全国约有50%的人口从事农牧业生产。国内工业原料和人民生活必需的消费品大部分来自畜牧业。2005年，蒙古有牲畜3040万头（只），其中骆驼25.42万峰，马200万匹，牛190万头，绵羊1290万只，山羊1330万只。蒙古国农业起步于上世纪50年代末期。主要作物有小麦、燕麦、大麦、圆白菜、马铃薯和饲草料。粮食产区主要集中在色楞格省、布尔干省、肯特省、科布多省、中央省等省区。2005年，蒙古国全国耕种面积为189500公顷。其中，粮食种植面积159100公顷、蔬菜5900公顷，牲畜饲草料5200公顷。

交通运输业现在以铁路和公路为主要运输方式。目前，蒙古国铁路总长1800公里，

连接中、蒙、俄三国的铁路

全国货运量的3/4和客运量的1/3依靠铁路运输。1956年完成了从扎门乌德经乌兰巴托至苏赫巴托全长1100公里的铁路总干线的建设，此线贯穿蒙古国南北，连接中、蒙、俄三国，把北京、乌兰巴托和莫斯科三个城市紧密地联在了一起。蒙古国公路总长约5万多公里，主要以自然公路为主，国家级公路为11063公里，其中，水泥、沥青路占11.9%，砾石路占12.5%，土路占75.6%。蒙古国地域广阔、人口稀少，航空运输发挥着重要作用。蒙古航空运输线，连接了国内20个城市。蒙古全国共有飞机近40架，空运航线总长4万公里，与莫斯科、北京、呼和浩特、伊尔库茨克、新西伯利亚、汉城、大阪、柏林和伊斯坦布尔之间有定期航班。全国只有一个国际机场，即乌兰巴托市的“成吉思汗”国际机场。另有约190多个民用简易机场。

蒙古国立大学

近年来，蒙古国移动通信业发展迅速。目前，该国拥有两大移动网络，从1996年开始正式提供GSM服务，2001年引进CDMA技术。移动技术很快占据了大部分市场，街头的公用电话也是无线型的。在蒙古国，有一半以上的家庭装有固定电话，电话普及率30部/百人，移动电话用户57万户，城市家庭成员几乎人人都有了手机。

对外贸易主要是以铜钼精矿、羊毛、山羊绒、皮张、地毯和畜产品等初级产品，换取机器设备、燃料油和日用品。截至1992年8月，100%的燃料汽油、近80%的工业原料和零件以及40%的日用品都靠进口。主要贸易对象是俄罗斯和中国。对中国的进出口贸易，1992年达到了空前的1.8387亿美元。近两年来，以美国为首的西方国家以提供经济援助和发展贸易来支持蒙古的所谓“民主化进程”，因而蒙古同西方国家经贸关系发展较快，1992年比上一年出口增长9.3%，进口增长6.8%。这一年，蒙古获得的西方国家和国际组织的援助和贷款共1.224亿美元，全国人均55.6美元。1995年获得外国和国际组织的贷款7亿多美元。

蒙古国教育水平比较高，全国15岁以上人口中，文盲仅占2.2%。实行国家普及免费普通教育制，全日制普通教育学校共695所，高等院校约18所。主要国立高等院校有国立大学、技术大学、国

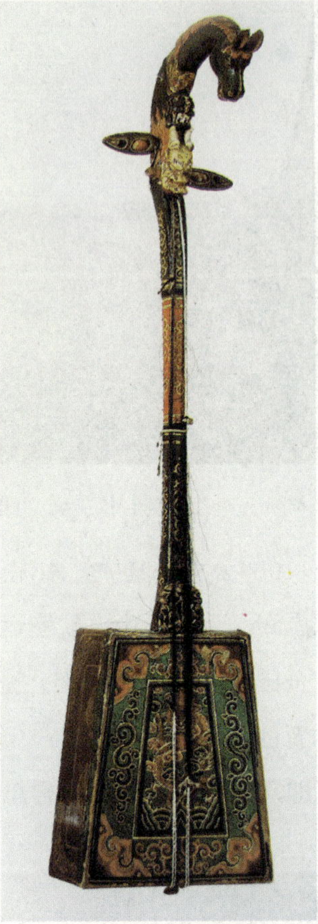

马头琴

那达慕大会上的摔跤手

立师范大学、国立农牧业大学、医科大学、人文大学、文化艺术大学等，主要私立大学有奥特根腾格尔大学、蒙古商业学院、乌兰巴托学院、额尔浑学院等。2005—2006学年，全国各类学校在校生达806000人。

蒙古国的节日为藏历春节，蒙语称“查干萨日”，日期与我国藏历新年相同，是蒙古民间最隆重的传统节日，以前称为“牧民节”，只在牧区庆祝。1988年12月，蒙古大人民呼拉尔主席团决定，春节为全民的节日。1997年6月13日，蒙古国庆中央委员会第三次会议决定将蒙古国庆节易名为“国庆节－那达慕”。那达慕，蒙语意为“游戏”或者“娱乐”，原指蒙古民族历史悠久的“男子三竞技”（ 赛马、摔跤和射箭），现指一种按着古老的传统方式举行的集体娱乐活动，富有浓郁的民族特点。另外，在秋高气爽的季节，为欢庆畜牧业丰收或其它活动，也经常举办“那达慕”大会。

首都乌兰巴托

蒙古国首都乌兰巴托，意思是“红色英雄城”，原名大库伦，具有300多年的历史，是一座具有浓郁草原风貌的现代城市。城市面积4704平方公里，常住人口94.2万（2004年底统计）， 集中了蒙古国四分之一的人口。

乌兰巴托位于蒙古高原中部，肯特山南端，鄂尔浑河支流图拉河畔，海拔1351米。这里地处内陆，属典型的大陆性气候，冬季最低气温达零下40℃，夏季最高气温达35℃，年平均

乌兰巴托是一座具有浓郁草原风貌的现代城市

气温零下2.9℃。乌兰巴托南北两面是连绵起伏的群山，清澈的图拉河从城南的博格达山脚下自东向西缓缓流过，东西两面为广阔的草原，也是城市发展的走向。城市主要街区坐落在图拉河北岸。

乌兰巴托始建于1639年，当时称“乌尔格”，蒙语为“宫殿”之意，是喀尔喀蒙古“活佛”哲布尊丹巴一世的驻地。“乌尔格”在此后的150年中，游移于附近一带。1778年起，

喀尔喀蒙古“活佛”哲布尊丹巴住所旧址

逐渐定居于现址附近，并取名“大库伦”，蒙古语为“大寺院”之意。1924年蒙古人民共和国成立后，改大库伦为乌兰巴托，并确定为首都。

乌兰巴托市区沿着图拉河布局，呈狭长形，市中心除了现代化的建筑群鳞次栉比、错落有致外，还有面积达5.2万平方米的苏赫巴托广场。另外，市中心有蒙古议会大楼，总统府和人民广场。广场正中矗立着蒙古人民革命领袖苏赫巴托策马扬鞭的巨幅雕像，北侧是庄严壮观的国家宫。西部有乌兰巴托成吉思汗国际机场。市区南面有蒙古的圣山，山顶有蒙古人民革命纪念碑，可俯瞰全市。城市的东西两面则是一排排拔地而起的现代化住宅楼，楼房多为蓝色和白色，在阳光下交相辉映，显得柔和漂亮。城北山坡上有如朵朵白云、颗颗珍珠的蒙古包，将游牧民族古老的文

蒙古国国家宫

明与现代化的气氛融为一体。

乌兰巴托街道宽广整齐，两旁的树木高大挺拔碧绿，马路上型号繁多、色彩各异的汽车穿梭来往。倘若只是这样，那乌兰巴托便与其他城市无异。但是，乌兰巴托有自己的独特的魅力：林荫道两旁的草坪里，散放的牛羊在吃草；车流滚滚之间，牧民身着蒙古袍跨马游街；轿车与骆驼、牦牛一起等候红绿灯；腰系鲜艳腰带、脚登传统马靴的老妈妈和她身穿超短裙的女儿一起逛街，展现出别具一格的魅力。

乌兰巴托可谓年轻人的城市，在90多万城市人口中，30岁以下的年轻人占70％以上。由于年轻人多，整个城市充满青春活力。尽管近几年蒙古经济困难，然而，乌兰巴托人不知愁为何物，生活依然洒脱和浪漫。下班后和节假日，他们常常是一家人或去影剧院观看精彩的文艺演出，或驱车远行到郊外欣赏大自然的美景。距乌兰巴托几公里之外，便是辽阔的草原。目前城

蒙古最大的寺院甘登寺

乌兰巴托市中央文化宫

市的基础设施和商业设施均不够发达，市区内四处可见大片的蒙古包和简易的木板房。乌兰巴托是一个古老的城市，同时也是一个年轻的现代化城市。古老的庙宇和新建的高楼大厦，传统的蒙古袍和现代的西装革履，转经筒和电脑，骆驼和轿车，昨天的故事、今天的现实、明天的理想在这里交织、汇聚和碰撞。

如今，乌兰巴托已由蒙古昔日的宗教中心变成全国政治、经济和文化中心。它集中了全国60％的工业企业。城市附近的矿产资源主要是煤矿。全国大部分工厂企业都设在这里。工业以轻工业和为主，全市工业总产值约占全国工业总产值的一半以上。乌兰巴托市地毯厂生产的纯羊毛地毯和挂毯多次获得莱比

乌兰巴托市摔跤馆

锡国际博览会奖牌，还有裘皮服装、山羊绒和驼绒制品，裘皮服装和驼绒制品的质量亦堪称一流，成了该市主要的出口创汇产品。

乌兰巴托是全国交通运输的枢纽。这里有通向全国各省市的公路网和飞机航线，有铁路同中国、俄罗斯相衔接，有直达火车开往莫斯科、北京和呼和浩特。还有固定的航班通往北京和莫斯科及世界其它城市。从乌兰巴托向南北延伸的铁路干线，不仅在蒙古经济建设中发挥着巨大作用，而且是连接中蒙俄三国并继续延伸的亚欧“大陆桥”的重要组成部分。

在文化教育方面，全国8所国立高等院校，这里就有7所。还有中等专业学校、职业技术学校和十年制中学。据统计，乌兰巴托人平均每四人中就有一人在上学。

乌兰巴托同中国内蒙古自治区首府呼和浩特和天津市结为友好城市。

乌兰巴托成吉思汗国际机场

蒙古国的风土人情

辽阔的草原，广袤的戈壁，成群的牛羊，圆形的蒙古包，慓悍的牧民，天苍苍野茫茫的自然风光，组成了内陆国家蒙古国的典型风情画面。蒙古人民自古以来以畜牧业为生，过着逐水草而居的游牧生活，绵羊、山羊、牛、马、骆驼五大牲畜在蒙古人生活中占有重要地

蒙古人的服饰

位，由此组成了蒙古国的草原文化。我们就从吃、住、行来看他们的风土人情吧。

蒙古袍是蒙古民族的传统服饰，具有草原服饰文化的典型特点。有皮袍、棉袍、布（绸、缎）袍。女士袍子因地域和部族的不同而异，一般均以缎料为主，袍子上扎的腰带以整幅绸子为之；男子腰带喜用金黄色和橙黄色，女子爱扎紫和绿等颜色的带子。男子袍多用棉布料，也有用缎料的。男子戴的帽子分冬夏两种，冬季戴皮帽、风雪帽，夏帽为尖顶圆帽和毡帽，妇女戴凉圈帽。帽子一般以兽皮作里，绸、缎、布料做外套。蒙古靴子为高筒靴，有革制、毡制和布制的，上绣有传统花纹。在现代，蒙古牧区人仍多着蒙古袍，而城市居民则多穿现代服装，在庆典和重要节日时才着蒙古袍。男子通常腰佩蒙古刀、火镰和鼻烟壶，妇女则喜用头饰。蒙古人的服饰十分适用草原的游牧生活。

蒙古人饮食文化的一个特点就是食物中牛羊肉居多

蒙古人饮食文化的一个特点就是食物中牛羊肉居多。牛羊肉是他们的主要食品，似乎只要有了牛羊肉和面包，他们基本上就不再需要什么别的食品了。一入深秋时节，他们就忙于储存牛羊肉。秋冬季节，在乌兰巴托居民楼的阳台上，常常可以看到居民晾晒的一条条牛羊肉干，远远地散发着牛羊肉味，充满了生活的气息。冬天，家家的阳台上都存放着成袋的牛羊肉，常见有人从家里阳台上劈下一块肉，拿

穿蒙古服装的妇女

回屋里去，作为当天的菜肴。通常蒙古人家一个冬天要吃数只牛、羊的肉。牛羊肉的价格也比较便宜，因此肉食是他们的主要食物，被称为“乌兰伊德格”。一般食肉不用筷或叉，而是左手拿肉，右手拿刀切着吃。奶食品、砖茶也是蒙古人必备食品。蔬菜比肉贵，似乎也是蒙古饮食文化中的一个特点。蔬菜品种单调，数量稀少，且价格昂贵。至于鸡蛋，则是按个来卖。鸡肉和各种水果就更贵了，简直成了草原饮食文化中的“奢侈品”。

牛羊赖以生存的大草原对于居住在城市里的人来说，似乎还具有一种精神的魅力，甚至可以说是魂之所系。盛夏时节，城里

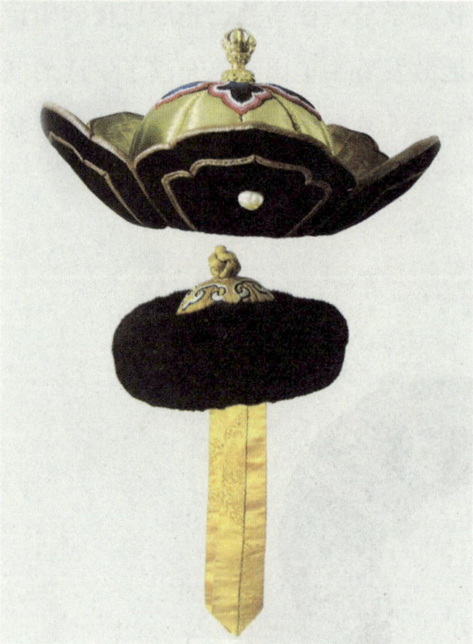

蒙古帽子

的大部分居民都携家带口到牧区去避暑消夏。他们有的居住在亲戚家里，也有些人住在自己的别墅或蒙古包里。有人生了病，也要到牧区去喝一喝牧区生产的酸马奶和马奶酒。据说喝了它，就可以把肠胃里的“脏东西”统统打下来，由此起到强身健体的作用。

在城市里，有些街道与街道、建筑与建筑之间，还留有大片的天然草地，附近牧区的牛羊就常常“进城闲逛”，像在大草原上那样悠然自得，在楼房旁边，经常看到蒙古包，很多人习惯在夏天住在蒙古包内，尤其是老人。城市附近的牧民也经常把蒙古包搬到市郊附近来居住。这自然把草原文化带到城市里来，使草原和城市有机地结合在了一起。在街道上，偶尔也可以看到一些牧民骑马进城。他们走近楼

城市附近的牧民也经常把蒙古包搬到市郊来居住

奶 具

自然保护区的马鹿

房，便将马拴在门口。拴马的方法也很独特，不是把马拴在拴马桩上，而是将马的前后腿双双拴绊在一起。这样，马就只能在原地打转转，而不会走开了，还可以吃附近的嫩草，一举两得。

蒙古人有着良好的动物保护习惯，当人们乘汽车离开市区后，隔不多远就可以看到成群的牛羊慢悠悠地走在公路上。这时候，每个开汽车的人都不会按喇叭，而是尽量放慢速度，躲闪着牛羊，小心翼翼地在它们中间穿行，从没有人向牛羊显示汽车的威力和速度。在城郊附近的空地上，偶尔还可以看到从山野跑到城郊闲逛的野生马鹿或黄羊，只要人不去近处招惹它，它是不会受惊吓而跑掉的，体现了人与动物的和谐生存，天人合一的景色。

在蒙古国，畜牧经济在国民经济中占很大比重，人们很重视畜牧业生产。春季是接生羊羔的季节，这时候，城市的中小学都要放春假，目的是为了让孩子们回去帮助大人接羔保畜，使他们从小养成爱劳动和重视畜牧业的

蒙古国的畜牧经济在国民经济中占很大比重

习惯。羊羔出生的季节，常常会出现暴风雪。每当这时，小羊羔稚嫩的生命就可能夭折，甚至还有牧民为寻找牛羊而失踪的事例。所以春季的暴风雪成了蒙古人普遍关注的一个焦点，因此降雪量在草原文化中也有着重要的意义。如果当年的冬雪太大，压住了草场，牛羊吃不上牧草就会饿死冻死，就可能发生被称之为“白灾”的自然灾害。相反，如果当年一冬雪量很少甚至没有下雪，大地被吹干，牧草容易被风吹跑，牛羊吃不上雪水和牧草，就会渴死饿死，就可能发生被称为“黑灾”的自然灾害。由此可见，畜牧业经济是一个受自然影响特别大，很脆弱的经济体。在冬季，人们见面通常要说下雪之事，就像农民常常会谈论天气对庄稼的影响一样。

蒙古人有着非常讲卫生的习惯。例如，无论是在办公室还是在家里，人们天天都要用肥皂水擦地，把地板擦得干干净净，玻璃窗也是隔几天就要擦一次，下班后办公室的桌子上从来不摆放任何物品，不论是家庭还是办公场所，都干净利落整洁有序。城市里的居民楼一年到头每天24小时供应热水，家

蒙古人的家庭和饮食

里也很讲究装饰，并挂着各式的壁毯和装饰物。

蒙古人也过春节，被称之为“查干萨日”。实际上，这个春节是藏历春节，有时和中国的春节正好重合，有时则相差一两天。春节期间，蒙古同样是放三天假。在这一传统节日里，无论男女老少，大多穿传统民族服装蒙古袍，着艳丽的腰带，给人们一种十分喜庆的感觉。蒙古人过春节也讲究拜年，但客人往往是空手而来，倒是主人要向客人献哈达。不过，这种献哈达多是仪式性的。客人接过哈达，还要再回献给主人。这样做，可以说是既交流了感情，又节约了开销。不过，客人临走时，主人通常要赠送一些礼物，如肉干、糕点或糖果等。蒙古人过春节也有送压岁钱的风俗。但与中国习惯不同的是，不是长辈送给晚辈，而是晚辈送给长辈。晚辈送压岁钱给长辈，是表示晚辈对长辈的尊敬，感谢长辈的养育之恩。再一点不同的是，这种压岁钱只是象征性的，因此一般数额并不大。

蒙古国欢庆节日的人们

蒙古人喜欢喝酒，不仅在宴会上喝，茶话会上喝，联欢会上喝，就连外出郊游时也喝。一瓶酒只要打开盖，就一定要当即喝完，他们所喝的酒大多类似俄罗斯的“伏特加”酒。他们喜欢喝酒，与气候严寒有关。除此之外，喝酒似乎还被看做男子汉的一种气概。有的蒙古女人就说：“男人如果不喝酒、不吸烟，活得就太没意思了。”但是，在蒙古酗酒现象也很严重。政府与酗酒展开了强有力的斗争。

蒙古人受中华文化影响也很深，这可能是蒙古脱离中国仅仅80多年的缘故吧。例如，他们也吃包子、饺子、馅饼和面条，而且还借用汉语的发音来称呼这些食品。在一些常用名词中，也夹杂有古汉语名词成分。例如称洗脸盆为“铜盆”、火柴为“取灯”、鞋为“纱孩”等等。来到喇嘛寺庙后，看到建筑物有仿佛身在中国一样的感觉。近些年来，在乌兰巴托等城市里，市场上充斥着中国商品，蒙古人的日常生活已经离不开中国产品了。在大街上经常看到中国人的

具有中华特色的博格多汗宫门

身影，中餐馆在蒙古各大城市里也开设得很多，中国和蒙古国的联系越来越紧密了。

由于受苏联的影响，蒙古人在饮食方面已经相当俄罗斯化。他们很爱吃酸黄瓜和黑面包，还爱吃土豆或卷心菜做成的沙拉。当地餐馆中也多是俄式饭菜。在就餐方式上，蒙古人像欧美人一样，普遍使用刀叉，而且实行分餐制。尽管蒙古人的传统饮料是奶茶，但咖啡也很普遍。政府机关和各大公司通常向工作人员和职工提供咖啡。

蒙古人像俄罗斯人一样，很重视休闲与度假。每年6月，当草原开始变绿的时候，城郊的河畔便支起一个个小帐篷，一户户人家在河边钓鱼、野炊，享受着假日的悠闲。每年7月开过那达慕大会之后，城市里的人和汽车一下子就少了许多，人们都到“夏

营地”度假去了。很多人家在草原上有自己的小木屋，这些小木屋有的坐落在小溪旁，有的搭建在山坡上，有的则掩映在树丛中。人们说，夏天如果不去度假，一年的身体就不会好。秋天，人们常常开着车去采蘑菇。冬天，滑雪则是很多年轻人的一大爱好。蒙古人也很喜欢俄罗斯和欧美各国的音乐，即使在传统的那达慕大会上，也能听到乐队在演奏欧美

乌兰巴托附近的度假村

的一些名曲。

几十年来，蒙古的社会生活深受苏联的影响，渐渐地失去了自己的一些文化传统。近年来，蒙古国已开始注意寻找本民族的文化特色。首先，恢复了停用50多年的老蒙文（现在中国蒙古族使用的文字）。蒙古电视台新闻节目的字幕已同时使用新、老蒙文，一些单位的牌匾上也是新、老蒙文并用。中国的内蒙古电视台蒙古语节目也在蒙古国首都乌兰巴托落了户，很受当地人的欢迎。按照蒙古政府现在的规定，大学生在校期间，都要学习一年的老蒙文。当然，要在蒙古完全恢复使用老蒙文，还面临着一定的实际困难。但人们对历史上使用的传统老蒙文都怀有一种强烈的民族感情。

现在，成吉思汗又成为了蒙古人心中崇

在那达慕大会上手持苏力德的仪仗队骑士

拜的偶像。大约有一半的蒙古人改用了成吉思汗的姓氏。在很多人的家庭里，都肃穆庄严地贡奉着成吉思汗的画像。2006年，蒙古国隆重举行了庆祝成吉思汗称汗800周年的纪念仪式，邀请了很多国家的外宾参加。

蒙古最引以为荣的是那达慕大会，这是蒙古人延续几百年的传统竞技娱乐活动。现在，每年7月11日国庆之时，蒙古国都要举行这一盛会。大会开始前，先要在乌兰巴托市中心的苏赫巴托广场举行传统的出发仪式，由9名骑着白马、身着古代战袍的骑手作引导，手中举着苏力德（成吉思汗时期的军旗），前后都有由棕红色的马组成的方阵。马队从广场出发去会场时，有三名身穿民族服装的妇女用小勺把牛奶从桶中舀出，洒向空中。这是蒙古人在古代战士出征或亲人远行时举行的一种仪式。在这一节日里，人们穿上最鲜艳漂亮的蒙古袍参加盛会，不少远郊的牧民骑马前来，并把蒙古包也搬来，他们纷纷在生机盎然的草原会场上、敖包旁歌舞、娱乐、竞技。通常在那达慕大会上举行的蒙古传统体育竞技活动是赛马、摔跤和射箭三项比赛。比赛开始后，成千上万的人们山呼海啸，观赏马儿迈着潇洒不羁的步子，成群掠过开阔的原野，飞奔到目的地的场面。在摔跤场上，人们观看着那些膀大腰圆的蒙古勇士击败对手，跳着传统胜利者的鹰舞昂首绕场的形象。那达慕大会作为世界上最为奔放、最为狂欢的盛事之一吸引了无数游客。此时，你会发现自己被裹挟在了一种超强力的蒙古草原文化氛围中，仿佛天地万物都被这种气氛深深地感染了。

近年来，藏传佛教在蒙古国也有了很大程度的恢复和发展。很多喇嘛庙又重新开放了，庙里有一些喇嘛在念经，也有一些人来祈祷，但更多的是参观者。现在蒙古人的婚丧嫁娶仪式，也经常能看到喇嘛的身影了。在一年一度的那达慕大会上，也有喇嘛诵经，祈祷幸福与和平。

哈剌和林的额尔德尼召

喀尔喀蒙古人的历史渊源

喀尔喀蒙古，是中国清代漠北蒙古族诸部的名称，最初见于明代文献，以游牧于蒙古高原喀尔喀河地区而得名。喀尔喀蒙古的驻牧地地处亚洲蒙古高原腹地，也称漠北地区，是成吉思汗和蒙古大帝国的发祥地，漠北地区在元朝时期属于岭北行省，这个地区历来是蒙古民族赖以休养生息的土地。

15世纪末叶，成吉思汗15世孙巴图孟克被拥立为汗，号达延汗，重新统一蒙古诸部，被誉为蒙古历史上的“中兴之主”。达延汗随后将漠南、漠北原来各不相属的大小领地合并为6个万户，分为左右两翼。喀尔喀万户属左翼，共十二部。内五部驻牧在喀尔喀河以东，达延汗封授给第五子阿尔楚博罗特；外七部驻牧于河西地地区，封授给幼子格埒森扎·札赉尔珲。达延汗死后，内五部逐渐南迁到内蒙古地区，改名为扎鲁特部和巴林部等部，他们在清朝初年就已经归顺清朝，被编为蒙古八旗，属内札萨克旗（即内蒙古）。达延汗幼子格埒森扎·札赉尔珲仍然留居在喀尔喀河故地，保留喀尔喀蒙古部旧称，游牧地域逐渐扩大。 16世纪末17世纪初，喀尔喀部囊括了东自呼伦贝尔的额尔古纳河，西至杭爱山，北自贝

漠北地区在元朝时期属于岭北行省

达延汗（1474—1517）

蒙古帝国故都哈剌和林遗址

加尔湖，南抵漠南蒙古北部的广袤地区，即今天蒙古国的大部分领土。

这时的喀尔喀蒙古已经形成土谢图汗部、赛音诺颜汗部、车臣汗部和札萨克图汗部四部。四汗部都是达延汗后裔，虽同出一源，但互不统属，各自为政。在四汗部中土谢图汗部势力最强大，土谢图汗利用藏传佛教的活佛转世制度，使喀尔喀最大的活佛迈达理呼图克图转世于自己的家中，即一世哲布尊丹巴活佛，从而使土谢图汗部成为了全喀尔喀的宗教中心。喀尔喀内外重大事务一般通过各部的会盟来协商解决。

1636年，漠南蒙古被清朝征服后，喀尔喀失去了缓冲地带，暴露在清朝的兵锋之下。虽然清朝把注意力主要集中于中国内地的用兵上，但也没有停止对喀尔喀地区的渗透。1638年，清朝要求喀尔喀各汗每年向清朝纳贡白驼一只，白马八匹，称为“九白之贡”，否则以不忠问罪。面临清朝的威胁，喀尔喀人寻求与卫拉特蒙古联合共同抵制清朝。1640年，在札萨克图汗苏巴第的倡导下，喀尔喀和卫拉特诸贵族在塔尔巴哈台举行会盟，制订了《蒙古—卫拉特法典》。在法典的鼓舞下，喀尔喀首先加紧抵抗清朝，于1646年策反漠南蒙古苏尼特部首领腾机思，引起清朝的震惊。清朝遂出兵征讨腾机思，喀尔喀联军迎战失败。由于路途遥远，清军要全部占领喀尔喀并非是一件容易的事情，所以清军很快班师回朝。然而，在清朝的强大威慑下，土、车二部纷纷派遣使臣谢罪，喀尔喀与清朝的关系得到了缓解。1655年冬，清朝在喀尔喀设立左右翼八札萨克，保持对朝庭的“九白年贡”，并成为制度。札萨克图汗部也在清朝军事威胁、政治分化以及经济封锁等多种压力和土、车二部已经屈服的情况下，于1659年开始执行八札萨克制度，双方关系也得到和解。八札萨克与“九白

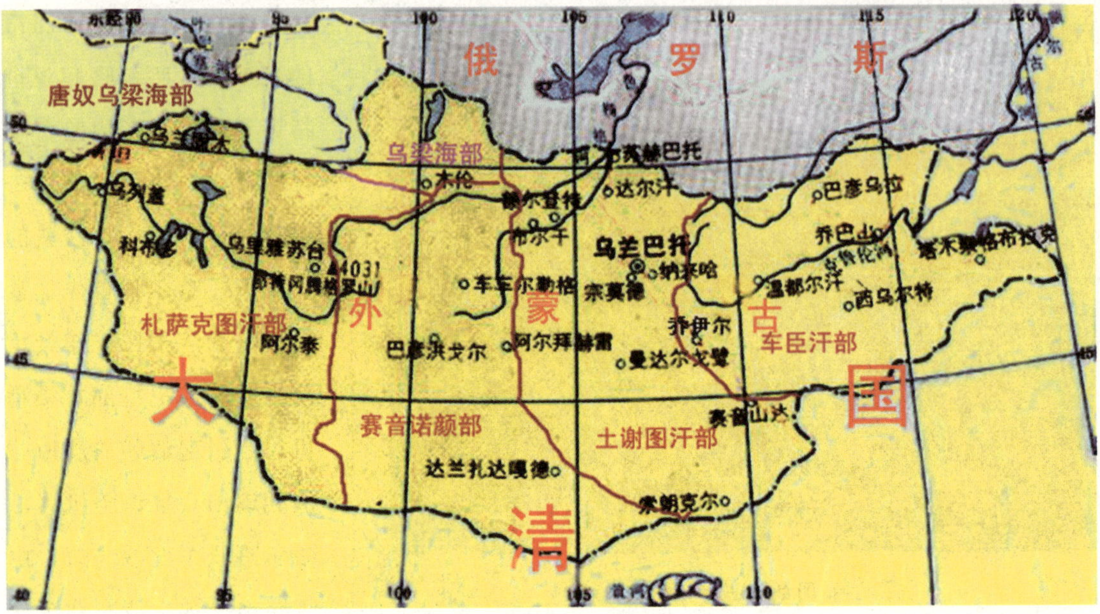

喀尔喀蒙古四大部分布图

年贡”象征着清朝和喀尔喀之间具有了名义上的而不是实际的臣属关系。

1640年的喀尔喀部与卫拉特部会盟，虽然使喀尔喀各部暂时团结起来，但是随着反清斗争的失利，内部的矛盾和纷争重新显现出来。他们围绕牧场、人畜和汗位经常发生争斗，使喀尔喀走进内讧不已的年代。

17世纪初，漠西卫拉特蒙古准噶尔部强盛起来，建立起了威震中亚的准噶尔汗国。准噶尔部早有染指喀尔喀的梦想，其首领噶尔丹趁此机会加快了对喀尔喀的渗透，开始对喀尔喀札萨克图汗部给予种种保护，使其倒向自己的一边。

1687年，噶尔丹利用札萨克图汗部与土谢图汗部的矛盾，挑起事端，喀尔喀与准噶尔之间的关系紧张到了战争一触即发的地步。1688年，噶尔丹终于挑起了对喀尔喀的战争。当年春天，噶尔丹率兵侵入到杭爱山一带大肆掠夺。五月份，喀尔喀与准噶尔的战争消息不断传到北京朝廷，漠北地区形势不断告急。七月份，哲布尊丹巴活佛派遣使臣到朝廷告急，通报了土谢图汗战败的消息。八月份，土谢图汗率部众十几万人奔向漠南，投奔清朝中央政府，请求给予保护。康熙皇帝答应了他们的要求，把土谢图汗部安置在苏尼特界内，又把车臣汗部安置在乌珠穆沁界外，将札萨克图汗部安置在乌拉特界外。朝廷还从归化城（今呼和浩特）、张家口等地运米粮赈济各部。此后，其余各喀尔喀部也相继归附清朝中央政府。朝廷对各部一一进行了赈济并对其游牧居住地进行了安排。喀尔喀战争结束后，虽然噶尔丹占领了喀尔喀，但其多数部众尤其是土谢图汗、哲布尊丹巴等代表人物南下归顺了清朝，可他们却离开了喀尔喀故地。

为了稳定内附各部的秩序，避免喀尔喀蒙古与他们所寄居的内蒙古各部之间再起纠纷，清朝中央政府派遣漠南蒙古科尔沁亲王沙律等前往各部驻地，宣示内地法规。1691年，在科尔沁亲王沙律的主持下，在内蒙古的多伦诺尔举行了漠南蒙古和喀尔喀蒙古的会盟。喀尔喀蒙古各部贵族都应邀出席，内蒙古49旗贵族也全部出席。在这次会盟上，喀尔喀首领主动要求按照内蒙古49旗的组织形式设置喀尔喀蒙古盟旗，康熙皇帝欣然同意并宣布将喀尔喀分为34旗，旗下设参领、佐领，建立了与内蒙古相同的盟旗制度。至此，喀尔喀蒙古和清中央政权的关系进入了更加稳定的阶段。喀尔喀蒙古对清中央政府的向心力显著增强。雍正三年(1725)，朝廷又把喀尔喀部分为4部86旗，属外札萨克，仍袭用喀尔喀蒙古称呼，隶属清朝理藩院，归乌里雅苏台定边左副将军节制。

针对准噶尔对喀尔喀的入侵和对其北疆的侵扰，康熙皇帝于1690年亲率大军，在乌兰布通大败噶尔丹。在对准噶尔的作战中，喀尔喀部派出军队跟随清军主力作战，立下了汗马功劳。如在乌兰布通战役中喀尔喀首

各喀尔喀部相继归附清朝中央政府

多伦诺尔会盟旧址——汇宗寺

领善巴捕获噶尔丹同党博罗特和卓，是对准噶尔的有力打击。1696年，康熙帝亲率15万大军再次北征噶尔丹，在昭莫多彻底摧毁了噶尔丹的主力军，取得了歼灭准噶尔军队的重大胜利。噶尔丹仅率数十骑突围。接着康熙帝又连续两次亲征，使噶尔丹陷入绝境。1697年3月13日，噶尔丹在阿尔泰的阿察阿穆塔台病逝，是年54岁。准噶尔人对喀尔喀长达10年的统治随之宣告结束。内附的喀尔喀人陆续返回漠北，清朝的边境线延伸到阿尔泰山，广袤的喀尔喀蒙古地区被并入清帝国的版图，清朝政府实现了对喀尔喀蒙古的有效管辖。

清朝康熙皇帝（1654—1722）

正当喀尔喀蒙古统一于清朝中央政府之时，沙皇俄国开始蚕食中国领土。在入侵西部厄鲁特蒙古和东部黑龙江流域的同时，又将侵略势力伸向了中国北部的喀尔喀蒙古地区。鉴于俄国在贝加尔湖地区势力的增长与插手蒙古事务，清朝要求与俄国划定喀尔喀蒙古北部的中俄边界。但俄国无视这一要求，长期不予答复。为此，清朝政府对沙皇俄国作出了不妥协的斗争，沙皇不得不派遣高级使团来华谈判。1727年8月31日，双方签订《布连斯奇条约》，规定了中俄中段边界，东起额尔古纳河，中间经恰克图，西至沙宾达岭为中俄中段边界。在条约中，迫使清朝把原来属于喀尔喀土谢图汗部领地贝加尔湖沿岸的布里亚特蒙古地区划给了俄国，清朝失去了对布里亚特蒙古地区的宗主地位。

《布连斯奇条约》签订以后，清政府在喀尔喀设置了乌里雅苏台将军管辖区，还设立了办事大臣、参赞大臣，分别驻于乌里雅苏台、库伦（今蒙古国首都乌兰巴托)、科布多。库伦办事大臣还有办理中俄交涉的权力。清朝末年为了加强对外蒙古的统治，又增设了阿尔泰大臣。为了巩固边防，清政府在外蒙古与沙俄交界地区，建立了宽50俄里的特别地带，这个地带东起阿巴盖图，西至沙宾达岭，约有2000余俄里。在这条边界线上清政府设置了87处驻防卡伦，这些卡伦都由满、汉、蒙军各旗派人驻守。

噶尔丹仅率数十骑突围

在《布连斯奇条约》签订后的一百多年里，喀尔喀蒙古相对稳定，人民得到了休养生息，喀尔喀蒙古地区的畜牧业

中俄签订《布连斯奇条约》

经济得到了很大的发展，人口也显著增加。从此，喀尔喀蒙古作为中国北疆的钢铁屏障，对抵御沙俄入侵、保护北部边疆，做出了不可磨灭的贡献。

虽然《布连斯奇条约》明确规定了中俄的中段边界，但俄国并没有放弃对外蒙古的野心，历届沙皇都采取各种措施向外蒙古地区扩张势力，力争使戈壁沙漠成为中俄两国的“天然边界”。20世纪初，沙俄制定了进一步侵略中国北部地区的计划，企图直接占领长城以北的大片领土，并获得在东亚的霸权。沙俄不断派遣间谍进入蒙古地区搜集情报，收买、拉拢和胁迫一些王公和活佛，策动他们分裂和背叛祖国。

哲布尊丹巴坐椅

辛亥革命前夕，清朝政府的统治发生危机，俄国乘机加紧策动外蒙古独立。俄国本来是要直接吞并外蒙的，但受到第一次世界大战的牵制。外蒙古一些亲俄的封建王公和

外蒙古一些亲俄的封建王公和沙俄代表合影

活佛也提出了联俄独立的问题，遭到不少爱国王公的反对。辛亥革命爆发后，沙俄直接派军队进入库伦，以武力压制爱国王公的反对。1911年底，在俄国的武力支持下，外蒙古宣布“独立”，成立“大蒙古国”，立活佛八世哲布尊丹巴为“大皇帝”，年号“共戴”，驱除清朝驻库伦办事大臣。第二年，即1912年11月3日，俄国与外蒙古当局签订《俄蒙协约》(即《库伦条约》)及附属《专条》，规定俄国扶植外蒙古“自治”，同时沙俄在外蒙古享有广泛的权利。这样外蒙古实际上就在俄国的控制之下了。

《俄蒙协约》的签订激起了中国各界的极大愤慨，孙中山通电袁世凯，认为“此事关系民国存亡”，必须坚决否认。11月7日北京外交总长梁如浩照会沙俄政府，声明：“无论贵国与蒙古订何种条款，中国政府概不承认。” 11月25日新任外交总长陆徵祥也发表声明，宣布“蒙古国领土主权完全属于中华民国”。从1912年11月底起，中俄代表在北京举行谈判，其间因发生“二次革命”而中断，历经一年，于1913年签订《中俄声明文件》，“承认外蒙古为中国领土之一部分，中国政府为自治蒙古的宗主”，外蒙古与外国无签约之权。根据这个条约，中国除得到一个空洞的宗主权外，几乎丧失了对外蒙古的全部权利，事实上承认了沙俄对外蒙古的控制。本来北洋政府是要签订一个正式文件的，但由于袁世凯害怕国会的反对，转而绕过国会以声明的形式发表。

根据《中俄声明》，从1914年9月起，中俄蒙三方在恰克图开会，解决外蒙古的各项未决问题。三方代表都提出了各自的方案，由于意见不一，争执不下，至1915年6月，由于中方的连连让步，才于7日由三方代表签署了《中俄蒙

八世哲布尊丹巴活佛（1870—1924）

协约》，承认中国对外蒙古的“宗主权”；哲布尊丹巴取消“大皇帝”称号及年号“共戴”，其汗号由中华民国大总统册封；中国政府承认外蒙古的“自治”和沙俄在外蒙古的各种特权。《协约》签订的当天，袁世凯就宣布册封哲布尊丹巴为呼图克图汗，所有外蒙古王公喇嘛的爵职名号照旧不变，赦免全部参加外蒙古“独立”之人。两天后，库伦活佛致电北京政府，宣布取消“独立”。7月19日北京政府颁布《库伦大员公署章程》和《乌、科、恰佐理专员公署章程》，在库伦设办事大员公署，并在乌里雅苏台、科布多、恰克图设佐理专员公署，中国在名义上恢复了对外蒙古的宗主权，但没有驻军和向外蒙古移民的权利。至此外蒙古实际上成为沙俄的殖民地。在谈判前沙俄突然派军队进入外蒙古西北地区的唐努乌梁海地区，强行霸占了这一块地方，并宣告大俄罗斯帝国“将唐努乌梁海地区置于自己的保护之下”，沙俄的这一侵略行径，不仅当时的北京政府没有承认，以后的南京国民政府也没有承认。

1917年俄国发生二月革命和十月革命，自治蒙古失去了自己的“保护者”沙俄，无奈被迫放弃自治权利。中国政府乘势于1919年派陈毅将军去库伦担任办事大员，与“大蒙古国”的哲布尊丹巴(活佛)政府进行谈判，签署了《改善蒙古未来地位64条》，其中第一条就规定“蒙古自治政府自动取消”。1919年11月22日由中国政府委派皖系大将徐树铮（1880—1925)，以《中国大总统公告》的方式，昭示天下，宣布取消外蒙古自治，并将陈毅召回北京。北京政府在库伦设立“中华民国西北筹边使公署”，由徐树铮领兵1万人在外蒙古驻防，并统筹蒙务。至此历时8年的“大蒙古国”自治政府覆灭了，中国政府对外蒙古不仅拥有全部主权，而且进行着有效管辖。值得一提的是徐树铮，他作为皖系军阀的主要成员，所练西北边防军的军饷来自段祺瑞政府向日本的贷款(可见日本也在参与争夺外蒙古的控制权)，其目的不是真正巩固国防，而是为了在军阀割据中拥有更大的实力。1920年夏直皖大战爆发后，徐树铮率西北边防军精锐

徐树铮将军（1880—1925)

回北京布防，但遭到失败。战胜的直系军阀曹锟、吴佩孚将西北边防军或编入自己的队伍，或给予遣散，一时之间造成驻外蒙古的中国兵力空虚。当年夏天虽然被任命为“蒙古镇抚使” 的陈毅重回外蒙古，但对其控制力却在逐渐下降，而且在苏俄的影响下，出现了由蒙古人民革命党、蒙古人民军创始人苏赫巴托领导的人民革命运动。

1921年，苏俄红军借口追歼受日本支持的原沙俄白匪军而进入外蒙古地区（一说受到了当时蒙古政府的邀请），中国军队被逐出。接着在苏俄的帮助下，蒙古成立了君主立宪制的人民政府，由封建主和下层革命势力共同执政。1924年5月20日哲布尊丹巴去世，接着，6月13日，宣布蒙古为人民共和国，不设总统，共和国最高权力属于大呼拉尔（相当于议会）。1924年11月8日第一届大呼拉尔召开，通过宪法明确了这一点。

1924年5月31日，中国与苏联共同制定了《中俄解决悬案大纲协定》，其中第五条明确规定：苏联政府承认外蒙古完全为中华民国之一部分，尊重在该领土中国之主权。但苏联说是这样说，实际上走的却是另外一条道路，即支持外蒙古独立，并与之建交。此后无论是北京政府还是南京国民政府都没有承认蒙古人民共和国的合法地位。随着苏联大国沙文主义的逐渐抬头，外蒙古实际上成为苏联的势力范围。

1945年英国首相丘吉尔、美国总统罗斯

苏赫巴托（1893—1923）

福、苏联领导人斯大林召开了雅尔塔会议，会上作为对日本作战的条件，苏联要求条件之一就是维持外蒙古的现状，为减少英美盟军在远东、太平洋战场上的损失，美英同意了这一条件，并背着中国政府签订了秘密的《雅尔塔协定》。二战结束后英美当局才照会当时的蒋介石政府。蒋介石无可奈何，不得已派出以外交部长宋子文为首的代表团赴苏联谈判关于外蒙古的独立问题，遭到了宋子文的拒绝，并愤而辞职，国民政府只好另选王世杰代理外交部长，并派蒋经国同行。1945年8月代表团到达苏联莫斯科，被迫达成了以下协议：如果外蒙古公民投票能证实蒙古人民对独立的愿望，中国国民政府应当

丘吉尔、罗斯福、斯大林在雅尔塔会议上

承认蒙古人民共和国的主权与独立，并以其现在的边界为边界(详见1945年的《中苏友好同盟互助条约》及附件)。在这样的形势下，蒙古人民共和国于1945年10月20日举行了全民投票公决，依据公投结果，外蒙古独立。在美国的压力下，中华民国国民政府于1946年1月5日承认了蒙古人民共和国的独立，并于2月13日声明愿意并准备同蒙古人民共和国建立正常的外交关系。此举遭到了爱国人士的强烈反对，迫使蒋介石政府收回了声明，但外蒙古独立的合法性在国际上已经是不容置疑的事实。

1949年10月1日，中华人民共和国宣告成立，10月2日苏联表示愿意同中国建交，10月3日双方正式建交，10月16日蒙古人民共和国与中华人民共和国建交。20世纪90年代苏联解体，蒙古实行所谓多党民主制，1992年通过宪法规定，蒙古国实行有总统的议会制。

本书参考资料

概述

新译简注《蒙古秘史》，道润梯步著，内蒙古人民出版社，1978年。

《世界征服者史》（上册）、《世界征服者史》（下册），[伊朗]志费尼 ，内蒙古人民出版社，1980年。

《从文化视角探讨蒙古族民族过程的特点》，冯瑞，《民族研究》，2002年第6期。

《2002年俄罗斯联邦的民族状况》，何俊芳，《世界民族》，2007年1期。

《中国西北疆界变迁及周边跨国民族特征》，冯瑞（热依曼）、艾买提，《广西民族大学学报》，2007年第5期。

《草原帝国》，刘迎胜，《草原与人类》，2006年第5期。

《蒙古帝国征欧年表》，李月安，《世界博览》，2004年第11期。

《千年风云第一人》，巴拉吉尼玛等，民族出版社，2005年。

《蒙古民族简史》，编写组，内蒙古人民出版社，1985年。

《蒙古人远征记》，[法]德阿•托隆，上海科学院出版社，2003年。

《蒙古民族通史》，编委会，内蒙古大学出版社，1991年。

《中国民族的形成》，李济，江苏教育出版社，2005年。

《苏联主要民族手册》，[美]泽夫•卡茨，人民出版社，1980年。

《多桑蒙古史》，[瑞典]多桑，中华书局，1962年。

生活在阿富汗腹地的成吉思汗子孙——哈扎拉人

《阿富汗重建失效之分析》，刘青建，《西亚非洲》，2008年第10期。

《阿富汗与美国“大中亚计划”评析》，李捷、杨恕，《西亚非洲》，2008年第4期。

《从制宪进程看阿富汗现行政治体制的特点》，王凤，《西亚非洲》，2008年第10期。

《新塔利班解读》，傅小强，《世界知识》，2007年第16期。

《东边日出西边雨——阿富汗战场哈扎拉人的兴起》，文木，《世界知识》，1998年第4期。

《扑朔迷离的阿富汗政局》，王起亮，《党的建设》，1995年第6期。

《阿富汗史》，彭树智，陕西旅游出版社，1993年。

《穿越炮火的眼睛》，刘洪新，世界出版社，2002年。

《外交官谈阿富汗》，章杨，世界知识出版杜，2002年。

流入欧罗巴海洋的蒙古洪流——鞑靼人

《金帐汗国兴衰史》，[苏联]格列科夫，商务印书馆，1985年。

《成吉思汗在西域的统治》，吐娜，《喀什师院学报》，1994年第4期。

《长子西征及其胜利原因探究》，兰江，《四川大学学报》，2004年增刊。

《鞑靼起源及其去向管见》，王金炉，《沈阳师范学院学报》，1994年第3期。

《关于“塔塔尔”一词的多种解释》，张敬仪、阿克赞，《西北民族学院学报》，2001年第4期。

《金帐汗国统治时期蒙古文化对俄罗斯文化影响之我见》，黄秋迪，《西伯利亚研究》，2006年第2期。

《金帐汗国与伊利汗国的关系》，徐黎丽，《西北民族研究》，1998年第2期。

《论金帐汗国的伊斯兰化》，张文德，《贵州师范大学学报》，2000年第2期。

《蒙古帝国和元朝与金帐汗国的政治关系》，徐黎丽，《西域研究》，2002年第4期。

《论蒙古统一西域的影响》，南快莫德格，《内蒙古大学学报》，2004年第2期。

《蒙古族历史人口初探》，王龙耿、沈斌华，《内蒙古大学学报》，1996年第5期。

《钦察汗国之疆域及其历史变迁》，田庆锋，《喀什师范学院学报》，2004年第4期。

《十三世纪世界体系论述评》，江华，《历史教学问题》，2004年第5期。

《蒙古贵族的伊斯兰教化及其原因》，徐黎丽，《西北师大学报》，1996年第5期。

《再谈1237年的蒙古军队人数》，科谢耶夫，《蒙古学信息》，2001年第1期。

由术赤后裔演变形成的民族——乌兹别克人

《拉施特史集》，余人钧、周建奇，商务印书馆，1995年。

《略论中亚突厥系民族对成吉思汗的尊崇》，钟焓，《世界民族》，2006年第5期。

《我国塔塔尔族历史来源略述》，周泓，《中央民族大学学报》，1995年第5期。

《乌孜别克族的服饰》，楼望皓，《新疆人大》，1997年第7期 。

《古城撒马尔罕的神秘风情》，海峰，《科学大观园》，2006年第10期。

《撒马尔罕古城:世界文明的纽带》，毛民，《内蒙古大学艺术学院学报》，2006年第6期。

《走进乌兹别克斯坦》，文•图、吴宏伟，《中国民族》，2002年第2期。

《新疆塔塔尔族调查研究》，李建新，《西北民族研究》，2001年第4期。

《昔班尼王朝在中亚乌兹别克族形成中的作用》，蓝琪，《贵州师范大学学报》，2006年第4期。

《新疆塔塔尔族历史来源》，周泓，《西北民族学院学报》，1994年第4期。

《巴布尔回忆录》，王治来，商务印书馆，1997年。

由另一些术赤的后裔演变形成的民族——哈萨克人

《哈萨克斯坦共和国概况》，哈斯木•霍加，新疆人民出版社，1992年。

《略论哈萨克族的民俗文化》，李国平，《塔里木大学学报》，2006年第2期。

《哈萨克族族源新探》，钱伯泉，《民族研究》，2001年第5期。

《浅析清政府平定准噶尔叛乱前后与哈萨克诸部的关系》，郭欣婷，《伊犁师范学院学报》，2005年第2期。

《“玉兹习气”浅析》，胡尚哲，《世界民族》，2006年第2期。

《18—19世纪中叶哈萨克汗国与帝俄的关系》，蓝琪，《西伯利亚研究》，2006年第3期。

《哈萨克斯坦共和国阿斯塔纳市简介》，聂书岭译，哈萨克国家统计局，2002年。

《哈萨克斯坦居民的民族成分》，程瑶译，《哈萨克斯坦统计述评》，2000年第2号。

《哈萨克族传统婚姻习俗探析》，卡木那•江波孜，《中央民族大学学报》，2006年第5期。

《哈萨克族族源新探》，钱伯泉，《民族研究》，2001年第5期。

《哈萨克汗国的建立及其巩固》，贾合甫•米尔扎汗，《西域研究》，1999年第1期。

《哈萨克汗国时期的法律初探》，申艳红，《西北史地》，1989年第4期。

《哈萨克族简史》，编写组，新疆人民出版社，1987年。

追寻生存空间的蒙古人——卡尔梅克人

《卡尔梅克人流放西伯利亚的痛史》，初祥，《西伯利亚研究》，1999年第1期。

《卡尔梅克族历史与现实》，何俊芳，《西北史地》，1996年第4期。

《土尔扈特女儿》，满琳，农村读物出版社，2004年。

《图理琛使团出使土尔扈特部之使命探析》，衣长春，《黑龙江民族丛刊》，2007年第1期。

《准噶尔部的平定与土尔扈特部回归祖国原因探析》，裴杰生，《伊犁师范学院学报》，2007年第2期。

《卫拉特蒙古人的迁徙及其社会文化变迁》，文化，《西北民族研究》，2008年第1期。

《失落的“王国”》，克那木格，《阳关》，2007年第4期。

《新疆旧土尔扈特蒙古札萨克卓哩克图汗若干史实考》，周学军，《昌吉学院学报》，2008年第3期。

《土尔扈特宗教信仰发展演变研究》，周学军，《绥化学院学报》，2008年第3期。

《图理琛西使动因小议》，杨富学，《新疆师范大学学报》，2007年第1期。

卫拉特蒙古的一支——阿尔泰人

《阿尔泰人的传统住宅》，肖歌，《民居鉴赏杂志》，2004年第5期。

《19世纪60年代中俄西段边界的划定》，樊明方，《历史档案》，2007年第2期。

《近代中国边界变迁与边疆问题》，厉声，《论文集》，2003年。

《清朝大患噶尔丹》，王征，《历史考古》，2001年1期。

《清朝统一新疆说略》，曹凤祥，《安徽广播电视大学学报》，2002年第4期。

《清代科布多西路的哈喇塔尔巴哈台卡伦设置考》，周学军等，《论文集》，1998年。

《清政府统一天山南北西域诗论略》，星汉，《西域研究》，2002年第2期。

《准噶尔汗国灭亡后的佚名史籍与卫拉特人的历史记忆》，M•乌兰，《民族研究》，2007年第3期。

《准噶尔部形成考辨》，邢洁晨，《民族研究》，2001年第3期。

《论瓦剌蒙古与西域社会》，南快莫德格，《西北民族大学学报》，2005年第2期。

《蒙古国的卫拉特研究》，［蒙古］楚伦•达赖，《西北民族研究》，1995年第1期。

《论清政府对西套蒙古问题的解决》，黑龙、成崇德，《内蒙古大学学报》，2006年第5期。

《俄罗斯阿尔泰边区的旅游业发展研究》，王庆生、许韶立，《地理科学进展》，1997年第3期。

《清史稿、列传三百十一、藩部七》，柯劭忞，中华书局，1976年版。

古老的唐努乌梁海人——图瓦人

《俄罗斯境内的图瓦人》，丁淑琴，《社科纵横》，2003年第6期。

《明清战争中兀良哈三卫的战略地位》，宋承绪，《第二届国际满学研讨会论文集》，1999年。

《图瓦历史与经济概述》，卡鲍，《论文集》，2001年。

《亚洲腹地的图瓦人》，康右铭，《西域研究》，1994年第2期。

《清代的唐努乌梁海》，《世界历史》，1988年第5期。

《俄国·蒙古·中国》，[英]约·弗·巴德利著，商务印书馆，1981年。

《清代科布多西路的哈喇塔尔巴哈台卡伦设置考》，周学军、白剑光，《历史档案》，2007年第2期。

《俄罗斯特瓦共和国》，《西伯利亚研究》，2008年第1期。

贝加尔湖林木中的百姓——布里亚特人

《贝加尔湖畔的布里亚特共和国》，赵海燕，《西伯利亚研究》，1994年第4期。

《贝加尔湖——西伯利亚的明眸》，陈顺林，《地理志》，2005年第3期。

《布里亚特蒙古族的服饰文化》，包路芳，《中国民族学会论文集》，2004年。

《布里亚特蒙古族及其研究概述》，包路芳，《青海民族研究》，2003年第2期。

《布里亚特民族博物馆巡礼》，济瓦年科，《蒙古学信息》，1997年第2期。

《论中国历史疆域的理论界定》，殷丽萍，《广东教育学院学报》，2008年第1期。

《远东共和国时期的布里亚特—蒙古人》，初祥，《西伯利亚研究》，2002年第1期。

《布里亚特蒙古简史》，宝敦古德·阿毕德，呼伦贝尔盟历史研究会，1985年。

《中国布里亚特蒙古人的今昔》，多文志，《全国世界民族学术讨论会论文集》，2004年。

《俄罗斯西伯利亚地区》，聂书岭，《中亚信息》，2007年第3期。

留在漠北故土上的蒙古人——喀尔喀蒙古人

《蒙古国投资贸易旅游指南》，[蒙古]敦道格，内蒙古人民出版社，1994年10月。

《蒙古人民共和国概况》，编委会，内蒙古大学蒙古研究所，1976年。

《蒙古人民共和国史纲》，[苏]伊•亚•兹拉特金，商务印书馆，1972年。

《19世纪60年代中俄西段边界的划定》，樊明方，《历史档案》，2007年第2期。

《喀尔喀蒙古附清考述》，黑龙、海纯良，《满族研究》，2008年第3期。

《喀尔喀三汗的登场》，乌云毕力格，《历史研究》，2008年第3期。

《康熙朝勘定中俄东段边界外交策略论》，滕新才，《重庆三峡学院学报》，2007年第4期。

《论赛音诺颜部与清朝的关系》，徐实，《兰州大学学报》，2008年第3期。

《外蒙古独立过程的历史考查》，张宝丰，《西北师范大学硕士论文》，2007年。

《试论盟旗制在喀尔喀蒙古顺利推行的原因》，李帝，《昌吉学院学报》，2007年第2期。

后记

我出身于成吉思汗的孛儿只斤氏家族。对自己祖先跃马扬鞭驰骋欧亚大陆的光辉历史耳濡目染。虽然我从事自然科学教学和管理工作多年，但是还是对社会科学中的蒙古学很感兴趣。因此，多年来阅读和收集整理了很多有关这方面的资料。在我从事这方面的研究过程中，最使我不能满意的是没有一本全面介绍中国境外成吉思汗后裔的历史和现状方面的书籍。

据我倾心研究，从成吉思汗蒙古帝国的世系延续角度来看，成吉思汗的四个儿子术赤、察合台、窝阔台、拖雷，分别建立了金帐汗国、察合台汗国、窝阔台汗国、伊儿汗国（由拖雷之子旭烈兀汗建立），史称蒙古四大汗国。他们的后裔都没有回到蒙古高原故土。也就是说这四子中大部分的后裔所建立的国家留在了中国境外的欧亚大陆。这就形成了诸多与成吉思汗和蒙古族有渊源关系的民族、国家和地区。成吉思汗的后人只有四子拖雷和他的孙子忽必烈及成吉思汗之弟哈萨尔的后裔留在了蒙古高原故地。在研究蒙古历史的过程中，也许很多人没有意识到这一点，或许是因为史料不足的缘故，造成了这一方面的缺憾。通过认真思考，我认识到如果不能客观地追溯和研究成吉思汗在中国境外后人的历史和现状，就不能构成一个完整的蒙古学研究体系，也不能从世界一体化和历史唯物主义角度来研究成吉思汗和蒙古帝国对当今世界的影响。

根据上述想法，为了弘扬民族文化，我从上世纪90年代起开始收集有关资料。资料的来源有这几个方面：其一，国内外有关蒙古学方面的书籍；其二，中国国内各类期刊杂志上刊登的有关论文和文章；其三，在计算机国际互联网上搜索到的相关内容；其四，本人1994年至1995年因公出国，在俄罗斯布里亚特共和国、伊尔库茨克州、莫斯科的部分日记、笔记和亲身见闻记录；其五，本人亲自摄制的照片和搜集整理的影视、照片资料；其六，经征得中国美术家协会内蒙古分会两任主席，内蒙古自治区著名画家斯沁毕力格图、王延青两位先生的同意，采用了他们的部分绘画作品；其七，部分摄影插图来自内蒙古博物馆、艾博云集博物馆。

在收集资料的基础上，我从2005年开始执笔撰写本书。经过四年的艰苦写作，在2008年5月基本成书。这其间，我的女儿苏日娜利用在日本留学的机会为我搜集了日本及国外的有关资料。她2007年回国后，利用从事图书资料工作之便，又为本书搜集和整理了大量的资料，同时撰写了个别章节，还进行文字校对工作。利用她在国外留学所积累的雄厚知识与文笔底蕴，为成书做了大量的工作。

对本书感到不足之处是很多国外第一手资料很难收集。例如原计划还要撰写统治印度300多年的莫卧儿人一章，但是由于现代印度莫卧儿人的资料一点也找不到（这可能与中印文化交流不畅有关系），不得已就没有写印度莫卧儿人，这是一大缺憾。再比如可搜集到的俄罗斯阿尔泰人的资料也不多，这可能是由于阿尔泰人在俄罗斯地处偏远地带，人们关注度低造成的。但是通过挖掘古今中外各种资料，还是如期写出了该章节。另外还有很多传说中的世界其他地区蒙古人后裔的问题，由于没有资料无法考证。诸如此类的问题还有很多，这在一定程度上造成了写作困难。但我还是排除万难如期成书。如果有条件，今后能够走出去，到这些国家获取第一手资料，再版本书，将进一步提高本书的史料价值。

这本书脱稿之后，我又开始着手写作在我国境内蒙古族的历史和现状。内蒙古自治区和周边省区的蒙古族主体部分保持了几百年来一直传承的蒙古族文化，但是由于居住地点、盟旗所属部落的不同，他们在服饰、饮食、风俗习惯上也有些不同。另外还有远离内蒙古故土的一部分蒙古族同胞，由于社会地理环境的变化和制约，长期与汉族和其他少数民族杂居，受到兄弟民族的影响，自身原有的民族特性发生了一些改变。他们已经有别于内蒙古的蒙古族。但是仍然保持了对蒙古民族和成吉思汗先祖的认同。他们继续为蒙古民族的种族延续和民族文化发展的多样性作出了应有的贡献。现在本人正努力搜集资料，力图写好这本书。

在写作过程中，得到了全国政协委员、自治区著名蒙古学专家金锋教授，内蒙古师范大学历史文化学院硕士生导师胡格吉勒博士，原中国美术家协会内蒙古分会主席斯沁毕力格图先生，原内蒙古教育出版社副社长、副主编徐学文先生，原内蒙古教育出版社史地编辑室主任敖斯尔先生等诸多专家学者的倾心指导。另外，在写作过程中还得到了内蒙古摄影家协会名誉主席赵如意先生、著名高等职业教育专家任嵘峥先生、原内蒙古地质设计院副院长巴文青先生、艾博云集博物馆馆长张海波先生、内蒙古师范大学图书馆的领导、内蒙古师范大学科技处领导的多方支持，在此一并表示感谢。

本书的出版得到了内蒙古人民出版社的全力支持，社长王东生先生多次过问出版事宜，副社长陈平先生担任本书的责任编辑并亲自参加审稿和校对工作，总编辑室、社会科学编辑室、人民出版社驻京办事处的各位同志都付出了辛勤劳动。本书装帧设计由装帧室主任徐敬东同志完成，对此深表感谢。

孛儿只斤·苏和

2009年4月16日